es 1152
edition suhrkamp
Neue Folge Band 152

»Die neue Preußen-Mode verrät nur zu deutlich, daß sie zur Flucht vor der bundesrepublikanischen Wirklichkeit anhält. Sie beschönigt die Schwachstellen der preußischen Geschichte und greift einige maßlos idealisierte Elemente heraus, da sie historisch nicht so gut informiert ist, daß sie erkennen oder zuzugestehen vermöchte, wie lange die kritische Geschichtswissenschaft diese Götzen schon vom Podest gestürzt hat.« Dieses pointierte Urteil Hans-Ulrich Wehlers über die gegenwärtig wieder in Mode gekommene Preußen-Verehrung kann als repräsentativ gelten sowohl für die Themen als auch für die Formen, in denen ein Fachwissenschaftler zu Fragen Stellung nimmt, die das allgemeine historische Verständnis der Gegenwart betreffen. Diese in der Öffentlichkeit umstrittenen Sachverhalte sind Anlaß zu unverschnörkelt formulierten Polemiken, die, um der Klärung der umstrittenen Sachverhalte willen, diplomatisch verhüllten Sottisen oder betulich verklausulierten Bedenken vorgezogen wurden. Darin liegt die Berechtigung des Untertitels.
Hans-Ulrich Wehler lehrt als Historiker an der Universität Bielefeld.

Hans-Ulrich Wehler
Preußen ist wieder chic...

*Politik und Polemik
in zwanzig Essays*

Suhrkamp

edition suhrkamp 1152
Neue Folge Band 152
Erste Auflage 1983
© Suhrkamp Verlag, Frankfurt am Main 1983
Erstausgabe
Alle Rechte vorbehalten, insbesondere das der Übersetzung,
des öffentlichen Vortrags
sowie der Übertragung durch Rundfunk und Fernsehen,
auch einzelner Teile.
Satz: Hümmer, Waldbüttelbrunn
Druck: Nomos Verlagsgesellschaft, Baden-Baden
Umschlagentwurf: Willy Fleckhaus
Printed in Germany

1 2 3 4 5 6 – 88 87 86 85 84 83

Inhalt

Vorbemerkung

I.

1. Preußen ist wieder chic ... Der Obrigkeitsstaat im Goldrähmchen 11

2. »Deutscher Sonderweg« oder allgemeine Probleme des westlichen Kapitalismus? 19

3. Vorzüge der Nachteile des deutschen Sonderwegs 33

4. Zum dritten Mal: Deutscher Antiamerikanismus 37

5. Wohlbehagen im Wolkenkuckucksheim: Die Chimäre eines neutralisierten Gesamtdeutschland 47

6. Traditionserlaß ade – der politischen Vernunft eine Gasse 53

7. Renaissance der »Geopolitik«? 60

8. Nicht verstehen – der Preußennostalgie widerstehen! 67

9. Sozialdemokratie und deutscher Nationalstaat 72

10. Leopold Schwarzschild contra Carl v. Ossietzky 77

II.

11. Galls »Bismarck« – Vorzüge, Grenzen und Rezeption einer Biographie 87

12. Neoromantik und Pseudorealismus in der neuen »Alltagsgeschichte« 99

13. Wirtschaftsgeschichte von Anno dazumal oder »Fortschritt zum Kapitalismus«? 107

14. Historische Handbücher – ein schwieriges Geschäft 116

15. Preußische Polenpolitik in der ostdeutschen Geschichtsschreibung 121

III.

16. Ein völlig neues Studiergefühl: Plädoyer für ein
    Regelstudium   135

17. Grober Keil auf groben Klotz: Gegen die Diffamierung
    wissenschaftlicher Leistungsstandards   141

18. Das Ende der Sackgasse. Die Hochschulpolitik von GEW
    und DGB oder: Wie geriert sich das zeitgenössische
    Banausentum?   144

19. Neue Hochschulgesetze: Droht die Zerstörung der
    Universitäten?   154

20. Antiquierte Aversionen gegen Geschichte?   172

Bibliographische Notiz   193

Vorbemerkung

Der vorliegende Band enthält in erster Linie eine Auswahl von Kommentaren zu politischen Problemen, die über den aktuellen Anlaß hinaus weiterhin Bedeutung besitzen; diese Kommentare werden durch einige Aufsätze zu allgemeinen fachwissenschaftlichen und hochschulpolitischen Streitfragen ergänzt. Zusammengenommen zeigen die Essays, daß sich der Verfasser nicht nur an noch andauernden Kontroversen der Geschichtswissenschaft und der Hochschulpolitik beteiligt, sondern auch als politisch interessierter Bürger seine Auffassungen verficht, um außerhalb des Wissenschaftsbetriebs im engeren Sinn an Auseinandersetzungen über wichtige politische Themen, die in der Bundesrepublik zur Zeit erörtert werden und ihren Politikern Entscheidungen abverlangen, aktiv teilzunehmen. Die Pointe des Urteils ist bewußt thesenartig zugespitzt. Meist hat ein umstrittener Sachverhalt eine – jedenfalls ist das die Absicht – unverschnörkelt formulierte Polemik ausgelöst. Sie ist durchweg diplomatisch verhüllten Sottisen oder betulich verklausulierten Bedenken vorgezogen worden. Darin liegt die Berechtigung des Untertitels. Die Werturteile werden mithin nicht stillschweigend eingeschmuggelt, sondern explizit entwickelt und verteidigt, um über den eigenen Standort in der Diskussion keine Unklarheit aufkommen zu lassen. Die Verfechter von Gegenargumenten sollen möglichst auch dazu veranlaßt werden, ihre Position ebenso entschieden zu verteidigen oder aber neu zu bestimmen, wie das angesichts überzeugungskräftiger Einwände im umgekehrten Fall auch zu tun wäre. Denn alle diese Essays sind von der Grundauffassung bestimmt, daß man an politischen und wissenschaftlichen Debatten mit Engagement und dezidierter Meinungsäußerung teilnehmen, sich jedoch auch dafür offen halten sollte, angesichts besserer Argumente das ursprünglich vertretene Urteil zu revidieren oder im Zweifelsfall auf es zu verzichten.

Die Mehrzahl der Beiträge ist zuerst für Rundfunk und Fernsehen geschrieben worden. Dem Bayerischen, Norddeutschen, Saarländischen und Westdeutschen Rundfunk sowie dem Sender Freies Berlin bzw. den jeweiligen Fernsehanstalten, insbesondere aber den verantwortlichen Redakteuren, bin ich dankbar, daß sie das Forum ihrer Öffentlichkeit für diese Art von Kritik und Polemik bereitwillig offengehalten haben. Fast alle Beiträge sind danach auch gedruckt worden, darüber informiert die »Bibliographische Notiz«; den Zeitungen und Zeitschriften möchte ich dafür noch einmal danken. Dem Abdruck in diesem Band liegt die ungekürzte Fassung der Essays zugrunde; sie sind nur hier und da sprachlich überarbeitet und sachlich ergänzt worden.

H.-U. W.

I

Preußen ist wieder chic . . .
Der Obrigkeitsstaat im Goldrähmchen

Preußen ist wieder »in« – das kann man im neudeutschen Jargon getrost konstatieren. Man trägt wieder Preußen. Mancher trägt es sogar unter dem Arm – in Gestalt von Bernt Engelmanns Buch *Preußen – Land der unbegrenzten Möglichkeiten* oder, besser noch, von Sebastian Haffners Band *Preußen ohne Legende*. Das sind lesenswerte Bücher, Haffners zumal, das – gescheit, kritisch und blendend geschrieben – die Berufshistoriker beschämt, dennoch aber »Legenden über Preußen« heißen könnte. Die Konjunktur ist günstig. Vielgelesene Journalisten wie die Gräfin Dönhoff oder Walter Görlitz hatten schon seit längerem zur neuen Preußenmode geraten. Jetzt schlägt sich das literarische Interesse in den Verkaufsziffern der neuen Bücher nieder. Da werden demnächst wohl auch wieder die Verehrer des alten Preußen zu Worte kommen, Männer wie der stramm royalistische Erlanger Historiker Hans-Joachim Schoeps, der das Ressentiment der preußischen Altkonservativen, daß ihr Land mit der Reichsgründung von 1871 untergegangen sei, als der Weisheit letzter Schluß verkündet hat. Oder der Bonner Borusse Walther Hubatsch, »einer der letzten Meister der nationalen Phrase« – wie sein Kollege Karl Otmar v. Aretin unlängst geurteilt hat – und unentwegt bemüht, Preußens Gloria in deutschnationalen Farben auszumalen. Wir werden sehen. Fest steht dagegen heute schon, daß Berlin seine riesige Preußenausstellung vom Sommer 1981 ab genießen darf. In Leitartikeln und Rundfunkkommentaren, in Festreden und beiläufigen Äußerungen – überall tauchen in zunehmendem Maße Anspielungen auf Preußen auf, auf seine Geschichte, auf seinen politischen Stil, auf vielerlei Traditionen.

Auffällig daran ist vor allem, wie die Erinnerung an vermeintliche oder echte Vorzüge überwiegt. Die Preußenkritik ist spürbar zurückgetreten. Das ist, mehr als dreißig Jahre nach der Auflösung Preußens durch den Alliierten Kontrollrat, ein eigenartiges Phänomen. Schwappt hier nur jene Nostalgiewelle, welche sich bei der Staufer-Ausstellung in Stuttgart, bei der Weimar-Ausstellung in Berlin, beim Fernsehrückblick auf die fünfziger Jahre unseres Jahrhunderts gezeigt hat, in einen anderen Bereich über? Oder

handelt es sich um eine kurzlebige Zufallserscheinung? Mit der
Diagnose, daß Preußen wieder attraktiv geworden ist, wird mancher übereinstimmen. Weit schwieriger aber ist zu erklären, wie es
zu dieser Wiederbelebung des Interesses gekommen ist und was es
für das politische Klima der Bundesrepublik bedeutet. Wir müssen
versuchen, über die Ursachen und Wirkungen dieses Interesses
mehr Klarheit zu gewinnen, nicht zuletzt deshalb, weil sich mit
den unüberhörbar apologetischen Tönen Gefahren ankündigen,
denen es zu begegnen gilt.

Was immer man als das Todesdatum von Preußen wählt – 1871,
1933, 1945, 1947, ich selber wäre mit Nachdruck für 1945 –, Preußen ist seit Jahrzehnten unwiderruflich vergangen. Die einzige angemessene Haltung, mit der man dieser überaus kontroversen historischen Erscheinung heutzutage zunächst einmal zu begegnen
hat, ist eine Haltung prinzipieller Offenheit: Es gilt, sowohl die
zahlreichen Schattenseiten Preußens als auch seine bedeutenden
Leistungen illusionslos zu sehen. Verklärung und Verteufelung
führen gleichermaßen in die Irre. Erst ein abwägendes, kritisches
Urteil kann dem umstrittenen Gegenstand gerecht werden. Das
muß an einigen Beispielen verdeutlicht werden.

Die Herrschaft der landadligen Gutsbesitzer in ihren Ritterguts-
bezirken hat bis weit in das 20. Jahrhundert hinein Züge einer
schwer erträglichen Tyrannei besessen. Zahlreiche der ominösen
Junker herrschten im Stil von Lokaldespoten über Landarbeiter
und Gesinde. Hier und da mag patriarchalische Fürsorge den
Druck gemildert haben. Als alter Herrenstand – oder seit dem ausgehenden 18. Jahrhundert zunehmend als Klasse von agrarkapitali-
stischen Großunternehmern – hat der Grundadel im allgemeinen
jedoch das Regime eines harten, machtgewohnten, arroganten Pa-
ternalismus vertreten.

Daß Preußen bis 1918 ein geradezu klassischer Obrigkeitsstaat mit
der korrespondierenden Untertanenmentalität gewesen ist, läßt
sich genausowenig leugnen. Die Staatsmetaphysik der protestantischen Geistlichkeit, welche die gottgegebene Obrigkeit verklärte,
aber auch der hegelianischen Philosophie, welche den Restaura-
tionsstaat als vernünftige Wirklichkeit pries, hat zu verhängnisvollen Auswirkungen geführt. In jedes Lehrbuch der Politik gehört,
wie sich in Preußen die »Lebenslüge des Obrigkeitsstaats« (Gustav
Radbruch) entfaltete, daß der Staat als neutraler Schiedsrichter
über dem Kampf der Interessen schwebe und ausschließlich dem

Gemeinwohl diene. Umgekehrt wird ein Schuh daraus: Selten kann man in solcher Reinheit studieren, wie interessengebunden der Staatsapparat funktionierte, wie die Bürokratie an die Interessen von Adel, Wirtschafts- und Bildungsbürgertum gebunden war, wie die Rechtsprechung eingefleischten Vorurteilen folgte, wie die Verbände der großen Produktionsinteressen in Landwirtschaft und Industrie im Zusammenspiel mit der Verwaltung ihr Schäfchen ins Trockene brachten. Gewiß, eine orientalische Bakschisch-Korruption war seit dem frühen 19. Jahrhundert selten – wenn auch vorher gang und gäbe –, aber auf eine subtilere Weise besaß selbst die hochgepriesene preußische Bürokratie ihre permanenten Schwachstellen.

Verhängnisvoll wirkte sich der Militarismus des Landes als Folge der Hohenzollernschen Expansionspolitik aus. Nicht nur gewann das Militär eine Sonderrolle im Staat und ein Sonderprestige in der Gesellschaft, bestimmte es Normen, Verhaltensweisen und Ehrenkodex, sondern das flache Land erfuhr eine soziale Militarisierung mit deprimierenden Fernwirkungen. Da der Gutsbesitzer im alten Preußen zugleich Kompaniechef war, trat er dem Gutsarbeiter sowohl als Arbeitgeber, als Inhaber der niederen Gerichtsbarkeit und der Polizeigewalt, des Kirchen- und Schulpatronats als auch als militärischer Vorgesetzter mit dem Anspruch auf strikten Gehorsam gegenüber. Verlassen des Gutes bedeutete rechtlich zugleich Desertion. Der Kommandostil des Heeres setzte sich auch in den Alltagsbeziehungen auf den Gütern durch. Ohne diese soziale Militarisierung, ohne die in den Einigungskriegen der sechziger Jahre des vorigen Jahrhunderts erneut zementierte Vorrangstellung des Militärs läßt sich das, was als spezifisch preußischer Militarismus zu gelten hat, nicht erklären.

Niederdrückend ist auch die zählebige Tradition der Verfolgung von Minderheiten. Die preußische Polenpolitik nahm nach 1848 immer harschere Züge an, verstieg sich bis zu Enteignung und Sprachenverbot. Liberale erfuhren, wie neutral die Verwaltung über den Parteien schwebte! Noch in den ersten Jahren von Bismarcks Ministerpräsidentschaft wurden viele von ihnen ins Gefängnis geworfen, in Presseprozesse verwickelt, später aus der Beamtenschaft entfernt und generell aus dem Staatsdienst abgedrängt. Den Katholiken ging es während des Kulturkampfes in den siebziger Jahren und in den Jahrzehnten danach nicht besser. Sie fühlten sich seither – erst die CDU-Politik hat das überwunden – in die Verteidigungsstellung einer konfessionellen Minderheit gedrängt. Noch härter wurden die Sozialdemokraten als »vaterlandslose Gesellen« an den Rand der bürgerlichen Gesellschaft gedrängt, im Alltagsleben diskriminiert, von öffentlichen Ämtern ferngehalten, in den Jahren des Sozialistengesetzes (1878–1890) schikaniert und sogar außer Landes getrieben. In die Defensive gedrängt, igelte sich die Arbeiterbewegung in ihre eigene Subkultur ein, um sich darin wohnlich einzurichten, da ihr das kaiserliche Deutschland die bürgerliche Gleichberechtigung nicht bot.

Bis 1918 galt das preußische Dreiklassenwahlrecht, das die Landtagswähler nach ihrem Steueraufkommen einteilte. Ein Dutzend Neureiche konnte danach mehr Wahlmänner bestimmen als 100 000 Arbeiter in ihrem Stadtteil. Die wortgewaltige Kritik Max Webers mitten im Ersten Weltkrieg: ob man denn Millionen von Soldaten, die an der Front ihre Knochen hingehalten hätten, wieder in der 3. Klasse wählen lassen wolle, während die Kriegsgewinnler mit Hilfe der 1. Klasse weiter den Ton angeben könnten, sie verhallte ohne Ergebnis.

An politischer Borniertheit lassen sich die preußischen Machteliten weder vor 1918 noch 1932/33 übertreffen, als nicht wenige ihrer Repräsentanten zu den konservativen Steigbügelhaltern gehörten, die Hitler in den Sattel hoben.

Ruhmesblätter sind das gewiß nicht. Auf der anderen Seite ist es auch keineswegs die ganze Wahrheit. Preußen war auch das Land des »Allgemeinen Landrechts«, das in seinen – aus je einem verständlichen Satz bestehenden – 19 000 Paragraphen manchen zeitgerechten Grundsatz festschrieb. In Preußen bildete sich auch eine Verwaltungsgerichtsbarkeit heraus, die Entscheidungen der Bürokratie einer ziemlich effektiven Kontrolle unterwerfen konnte. Die Berliner Spätaufklärung hat östlich des Rheins nicht so leicht ihresgleichen: Die großen aufgeklärten Zeitschriften pflegten eine so offene Sprache, eine so dezidierte Reformposition, eine so vehemente Adelskritik, daß auch heute noch der Leser aus dem Staunen nicht herauskommt. Reformuniversitäten wie Halle galten zeitweilig in ganz Europa als Modell, die Wissenschaftsförderung hält jedem Vergleich stand, die religiöse Toleranz zog Tausende von Glaubensflüchtlingen an, die den geistigen Reichtum vermehrt, vor allem aber auch die Wirtschaft belebt haben. Unleugbar besaß auch die Verwaltung in manchen Bereichen eine Effektivität, die sie zum Vorbild werden ließ, die Verwaltung der Städte z.B. zog seit dem späten 19. Jahrhundert eine amerikanische und englische Expertenkommission nach der anderen an; der amerikanische Progressivismus hat diese Verwaltungseinrichtungen schlichtweg kopiert. Der staatlichen Industrialisierungspolitik wird man ihre großen Erfolge auch nicht bestreiten können. Die Abwägung der Nachteile und Vorzüge Preußens macht es nicht gerade leicht, schnell eine Bilanz zu ziehen.

Der Historiker, der preußische Politikgeschichte in den Mittelpunkt stellt und von daher ein Gesamturteil zu gewinnen versucht, kann zwei Gefahren erliegen. Entweder folgt er der Versuchung, die preußische Geschichte zu beschönigen: Die Politik der großen preußischen Herrscher sei doch imponierend genug; die Staatsbildung beeindrucke Zeitgenossen und Leser von heute gleichermaßen; letztlich sei die preußische Politik maßvoll gewesen, füge sich in den europäischen Rahmen, entarte womöglich erst unter dem hergelaufenen Österreicher aus Braunau. Die Gegenposition neigt dagegen zu ausschließlich düsteren Farben: Preußen als Hort reaktionärer Adelsherrschaft, ständig kriegsbereiter Fürsten, kostspieliger Massenheere. Preußen als ewiger Unruhestifter im europäischen Staatensystem, als Verkörperung des Militarismus, als repressiver Staat im Inneren.

Beschränkt man sich dagegen nicht auf die Politikgeschichte mit der Tendenz zur Schwarz-Weiß-Malerei, sondern stellt die Gesellschaftsgeschichte Preußens in den Mittelpunkt, müssen weit mehr Entwicklungen, mehr Gesichtspunkte, mehr kontroverse Erscheinungen berücksichtigt werden. Das Ergebnis ist ein differenzierteres Bild, das der preußischen Vergangenheit eher angemessen ist als die traditionalistische Geschichte der Haupt- und Staatsaktionen oder gar nur der Dynastie. Die moderne Gesellschaftsgeschichte muß Wirtschaft und Sozialstruktur, Herrschaft und Kultur gleichberechtigt behandeln. Daher beschäftigt sie sich auch mit den Lebensbedingungen der großen Mehrheit, nicht nur mit Eliten, Generälen und Kabinettspolitikern. Sie kann daher auch die preußische Kriegspolitik gegen die preußische Aufklärung, die Korrumpierbarkeit des ostelbischen Landrats gegen die Rechtssicherheit für viele, die Härten des Obrigkeitsstaats gegen die Leistungen der Universitäten, die vor 1914 alle Welt beeindruckten, abwägen.

Soweit ich zu sehen vermag, wird letztlich dennoch die Kritik überwiegen. Nicht aufgeklärte Redakteure und Juristen, nicht

Königsberger Philosophen oder Hallenser Nationalökonomen, nicht Toleranz und ökonomische Erfolge haben, was die historische Gesamtwirkung angeht, den Ausschlag gegeben, sondern der Interessenegoismus der Junker, die Illiberalität der Bürokratie, der Starrsinn des Militärs, der reaktionäre Anachronismus von Politikern, die Liberale und Katholiken, Sozialdemokraten und Polen verfolgten, die das Dreiklassenwahlrecht als ihr Nonplusultra verteidigten, 1914 das Risiko des »heißen Krieges« akzeptierten, den republikanischen Ersatzkaiser Hindenburg zu korrumpieren unternahmen und schließlich jener konservativen Allianz angehörten, die sich mit dem großen Trommler gegen die Wirtschaftskrise, die Dauerarbeitslosigkeit, die organisierte Arbeiterbewegung rückversichern wollte. Auch ein kritischer Kopf wie Haffner geht über diese Schattenseiten Preußens zu schnell hinweg. Preußen ist nicht, wie er meint, 1871 von der historischen Bühne abgetreten, sondern das Reich war eine großpreußische Gründung »gegen den Geist der Zeit« (Ziekursch), und der preußische Hegemonialstaat im »ewigen Bund« von 1871 hat dem Reich mehr preußische Züge aufprägen können als diejenigen wahrhaben wollen, die von einem Aufgehen Preußens im Reich reden. Nicht süddeutsche Konservative haben 1932/33 den Ausschlag gegeben, sondern Vertreter der alten preußischen Machteliten. Die meisten von ihnen haben Hitler zu lange gedient. Spät kam ihr Widerstand 1944, als schon abertausende Angehörige der Arbeiterbewegung wegen ihrer Opposition das Leben verloren hatten oder im KZ gelandet waren – 1938 z.B. 15 000! Nein, Preußen zum Gegenstand einer neuen Nostalgiewelle machen, heißt schon, vor dem, was man aus der Geschichte lernen kann, bereitwillig die Augen verschließen.

Wie aber soll man sich, um zu der Ausgangsfrage zurückzukehren, die Ursachen der neuen Preußenwelle, zu der es dennoch gekommen ist, erklären? Meines Erachtens handelt es sich um die Flucht in eine verklärte Vergangenheit, die angeblich ohne die Schwächen der Gegenwart war und deshalb, bewußt oder unbewußt, zum Modell stilisiert wird. Es gibt in Deutschland eine lange Tradition des Ausweichens vor einem realistischen Politikverständnis, die Preußennostalgie verlängert diese Tradition. Wer den egoistischen Kampf der Interessenverbände degoutierlich findet, beschwört die vermeintliche Neutralität der alten preußischen Bürokratie. Wer einen Bestechungsfall in der Bauverwaltung für symptomatisch hält, traktiert uns mit der Legende vom nicht korrumpierbaren preußischen Geheimrat. Wen es irritiert, daß die Mehrheit der Bundesbürger private Glückserfüllung – meinetwegen bis hin zum Hedonismus – sucht, fordert uns zum »Dienst am Staat« auf, die alte Staatsideologie ist noch keineswegs abgestorben. Wer sich über Langhaarige, Zivildienstleistende und kritische Studenten ereifert, empfiehlt uns wieder preußische Zucht und Ordnung, verklärt das Verhältnis von Herr und Knecht und lobt jenen Patriarchalismus, der so viele in Unmündigkeit gehalten hat. Wem der offene Disput der Parteien, wem ihr politisches Geschäft als Verrat am »Gemeinwohl« erscheint, rät uns zur Rückkehr zur preußischen Sachlichkeit, obwohl doch nacktere Interessenpolitik als im alten Preußen selbst von den Parteimaschinen von Tammany Hall oder Kansas City nicht betrieben worden ist.

Kurzum: Die neue Preußenmode verrät nur zu deutlich, daß sie zur Flucht vor der bundesrepublikanischen Wirklichkeit anhält. Sie beschönigt die Schwachstellen der preußischen Geschichte und greift einige maßlos idealisierte Elemente heraus, da sie historisch nicht so gut informiert ist, daß sie zu erkennen oder zuzugestehen vermöchte, wie lange die kritische Geschichtswissenschaft diese Götzen schon vom Podest gestürzt hat.

Das Reaktionsmuster ist durchaus vertraut. Wenn wirtschaftliche Schwierigkeiten wachsen, wenn die Arbeitslosenzahl um zwei Millionen herumpendelt, wenn die Verteilungskämpfe härter werden – dann gewinnen die fünfziger Jahre einen neuen Glanz, denn in ihnen war der zu verteilende Kuchen angeblich größer, jeder war, scheint es, aus dem Schlamassel nach 1945 auf dem Weg zurück zum normalen Leben oder nach oben. Ist die Prognose riskant, daß mit zurückkehrender wirtschaftlicher Konjunktur und sozialer Stabilität dieser Talmiglanz wieder verblassen wird? Ähnlich geht es jetzt mit Preußen: Wer nicht akzeptieren will, daß Verbände und Tarifpartner öffentliche Gewalten geworden sind, daß wir in einem Parteienstaat mit ungleich mehr Vorzügen als Nachteilen leben, daß der Generationenkonflikt manchmal neuartige Züge annimmt – dem kommt der legendäre preußische Stil gerade zupaß, er präsentiert uns den ruppigen Militär- und Obrigkeitsstaat im Goldrahmen. Von Disziplin und Pflichtgefühl ist dann ausgiebig die Rede, aber nicht mehr von der Servilität und dem Kadavergehorsam, welcher die Kehrseite gebildet hat.

Damit kein Irrtum entsteht: Niemand soll auf seine Kritik verzichten, am Übermut der Verbände beispielsweise, an der Bürgerferne der Parteien, an der Brutalität der Rocker oder woran auch immer. Aber Preußen ist als leuchtendes Gegenbild denkbar schlecht geeignet. Ist der schwere Preis schon wieder vergessen, den Generationen für die Härte der preußischen Sozialverfassung, für die Verherrlichung des Militärs, für Kriege und Freiheitsentzug im Inneren gezahlt haben? Noch einmal: Daß über den Schattenseiten nicht die Lichtseiten Preußens vergessen werden, dafür sorgt die Geschichtswissenschaft, zumal wenn sie sich von der Fixierung auf die staatsorientierte-staatsfreundliche Politikgeschichte löst. Heute aber sollten wir uns, wenn schon nach älterer Tradition gesucht wird, auf die großzügigen Reformen besinnen, die im Gefolge der Französischen Revolution in den Rheinbundstaaten zwischen Rhein und Elbe eingeführt worden sind, viele der überschätzten preußischen Reformen übertreffen sie allemal. Wir sollten auf die Traditionen eines freieren öffentlichen Lebens selbstbewußt zurückblicken, wie es in Süd- und Westdeutschland schon jahrzehntelang üblich war, als in Preußen noch (1913) weltbekannte Gelehrte vor einem schnöseligen Leutnant vom Bürgersteig auf die Fahrbahn ausweichen mußten. Wir sollten zufrieden sein, daß die Bundesrepublik denjenigen Teil des alten Deutschland umfaßt, der immer schon stärker am Westen orientiert war und von ihm weitaus nachhaltiger als Ostelbien beeinflußt worden ist. Eines idealisierten Preußenbildes bedürfen wir weder für die Traditionsbildung noch für die zeitgnössische Kritik. Wir können auf bessere Traditionen zurückgreifen, und für die Kritik sind die liberal-demokratischen Grundzüge eines konsequent ernstgenommenen Grundgesetzes allemal legitimere Maßstäbe als wir sie durch den Vergleich mit einem nostalgisch verharmlosten Preußen je gewinnen können.

»Deutscher Sonderweg« oder allgemeine Probleme des westlichen Kapitalismus?

Vor dem Ersten Weltkrieg war die selbstbewußte Vorstellung von einer preußisch-deutschen Sonderstellung im System der europäischen Staaten in der Öffentlichkeit, insbesondere unter der akademischen Intelligenz, weit verbreitet. Ein berühmter Nationalökonom wie Gustav Schmoller stimmte mit einem angesehenen Verfassungshistoriker wie Otto Hintze und vielen anderen darin überein, daß die starke Monarchie mit ihrer Militärmacht und Bürokratie, ihrem Bildungswesen und Industrialisierungserfolg den westlichen parlamentarisch-demokratischen Staaten überlegen sei – und bleiben werde. Dieses Superioritätsgefühl hat sich in den Kriegsjahren nach 1914 verhärtet (am deutschen Wesen sollte alle Welt genesen), seine tiefe Verletzung durch die Niederlage wurde bald vom neuen Rechtsradikalismus der zwanziger Jahre ausgenutzt, und das NS-Regime hat die ältere dünkelhafte Neigung zur Sendungsideologie einer arisch-deutschen Herrenrasse maßlos übersteigert.

Nach 1945 hat sich demgegenüber aus guten Gründen eine negativ besetzte Vorstellung vom »deutschen Sonderweg« ziemlich schnell ausgebreitet. Unter dieser Abkürzung wurde jetzt im Aus- und Inland der Versuch verstanden, aus bestimmten Traditionen und Ursachenkomplexen der neueren deutschen Geschichte die Bedingungen der Möglichkeit des verhängnisvollen Absturzes in die Katastrophe des Nationalsozialismus herzuleiten. Diese Kritik ging von der Grundtatsache aus, daß zwar in Deutschland, doch in keinem anderen der hochentwickelten Industrieländer der Zwischenkriegszeit der Nationalsozialismus als hochradikalisierte Form des gemeineuropäischen Rechtsradikalismus, des Faschismus, eine Diktatur errichten konnte, die ihre Herrschaftsziele, ihre Lebensraumutopie und ihre rassistische Vernichtungspolitik in einem zweiten Weltkrieg, wo immer möglich, verwirklicht hat. Wurde diese Denkfigur eines »deutschen Sonderwegs« in den Abgrund akzeptiert, lenkte sie notwendig auf die aus der Vergangenheit stammenden Belastungen zurück: auf die Bürde der Weimarer Republik, des Kaiserreichs, des 19. Jahrhunderts. Die Forschung ist diesem Sog im Krebsgang gefolgt. Sie hat die Wirkungen der gescheiterten 1848er Revolution und von Bismarcks dreißigjährigem autoritären Regime, die Schwäche der Parteien und des parlamentarischen Systems, die Stärke der alten Machteliten der Großagrarier, der Bürokratie und des Militärs, den Einfluß traditionaler Werte und Normen auch noch in einer Zeit, welche durch die rapide ökonomische Modernisierung Deutschlands gekennzeichnet ist, herausgearbeitet. Gerade in diesem Aufeinandertreffen von traditionalen Elementen und einem rasanten wirtschaftlichen Fortschritt mit gravierenden soziopolitischen Folgen, in den offenen Konflikten und der spannungsreichen Koexistenz von Altem und Neuem hat sie das brisante Gemisch zu bestimmen versucht, das zusammen mit den unmittelbaren Folgen des Ersten Weltkriegs und der Weltwirtschaftskrise den Aufstieg und Sieg des Nationalsozialismus mit all seinen Konsequenzen ermöglicht hat. Schließlich war es ja die aus Angehörigen der alten Eliten bestehende konservative Allianz, die – wie zehn Jahre vorher in Italien für Mussolini – im Winter 1932/1933 als Steigbügelhalter für Hitler fungierte und für die Illusion der Zähmungstaktik verantwortlich war. Nicht jedoch war es in erster Linie, wie eine Legende es wahrhaben will, »die« Industrie oder »der« Kapitalismus, obschon kein ernstzunehmender Wissenschaftler den wichtigen Kausalnexus, der zwischen der Depression und dem Aufstieg der NSDAP zur Massenbewegung besteht, je geleugnet hat.

Es ist unbestritten, daß für die Beurteilung des »deutschen Sonderwegs« die Entwicklung Englands, Westeuropas, Amerikas als positiver Vergleichsmaßstab gedient hat. Von ihrem, wie es schien, glücklicher verlaufenen »Normalweg« in die moderne Welt war Deutschland abgewichen. Der Vorwurf einer gewissen Idealisierung dieser Vorbilder ist berechtigt, wenn es auch, politisch und psychologisch gesehen, verständlich war, daß nach zwei verlorenen totalen Kriegen und der Barbarei des NS-Regimes in einer über die deutsche Vergangenheit kritisch urteilenden Generation das Bedürfnis stark ausgeprägt war, überlegene bzw. vergleichbare »Bezugsgesellschaften« für die eigene Orientierung und die Fundierung des historischen Urteils anzuerkennen. Die methodische Fragwürdigkeit einer »westlichen Normalität« ist jedoch inzwischen längst erkannt. Man hat deshalb versucht, sie z.B. durch den Vergleich zwischen »Pionierländern« (wie England), die im Bewußtsein der Zeitgenossen den ökonomischen und politischen Fortschritt verkörperten, und »relativ rückständigen Nachfolgeländern« (wie Deutschland) zu korrigieren, die zum Teil mit neuen

Methoden den westlichen Vorsprung einzuholen sich anstrengten. Oder aber man hat, gemäß der Forderung Max Webers, die Grundlage der eigenen Werturteile – den liberal-demokratischen Verfassungs- und Rechtsstaat etwa oder die sozialstaatliche Massendemokratie – als normatives Ideal explizit zur Debatte gestellt und die historische Wirklichkeit daran gemessen, wie eng sie sich ihm angenähert hatte oder welches Defizit sie weiterhin aufwies.

In diese Debatte über den »deutschen Sonderweg«, die sich wie ein roter Faden durch die nunmehr dreißig Jahre lang anhaltenden Kontroversen ausländischer wie westdeutscher Geschichts- und Sozialwissenschaftler hindurchzieht, haben sich jetzt zwei junge englische Historiker eingeschaltet.[1] Für dieselbe Problematik hat sich auch ein amerikanischer Politikwissenschaftler interessiert, dessen Buch *The German Question Reconsidered* endlich ins Deutsche übersetzt worden ist.[2]

Blackbourns Essay unter der Rankes berühmtes Diktum ironisierenden Überschrift »wie es eigentlich nicht gewesen« trägt die Kritik an der angeblichen Mythologie vom »deutschen Sonderweg« am gescheitesten vor; er löst eine produktive Reaktion aus, denn seine Überlegungen erzwingen Nachdenklichkeit, und viele seiner kritischen Einwände sind willkommen, da sie eingerastete Interpretationen in Frage stellen – kenntnisreich, abwägend, um den Vergleich bemüht. Blackbourn plädiert dafür, das Kaiserreich weder in irreführendem Reduktionismus als Spätphase eines großpreußischen Neoabsolutismus noch als Vorphase des Nationalsozialismus, sondern aus den Bedingungen seiner Zeit als historisches Gebilde aus eigenem Recht zu verstehen. Besonders der politische Einfluß und das Verhalten des Bürgertums müsse differenzierter und positiver als bisher mit Hilfe komparativer Fragen bestimmt werden. Der Fluchtpunkt von 1933 sei heutzutage zum guten Teil überlebt. Die deutsche Geschichte seit 1871 enthalte viele Optionen. Angebliche Eigentümlichkeiten würden durch den Vergleich relativiert.

Mancher Gedanke ist einem aus den Diskussionsbeiträgen westdeutscher Fachwissenschaftler vertraut, Thomas Nipperdey hat mehrfach derartige Forderungen vertreten, aber Blackbourn steuert zahlreiche neue, bedenkenswerte Ideen bei. Manches bleibt freilich auch bei ihm unscharf. Was heißt es etwa, genaugenommen, daß die neunziger Jahre des vergangenen Jahrhunderts aus ihrer eigenen Konstellation heraus zu verstehen seien? Auf das unentbehrliche genetische Prinzip kann kein Historiker verzichten, und wie weit er die treibenden Kräfte, die Richtung bestimmenden oder hemmenden Prozesse und Strukturen zurückverfolgt, wie tief er den Erfahrungshorizont der Zeitgenossen ausleuchtet, hängt ganz von seinen Interessen, seinen Kriterien und seinen Gründen ab, die dafür sprechen, die formative Phase vor den neunziger Jahren nicht zu eng zu fassen.

Völlig anders sieht es bei Eley aus. Profilierungshungrig beginnt er mit einem Rundum-Kahlschlag: Karl Dietrich Bracher, Ralf Dahrendorf, Fritz Stern, M. Rainer Lepsius, Ernst Fraenkel, Fritz Fischer, Gerhard A. Ritter, sämtliche Historiker der sogenannten »kritischen« Geschichtswissenschaft, eine in sich wiederum sehr heterogene Gruppe von Fachwissenschaftlern vor allem der mittleren Generation, die seit längerem ihr Augenmerk auf die politische Sozialgeschichte, auf die Wirtschafts- und Verfassungsgeschichte und insbesondere auf die deutsche Modernisierungsproblematik gerichtet hat – kurzum alle, die sich mit den deutschen Sonderbedingungen im 19. und 20. Jahrhundert im Sinne der oben charakterisierten explosiven Mischung beschäftigt haben, sind – endlich wissen wir's – pure Tölpel, engstirnige Ideologen, ein Häuflein törichter Narren: »naiv«, »formalistisch«, »unredlich«. Keiner von ihnen besitzt nämlich jenen Universalschlüssel zu allen dornigen Problemen der neueren deutschen Geschichte, den Gralsritter Eley bei seiner Attacke auf den »Glauben an den deutschen Sonderweg« mit unbeirrbarer Heilsgewißheit offeriert: die »Logik des Monopolkapitalismus«, die »besondere Form von kapitalistischer Rationalität« in der deutschen Industrialisierung. Wer diesen öden Schematismus akzeptiert, bewegt sich allerdings schnell in jener Nacht, in der nicht nur alle Katzen (sprich: Probleme) gleich grau werden, sondern auch der Eule der Minerva die Lust zum Fliegen vergeht. Vorher baut sich Eley eilfertig einen Popanz als Gegner auf, der dann mühelos zu demolieren ist, da Eley von seiner edelmarxistischen Position aus (man nehme ein wenig Poulantzas, ein bißchen Gramsci, ein Tröpfchen Stamokap und als Prise etwas E. P. Thompson) mit der Wunderwaffe seines rigoristischen Dogmatismus die vermeintlich unreflektierte Naivität der Kritisierten mühelos aufzuspießen vermag.

Ihre Hauptsünde besteht ihm zufolge darin, daß insbesondere die »kritischen« Historiker, die in der Tat jeder Art von Dogmatismus skeptisch gegenüberstehen, in ihrem berechtigten Wunsch nach

Kooperation mit den benachbarten Humanwissenschaften der »Weisheit der Sozialwissenschaften«, dem »Vokabular der liberalen« und das heißt: der »orthodoxen Politikwissenschaft«, also – Altvater Karl sei's geklagt – der »nichtmarxistischen Soziologie« mit ihrer »akademischen Rhetorik von ›Demokratisierung‹ und ›sozialer Emanzipation‹« aufgesessen sind. Das ist natürlich für jemand, der offenbar mit einem erklecklichen Fundus der sprichwörtlich ewig besserwisserischen, altertümlichen englischen Arroganz ausgestattet ist und auf die kläglichen intellektuellen Anstrengungen in den ehemaligen amerikanischen Kolonien herabsieht, ein unverzeihlicher Fehltritt. Dafür werden ihnen dann auch, what a sorry lot, ordentlich die Leviten gelesen.

Im Eifer des Gefechts bleibt die Argumentationsbasis jedoch oft zu schmal, und jene krassen Fehlurteile, die in der Universität des 19. Jahrhunderts noch offenherzig Banausentum genannt wurden, gibt es zuhauf. Von den geringen Leistungen der ersten Sozialversicherungsgesetze der achtziger Jahre des vorigen Jahrhunderts z.B. hat Eley offenbar keine Ahnung. Auch geht ihm jedes Verständnis für den Einfluß soziokultureller Faktoren ab, etwa für die alte paternalistische »Herr-im-Haus«-Ideologie der Gestaltung und Legitimierung sozialer Beziehungen im Betrieb, wo nicht nur nackte Kapitalisten regierten. Stadtbürgertum, Bürgerliche und Bourgeoisie kann er nicht auseinanderhalten. Von der westdeutschen Geschichtswissenschaft zeichnet er ein völlig verzerrtes Bild: Angeblich herrschen dort Idealismus (Bewußtseinsgeschichte) und Vulgärmaterialismus zugleich. Eine »neue Orthodoxie« schwingt ihr Zepter, obwohl es sich tatsächlich um eine kleine, aber rege Minderheit handelt, die Eley im Auge hat. Offenbar haben wir die Berufswelt der Historiker bisher völlig falsch wahrgenommen, oder trägt Eley eine Brille aus »Alices Wunderland«? Bismarcks militärische »Revolution von oben« zwischen 1864 und 1871 war, erfahren wir jetzt, in Wirklichkeit eine »bürgerliche Revolution«, welche die »Vorherrschaft der Bourgeoisie« sicherstellte. Den Durchbruch der deutschen Industriellen Revolution, bestechende Erfolge der Liberalen, ihre grundlegenden Gesetzeswerke, welche in den sechziger und siebziger Jahren des 19. Jahrhunderts Grundpfeiler der bürgerlich-kapitalistischen Entwicklung geschaffen haben, wird kaum jemand bestreiten. Aber war das auf dem Höhepunkt Bismarckscher Autorität wirklich die »politische Hegemonie« des Bürgertums? In plattem Funktionalismus wird die

Reichsgründung als Ergebnis einer folgsamen Politik, die unter dem Imperativ »kapitalistischer Interessen« gestanden habe, gründlich mißverstanden. Selbst die DDR-Historiographie spricht zunehmend von einer »bürgerlichen Umwälzung« in Deutschland und räumt diesem Prozeß immerhin die hundert Jahre nach 1789 ein!

Hoffentlich verstellt sich Eley mit seinem Mythos von der Vormacht der inneren »Logik des Monopolkapitalismus« nicht noch länger den Blick auf die realhistorischen Probleme der modernen deutschen Geschichte. Anlaß zu dieser Hoffnung ist gegeben, denn auch er formuliert, das sollte trotz seiner linken Illiberalität nicht übersehen werden, einige Einwände, die es unbedingt zu diskutieren lohnt: Er kritisiert, wie Blackbourn, das Verhältnis von idealisierter westlicher Geschichte und deutscher »Fehlentwicklung«; er stellt die Gleichung von Bürgertum gleich politisch siegreichem Liberalismus in Frage; er bestreitet zu Recht die Sachangemessenheit des Konzepts der »bürgerlichen Revolution«; er nimmt den Vergleich, vor allem mit der englischen Geschichte, ernst und läßt sich konkret darauf ein. Hier muß die Diskussion sicher weiter vorangetrieben werden.[3]

Im Vergleich mit den beiden englischen Historikern, die soeben (1980) auch bemerkenswerte Bücher zur deutschen Geschichte veröffentlicht haben (Blackbourn über das württembergische Zentrum, Eley über die Kampfverbände der »Neuen Rechten« vor 1914) und daher mit Sachkunde, wenn auch mit unterschiedlicher Überzeugungskraft, argumentieren können, mutet Calleos Überblick, der im Geschwindschritt einherkommt, eher wie ein auf Verblüffungseffekte bedachtes Geplänkel in seichtem Wasser an. Durchweg aus zweiter oder dritter Hand gearbeitet, stellt sein Buch zwar einige erstarrte Klischeevorstellungen mit erfrischender Verve in Frage. Leser mit apologetischem Bedürfnis werden nach der Lektüre wohlige Zufriedenheit verspüren (die anderen waren auch keinen Deut besser – mit diesem beabsichtigten oder ungewollten Effekt muß jeder unpräzise Vergleich rechnen). Allenthalben fehlt es jedoch an genaueren Kenntnissen, auch der wissenschaftlichen Streitfragen, und die Umwandlung aller erörterten deutschen Fragen in gemeineuropäische Phänomene führt zu einer Problemnivellierung, die das noch immer Erklärungsbedürftige nicht mehr erkennen läßt.

Predigt Eley den »kritischen« Historikern, deren eher weberianische oder offen eklektizistische Haltung ihm ein Greuel ist, das Evangelium seines »marxistischen Ansatzes«, erscheint dieselbe Gruppe bei Calleo, der sich von den der CDU nahestehenden, eher konservativen Kölner Sozialwissenschaftlern Hans-Peter Schwarz und Andreas Hillgruber (laut Vorwort) hat »informieren« lassen, als »Schule mit ausgeprägter marxistischer Überzeugung« wieder. Da könnte nun die Verwirrung darüber, wer Recht besitzt, groß sein. Immerhin zwingen die Folgen des Meinungspluralismus (oder, wie ich glaube, fehlender Sachkenntnis) den geneigten Leser dazu, sich selber ein Urteil zu bilden, wenn die Experten so diametral entgegengesetzte Auffassungen verkünden.

Schwächen in der Argumentation der drei Autoren ändern gleichwohl nichts daran, daß die Frage nach dem »deutschen Sonderweg« weiterhin ein diskussionsbedürftiges Thema bleibt, zu dem sich einige allgemeine Überlegungen lohnen.

Nicht nur Sozial- und Wirtschaftshistoriker teilen heutzutage die Überzeugung, daß die Entfaltung des deutschen Industriekapitalismus, die Veränderungen der Sozialstruktur und die Einflüsse dieser Prozesse auf die Politik angemessen analysiert werden müssen. Gerade weil seit zwanzig Jahren soviel Gewicht auf die Klärung dieser Fragen gelegt wird, wollen ja die Vorwürfe der orthodoxen Politikhistoriker gegen eine derartige Betonung der sozioökonomischen Faktoren nicht erlahmen. Heute zu postulieren, daß die »kontinuierlich wirkende Alltagsmacht« (Max Weber) des Industriekapitalismus endlich ernst zu nehmen sei, heißt auch in der Bundesrepublik Eulen nach Athen tragen. Daß ihm dagegen ständig die absolute Vorrangigkeit einzuräumen sei, wird, da Glaubensbereitschaft Argumente nicht ersetzen kann, stets auf begründete Kritik stoßen.

Es steht weiterhin außer Frage, daß mit wachsender zeitlicher Distanz zum Nationalsozialismus vergleichende Untersuchungen als immer dringlicher empfunden werden. Auch besteht Einigkeit darüber, daß Historiker und Sozialwissenschaftler die vergleichende Analyse schon deshalb brauchen, um präziser als bisher entscheiden zu können, welche Gemeinsamkeiten die westliche Entwicklung, etwa im 19. und 20. Jahrhundert, charakterisieren oder ob nationalhistorische Unterschiede die ausschlaggebende Rolle spielen. Betont man auf der Linie des älteren Historismus primär diese Unterschiede, wird das Individualitätsprinzip leicht ad absurdum geführt. Unterstreicht man nur die gemeinsamen

Elemente, verliert man ebenso leicht die Tatsache aus dem Auge, daß es doch häufig die spezifischen Konstellationen sind, die besonders der Erklärung bedürfen. Selbstverständlich hängt hierbei viel von der Wahl der Perspektive ab: Der innereuropäische Vergleich lenkt den Blick eher auf die Unterschiede; wählt man die Vogelperspektive eines universalhistorischen Vergleichs zwischen okzidentalem und chinesischem Kulturkreis, rücken die europäischen Staaten mit ihren gemeinsamen Eigenarten eng aneinander.

Das eigentliche Problem der wissenschaftlichen Praxis besteht indessen nicht darin, sich entweder ausschließlich für transnationale oder nur für nationalgeschichtliche Phänomene zu entscheiden, sondern überzeugend nachzuweisen, welches größere oder geringere Maß an Einfluß die grenzübergreifenden Gemeinsamkeiten oder aber nationale Unterschiede im historischen Prozeß besessen haben oder noch immer besitzen.

Ein weiteres schwieriges Problem wird dadurch aufgeworfen, inwieweit man binnennationalen Unterschieden, also Eigenarten der historischen Landschaften, Regionen, Städte zusätzlich gerecht werden kann, spielen doch auch und gerade in der deutschen Geschichte Ostelbien, der Südwesten, die Hansestädte ihre je eigene Rolle. Außerdem hat eine komparative Geschichte, die diesen Namen wirklich verdient, selbstredend genau zu prüfen, wie groß die Unterschiede zwischen den westlichen Ländern waren, ob also England, Frankreich, Belgien, die Vereinigten Staaten usw. nicht auch auf manchen Gebieten ihren »Sonderweg« gingen. Und nicht zuletzt bleibt zu präzisieren, auf welche unterschiedliche Weise sich Deutschland von jedem dieser Länder unterschied oder charakteristische Züge mit ihnen teilte.

Das von Eley so harsch kritisierte Fähnlein der Mythenerzähler hat die prägende Kraft gemeinsamer westlicher Erfahrungen (wie Staatsbildung, Industrialisierung, Imperialismus, Interessenorganisation, Bürokratisierung) keineswegs geleugnet, sondern sich vielmehr auch mit außerdeutscher Geschichte intensiv beschäftigt und wie wenige andere die Maxime der vergleichenden Argumentation beherzigt, ohne den deutschen Sonderbedingungen ihr besonderes Gewicht abzusprechen. Daß vor allem die folgenreichen Eigentümlichkeiten der modernen deutschen Geschichte, und zwar sowohl die positiven als auch die negativen, mit Hilfe der deutschen Spezifika befriedigender erklärt werden können, ja müssen, als das primär mit dem Rückgriff auf gemeineuropäische

Erscheinungen möglich ist, soll hier noch einmal dezidiert verfochten werden. Einige Beispiele mögen diese These illustrieren.

1. Wenn die deutsche Universität und Wissenschaft im 19. Jahrhundert zum weltweit anerkannten Vorbild wurde, lag das primär nicht an der überall vorhandenen europäischen Institution der Universität und derselben Art des rationalen Denkens. Ausschlaggebend waren vielmehr folgende Faktorenbündel: Das dezentralisierte, breit gefächerte System von rd. vier Dutzend deutschen Universitäten förderte einen lebhaften Wettbewerb, bot Ausweichmöglichkeiten für umstrittene Gelehrte und sorgte damit zugleich für die schnelle Ausbreitung von Innovationen – im krassen Gegensatz zu den beiden englischen Universitäten, die fast bis 1900 in dumpfer Orthodoxie erstarrt dalagen, während intellektuelles Leben nur an den von der Aufklärung bestimmten schottischen Universitäten herrschte. Diese Universitäten waren ein Ergebnis der deutschen »Fürstenrevolution« im Reformationszeitalter, als erst die protestantischen, dann die katholischen Landesherren ihre akademisch geschulten Juristen und Theologen jeweils auf eigenen Hochschulen heranbilden ließen. Die protestantische Lese- und Schriftkultur, die aus der Pflicht zur Lektüre der Heiligen Schrift hervorging, verschaffte den evangelischen Universitäten einen gewaltigen Vorsprung – von 400 Jahren, übertrieb der große D'Alembert nach einer Deutschlandreise. Und das vom Neuhumanismus geprägte protestantische Bildungsbürgertum, das in dieser Form nur im deutschsprachigen Mitteleuropa vorkommt, bildete das unerschöpfliche soziale Reservoir, aus welchem die nach Göttingens Vorbild reformierten Universitäten des 19. Jahrhunderts den auf Gelehrtenkarriere eingestellten Nachwuchs für alle Wissenschaftsdisziplinen rekrutieren konnten.

2. Mit der Annahme, daß fortschreitende Bürokratisierung ein in allen modernen Gesellschaften, unabhängig vom Charakter ihres politischen Regimes, systemneutral fortschreitender Prozeß sei, hat Weber sicher recht behalten. In den deutschen Staaten hat sich bekanntlich eine bürokratische Verwaltung mit all ihren Vorzügen und Nachteilen frühzeitig und zählebig herausgebildet. Wer z.B. nach längerem Aufenthalt in den Vereinigten Staaten in die Bundesrepublik zurückkehrt, erlebt aufs neue einiges von der Realität eines Beamtenstaats. Die Kritik an ihm: an dem obrigkeitlich-herablassenden Regieren vom grünen Tisch, an der skrupellosen politischen Anpassungskunst, an dem Dünkel bürgerferner Planung

usw., diese Kritik hat, zumal aus englischer und amerikanischer Perspektive, seit langem leichtes Spiel gehabt. Zugleich haben aber die tiefverwurzelten Traditionen einer aktiven Bürokratie auch einen Vorsprung für den Ausbau des – unvermeidbar bürokratisierten – Sozialstaats in der Bundesrepublik bedeutet. Das Fehlen bürokratischer Tradition andrerseits erklärt nicht wenig von der amerikanischen Verspätung im Bereich der staatlichen Sozialpolitik – immerhin fünfzig Jahre, wenn man bis zu Roosevelts »New Deal«, sogar achtzig Jahre, wenn man bis zu Johnsons Reformgesetzgebung rechnet.

Vielleicht war das Modell der deutschen Verwaltung auch ein Vorteil für die Ausbildung der Einheitsgewerkschaften, die durch die erzwungene Anpassung an die bürokratisierte Gegenmacht der Unternehmer und des Staates eine effektivere Organisation und ein weit dichter gewebtes Sozialrecht als etwa in England erreicht haben.

3. Wer den Konflikt zwischen Kapital und Arbeit für einen wichtigen Gegenstand geschichtswissenschaftlicher Forschung hält, trifft in der deutschen Geschichte auf die folgenschwere Trennung von früher Arbeiterbewegung und Liberalismus in den sechziger Jahren des vorigen Jahrhunderts. Das sehen auch Blackbourn und Eley sehr deutlich. Beide Bewegungen gingen lange Zeit getrennte Wege, denn eine sozial-liberale Koalition kam weder bis 1912 noch dauerhaft nach 1919, sondern erst hundert Jahre nach dieser Weggabelung zustande. Deutsche Sozialdemokratie und deutscher politischer Liberalismus sind durch die Entscheidungen der sechziger Jahre des vorigen Jahrhunderts auf eine sehr spezifische Weise anhaltend beeinflußt worden, während es in England den Liberalen und Konservativen gelang, einen Großteil der Arbeiterwähler bis 1906, ja weit darüber hinaus bis hin zum gegenwärtigen proletarischen Tory-Wähler, an sich zu binden. Erst danach mußten sie einen wachsenden Anteil an die neue Labour Party abtreten. Und in den Vereinigten Staaten hat es niemals eine sozialistische Arbeiterpartei gegeben, die zu einem Konkurrenten der Demokraten und Republikaner hätte werden können.

4. Bei den deutschen, englischen, französischen, amerikanischen Angestellten wiederum hat das ihnen unbestreitbare Gemeinsame – nämlich daß die Funktionsdifferenzierung moderner Unternehmen und Dienstleistungsbetriebe ein wachsendes Verwaltungspersonal und spezifische Arbeitnehmerleistungen erfordert – ein

gleichartiges politisches Verhalten und Bewußtsein keineswegs hervorgebracht; vielmehr haben unterschiedliche soziopolitische und soziokulturelle Traditionen ihrer Länder – in Deutschland gehörte vor allem dazu die frühe Fixierung auf das Leitbild des angesehenen, sichergestellten Staatsbeamten – zahlreiche deutsche Angestellte als Teil des »neuen Mittelstandes« dem Nationalsozialismus in die Arme getrieben, während die amerikanischen Angestellten trotz der Belastungen der Weltwirtschaftskrise für die systemstabilisierende Reformpolitik der Demokraten votierten.

5. Der Nationalsozialismus, Crux und Angelpunkt aller Debatten über den »deutschen Sonderweg«, kann, da er in Deutschland als einzigem fortgeschrittenen Industrieland gesiegt und sich nach sechs Friedensjahren auch noch sechs Kriegsjahre lang als Radikalfaschismus behauptet hat, eben nicht – simpelste aller logischen Überlegungen – in erster Linie aus gemeinsamen Problemen des westlichen Industriekapitalismus abgeleitet werden, da auf den Druck der überall pressierenden »Großen Krise« mit dem »New Deal« F. D. Roosevelts, dem weiterfunktionierenden Parlamentarismus Großbritanniens oder der Volksfront Léon Blums reagiert werden konnte, während der Weg in die NS-Diktatur ohne die spezifischen, in den anderen Ländern in dieser Konfiguration nicht vorhandenen Bedingungen der deutschen Geschichte nicht einmal ansatzweise erklärt werden kann. Keine einzige der allgemeinen Faschismustheorien vermag die beispiellose Radikalität des Nationalsozialismus angemessen zu erfassen. Gerade die außergewöhnliche Sprengkraft und Barbarei, die ihn kennzeichnen, fallen in der Regel durch das Sieb einer nur generalisierenden Definition hindurch. Gewiß war der Nationalsozialismus auch Teil jenes Rechtsradikalismus der Zwischenkriegszeit, den wir wegen gewisser gemeinsamer Züge und mangels eines besseren Begriffs weiter Faschismus nennen. Aber alle historisch entscheidenden Charakteristika des Nationalsozialismus zeigen gewissermaßen einen Überschuß an Zerstörungskraft, dem die ausschließlich verallgemeinernde Begriffsbestimmung nicht gerecht wird. Max Horkheimer sprach 1939 eine Teilwahrheit aus, als er forderte, daß vom Faschismus schweigen solle, wer nicht vom Kapitalismus reden wolle. Schweigen soll aber auch, wer beim Nationalsozialismus nicht von den vorindustriellen Traditionen, dem Defizit an Bürgerlichkeit und parlamentarisch-politischer Macht des Bürgertums reden will.

6. Auch die »Ultrastabilität« der Bundesrepublik in ihren ersten dreißig Jahren, in denen sie von lang anhaltenden internationalen Konjunkturphasen zweifellos begünstigt worden ist, kann nicht aus den Gemeinsamkeiten der Serie westeuropäischer »Wirtschaftswunder« hergeleitet, sondern nur mit Hilfe jenes Kranzes von Bedingungen erklärt werden, die man auf die Kurzform bringen kann, daß Auswirkungen des Nationalsozialismus und der Nachkriegsjahre einen Großteil der traditionellen Belastungen für ein neues Experiment mit einer deutschen Demokratie beseitigt haben. Bonn ist auch deshalb nicht Weimar, weil der Einfluß der alten Machteliten der Großagrarier und Militärs gebrochen, weil der preußische Militarismus ausgelöscht (und allenfalls in irritierenden Traditionsritualen noch einmal gespenstisch aufleuchtet), weil der Konfessionskonflikt entschärft, weil das regionale Wohlstandsgefälle abgemildert ist, weil erstarrte soziale Strukturen verflüssigt worden sind usw. Diese Ergebnisse sind nicht das Verdienst einzelner, sondern um den Preis eines Weltkrieges und der anschließenden Elendsjahre zustande gekommen. Aus Gründen dieser Art besaß jedoch der zweite Anlauf, eine Demokratie auf deutschem Boden zu verankern, objektiv bessere Entwicklungschancen für eine solide Fundamentierung der Republik und ihre Funktionsfähigkeit als 1919 der Staat von Weimar.

Kurzum: Eine wirklich vergleichende Geschichts- und Sozialwissenschaft wird, soweit ich sehe, überall Zustimmung finden, obwohl und weil sie hohe Ansprüche an die Sachkompetenz, die Methoden und Theorien des Wissenschaftlers stellt. Nur diejenigen Ergebnisse, welche das scharfe Säurebad des Vergleichs, dieses einzigen, unübertrefflichen Ersatzes für das naturwissenschaftliche Experiment, überstehen, geben verläßliche Auskunft über den transnationalen oder nationalen Charakter von Problemen. Im Hinblick auf die neuere deutsche Geschichte wird jedoch gerade durch den Vergleich die empirisch bereits vielfältig bestätigte Position erneut unterstützt, daß es in erster Linie spezifisch deutsche Bedingungen, nicht jedoch die natürlich ebenfalls vorhandenen, aber weniger wirksamen westlich-gemeineuropäischen Antriebskräfte und Einrichtungen waren, die auf einen derart verstandenen »deutschen Sonderweg« geführt haben.

Zugegeben, Politik kann überall entarten, nicht nur im Hitlerreich oder im Stalinschen Rußland, sondern auch in Irland, Algerien und Vietnam. Aber Irland ist zum größten Teil selbständig,

Algerien in die Unabhängigkeit entlassen, der Vietnam-Krieg letztlich dank der inneramerikanischen Opposition abgebrochen worden. Für uns aber bleibt der Stachel eines auch in universalgeschichtlicher Perspektive einzigartigen Zerstörungswerks und damit die Frage bestehen, warum nur Deutschland einen Nationalsozialismus bis zum April 1945 ermöglicht, ertragen und mit äußerster Konsequenz praktiziert hat. Den Unterschied zu anderen Entartungsformen politischer Herrschaft kann der Vergleich niemals auflösen, wohl aber noch schärfer herausheben. Das Ergebnis wird man weiterhin, ohne Arroganz, ohne Mythenbildung, sondern nüchtern zusammenfassend, einen »deutschen Sonderweg« in der Welt des 19. und 20. Jahrhunderts, bis 1945 und vermutlich auch noch einmal in der Bundesrepublik seit 1949 nennen können.

Anmerkungen

1 David Blackbourn und Geoff Eley, *Mythen deutscher Geschichtsschreibung*, Berlin 1980. Eine diametral entgegengesetzte Position, welche die Überlebens- und Durchsetzungsfähigkeit der alten Machteliten bis 1914 pointiert zugespitzt betont, verteidigt jetzt auch Arno Mayer, *The Persistence of the Old Regime. Europe to the Great War*, N. Y. 1981. Zur Kultivierung der positiven Vorstellung von einer deutschen Sonderentwicklung durch die Historiker der Weimarer Repbulik vgl. B. Faulenbach, *Ideologie des deutschen Weges*, München 1980.

2 David P. Calleo, *Legende und Wirklichkeit der deutschen Gefahr. Neue Aspekte zur Rolle Deutschlands in der Weltgeschichte von Bismarck bis heute*, Bonn 1980; engl. Originalausgabe: Cambridge 1978.

3 Geoff Eley hat, wie im *Merkur* 398 (1981, 757–59) nachzulesen ist, mit offensichtlicher Erregung auf meine Kritik (*Merkur* 396. 1981) reagiert. Daraufhin habe ich ihm noch einmal kurz geantwortet (*Merkur* 398, 760): »Geoff Eley ist es offenbar entgangen, daß die von ihm seit sechs bis sieben Jahren scharf attackierten westdeutschen Historiker ihm (auch als Jüngerem) viel Zeit gelassen haben, seine Kritik vorzubringen, ohne sogleich energisch zu widersprechen. Eley hat dabei, scheint's, den eigenen dünkelhaften Ton seiner Kritik nicht gespürt. Das verrät auch wieder seine aufgeregte Replik, mit der ich selbstverständlich – Eley's nature being what it is – gerechnet hatte. Jetzt wird ihm allerdings nach hinreichender Schonzeit Contra gegeben. Im Journal für Geschichte (1981/4) hat der Historiker Hans-Jürgen Puhle eine völlig gleichgerichtete Kritik

an Eleys Beitrag in dem von Eley und Blackbourn zusammen geschriebenen Taschenbuch, ausführlicher noch und schärfer formuliert als mein Beitrag im ›Merkur‹ 396. 1981, 478–487. Auch an Eleys Buch über die Entstehung der ›neuen Rechten‹ im wilhelminischen Zeitalter (Reshaping the German Right, London 1980) haben inzwischen so kompetente Historiker wie Roger Chickering/University of Oregon (American Historical Review 1981) und Heinrich August Winkler/Universität Freiburg (Journal of Modern History 1981) schärfste Kritik geübt – ›vernichtende‹ Kritik werden viele Leser meinen. Im ›Merkur‹ 399. 1981 (Der deutsche Sonderweg: Eine Nachlese) hat Winkler außerdem noch ausführlicher und ebenso kritisch Stellung bezogen. Von diesen Historikern wird, ähnlich wie in Puhles Aufsatz und in meinem Merkur-Essay, ebenfalls das großsprecherische Programm einer ›neuen‹ Politikgeschichte ›von unten‹, wie es in Eleys Einleitung entwickelt wird, mit der enttäuschenden empirischen Verbandsgeschichte des Hauptteils verglichen. Gegen die These von den Manipulationserfolgen der Machteliten des Kaiserreichs beschwört Eley die populistische ›Selbstmobilisierung‹ neuer Kräfte – was immer das auch sein mag –, vor allem wird als deren Ausdruck der Flottenverein, das Thema seiner Dissertation, ausführlich behandelt. Wenn aber überhaupt ein wilhelminischer Interessen- und Kampfverband manipuliert worden ist, dann der Flottenverein von Tirpitz und seinem sehr effektiv arbeitenden Propagandabüro. Chickering nennt daher Eleys Buch schlichtweg ›fundamentally wrong‹, Winkler sogar einen ›bluff‹, und man werde ja sehen, wie lange ein Historiker mit einem Bluff davonkommen könne. Ähnlich urteilt Volker Berghahn/University of Warwick, einer der besten Sachkenner, in der ›Neuen Politischen Literatur‹ (1981/1).

Kurzum: Eley wird fortab mit derselben Entschiedenheit und offenen Sprache kritisiert, die er bisher für sich in Anspruch genommen hat. Das ›Quod licet Jovi‹ kann er für sich nicht in Anspruch nehmen. Meine Mischung von polemischer Kritik und Anerkennung einiger Vorzüge seines Plädoyers ist seinem notorischen Schwarz-Weiß-Denken fremd. Zur Verteidigung seiner diffusen Absichten fällt mir nichts Neues ein; ich finde die Gegenpolemik nirgendwo auch nur von ferne überzeugend. Jeder unvoreingenommene Leser kann sich durch den Vergleich der Texte davon ein Bild machen. Daher bleibe ich uneingeschränkt bei meiner Kritik, so bereitwillig ich auch sonst in einem Diskurs eine Konzession machen würde.

Die Kontroverse, auf die Eley, wie sein Schlußsatz zeigt, noch zu warten scheint: Sie ist längst im Gange, und er steht mit seinen Arbeiten ganz so im Zentrum, wie er sich das seit jeher gewünscht hat.«

Vorzüge der Nachteile
des deutschen Sonderwegs

Es ist in den letzten Jahren oft versucht worden, den »Sonderweg« der deutschen Geschichte im 19. und 20. Jahrhundert darzustellen und ihn zu erklären, indem man das eigentümliche Spannungsverhältnis zwischen Tradition und Moderne, das diese Entwicklung charakterisiert, mit Nachdruck herausgearbeitet hat. Zu den wesentlichen Elementen dieser Leitvorstellung gehören die inneren Widersprüche und Gegensätze zwischen einer außerordentlich erfolgreichen ökonomischen Modernisierung einerseits, wie sie mit dem Durchbruch der Industriellen Revolution seit den vierziger Jahren des 19. Jahrhunderts in den deutschen Staaten konstatiert werden kann, und traditionellen gesellschaftlichen und politischen Strukturen andrerseits, wie sie sich zumindest bis in den Herbst 1918 haben halten können. Dieses Interpretationsmodell beansprucht, aus dem Übergewicht der traditionellen Strukturen oder doch aus ihrer mehr oder minder erfolgreichen, jedenfalls entschiedenen Verteidigung besonders gravierende und folgenreiche Belastungen der deutschen Politik seit jener Zeit herleiten zu können.

Für diese Konzeption lassen sich, wie es noch immer scheint, gute Argumente geltend machen, und eine kritische Bestandsaufnahme deutscher Geschichte seit dem frühen 19. Jahrhundert wird dadurch erleichtert. Auf die fachwissenschaftlichen Kontroversen, die sich daran entzündet haben, ist hier nicht einzugehen. Es kann aber festgehalten werden, daß mit Hilfe solcher Gesichtspunkte zwar eine plausible, wichtige Zusammenhänge berücksichtigende Kritik vorgetragen werden kann, daß vielleicht jedoch der Preis ihrer Vorzüge darin besteht, vorrangig für Kritik geeignet zu sein und wichtige positive Entwicklungen nicht voll zu berücksichtigen oder gar auszublenden.

Zu diesen Entwicklungen gehört der rapide Aufstieg der deutschen Wissenschaft im 19. Jahrhundert, aber auch etwa die vor allem im Vergleich bemerkenswert erfolgreiche Kommunalpolitik deutscher Städte oder die staatliche Sozialpolitik. Wer die Folgen autoritärer Politik, das Defizit an Bürgerlichkeit, den Einfluß traditioneller Privilegien in Deutschland betont, muß sich zugleich auch die Frage stellen, wie im Obrigkeitsstaat ein nach allgemeiner Übereinkunft derart rasant moderner Prozeß wie die Ausbildung des deutschen Wissenschaftssystems nicht nur geduldet, sondern aktiv gefördert und soweit vorangetrieben werden konnte, daß die deutschen Hochschulen zum weltweit bewunderten und nachgeahmten Modell werden konnten.

Das ist nun nicht die Hauptfrage, die das Buch von Frank Pfetsch, »eine sozialwissenschaftliche Arbeit über ein geschichtliches Thema«, bestimmt hat, aber sie hat sich dieser Problemstellung auch nicht entziehen können.[1] Pfetsch geht von einer massiven Gegenwartserfahrung aus, daß nämlich Wissenschaft und wissenschaftliche Technologie zur »ersten Produktivkraft«, zum Motor, zum Lebenselixier des Innovationsprozesses der modernen Industriegesellschaften geworden sind, und diskutiert dann die Genesis dieser Vorgänge am Beispiel wichtiger Entwicklungen in Deutschland. Das ist unstreitig eine lohnende Aufgabe, und Pfetsch hat sie von verschiedenen Seiten her einzukreisen und teilweise zu lösen versucht.

Er verfolgt unterschiedliche, aber vielfältig miteinander verknüpfte Probleme in seinem Untersuchungszeitraum, der Zeit zwischen 1750 und 1914, nämlich die staatliche Finanzierung der Wissenschaft, die Gründung der »Physikalisch-technischen Reichsanstalt«, ein Paradigma staatlicher Wissenschaftspolitik, den Zusammenhang von Wissenschaftsentwicklung und Wirtschaftswachstum, die Entwicklung der wissenschaftlichen Organisationen in den deutschen Staaten bis 1914, darunter den Sonderfall der »Gesellschaft Deutscher Naturforscher und Ärzte« und die deutsche Wissenschaft im internationalen Vergleich. In erster Linie interessieren ihn die Naturwissenschaften und ihre Beziehungen zur Technik; die Sozial-, Geistes- und Rechtswissenschaften erscheinen nur summarisch in der Diskussion der Finanzierungs- und Vereinsfragen. Das läßt sich selbstverständlich vertreten, obwohl dadurch nicht wenige lohnende Probleme ausgeschlossen werden, etwa die Pionierrolle der Philosophischen Fakultäten bei der Entwicklung wissenschaftlicher Arbeitsmethoden, die Funktion der Staatswissenschaften für die – auch Wissenschaftspolitik formulierenden – Beamten. Innerhalb des selbstgesetzten Rahmens bringt das Buch jedoch eine Fülle neuer wissenswerter Informationen und Erklärungsansätze. Sie verdienen Aufmerksamkeit vor allem auch deshalb, weil »die

Wissenschaftsforschung in Deutschland noch in ihren Anfängen steckt«.

Man erfährt beispielsweise, daß im Hinblick auf den Etat, das Volkseinkommen und die Höhe der Wissenschaftsausgaben pro Kopf der Bevölkerung stets Baden vor Sachsen beziehungsweise Bayern vor Württemberg rangierte, während das angeblich führende Preußen und später das Reich erst an vierter oder fünfter Stelle folgen. Das Zusammenspiel von interessierter Industrie, Parteipolitikern und Reichsbürokratie macht die Analyse der Gründung der »Reichsanstalt« zu einer aufschlußreichen Fallstudie über den wissenschaftspolitischen Entscheidungsprozeß im Kaiserreich, an dem sich der Aufstieg neuer Interessenkonstellationen, aber auch des Interventionsstaats klar verfolgen läßt. Trotz aller Unterschiede des einzelstaatlichen Vereinsrechts zeigt das Wachstum der wissenschaftlichen Verbände, wie mächtig der gleichmäßig feststellbare Sog zur Selbstorganisierung von Wissenschaftsinteressen gewesen ist. Zeitliche und fachliche Schwerpunkte werden dabei deutlich gemacht, der stimulierende Einfluß oder der politische Effekt wird jedoch weniger deutlich.

Abgesehen von punktuellen Hinweisen wird erst am Schluß auf vier knappen Seiten diskutiert, welche Bedingungen wohl zusammengewirkt haben, um Deutschland – wie der israelische Wissenschaftssoziologe Ben-David es ausgedrückt hat – im 19. Jahrhundert zu einem »Weltzentrum« der Wissenschaft zu machen. Durch Pfetschs Katalog, der leicht zu ergänzen wäre, wird jedenfalls die Aufmerksamkeit auf die Analyse von Faktoren gelenkt, die meines Erachtens eine Eigentümlichkeit gemeinsam haben: Sie stehen bei der Erklärung eines Erfolgs als Abkürzung für Phänomene, die gerade in den letzten Jahren entschieden kritisiert worden sind.

Mit anderen Worten: Die Frage nach den Ursachen und Bedingungen der deutschen Wissenschaftsentwicklung scheint auf die Vorzüge von Eigenarten hinzuweisen, die bislang vor allem als Nachteile beklagt worden sind. Offensichtlich haben zum Beispiel starke bildungsbürgerliche Traditionen diesen Entwicklungsprozeß auf die Dauer begünstigt, was unter anderem auf die Rolle der protestantischen Landesuniversitäten, der religiösen Toleranz im klassischen Land der Konfessionsspaltung und des bildungsaristokratischen Neuhumanismus zurückverweist. Bürokratische Traditionen haben die Professionalisierung der Wissenschaftlerkarriere erleichtert; die »relative Rückständigkeit« der deutschen Staaten, insbesondere nach den Napoleonischen Kriegen, hat kompensatorische Modernisierungsanstrengungen gefördert, auch in Gestalt der preußischen und der badischen Universitätsreformen. Und die Konkurrenz der deutschen Einzelstaaten, die aus der Perspektive des nationalen Einheitstaats als verhängnisvoller Partikularismus so oft beklagt worden ist, hat den Ausbau wissenschaftlicher Institutionen und die Mobilität von Wissenschaftlern unterstützt. Der tiefe Einfluß des Idealismus, das Vereinswesen als Organisationsform des deutschen Bürgertums, der staatliche Beistand beim Ausbau auch des technischen Bildungswesens, also die frühzeitige und methodische Bereitstellung von »Human Capital« – solche und ähnliche Faktoren haben vorteilhafte Bedingungen für den Vorstoß der deutschen Wissenschaft an die Spitze geschaffen.

Das sollte fortab nicht nur bei der Beschäftigung mit der deutschen Geschichte des 19. und 20. Jahrhunderts berücksichtigt werden, damit man der Ambivalenz mancher Entwicklungen stärker gerecht werden kann, sondern hier zeigt sich auch der Vorzug von Pfetschs Buch, daß es auf ungelöste, aber außergewöhnliche spannende Aufgaben hinweist, im Grunde mehrere neue Bücher anregt. Auch in diesem Sinn liegt sein Wert in der Funktion als »Pilotstudie«, wie der glückliche amerikanische Ausdruck lautet. Und einige Schwächen werden durch den Lohn neuer Ergebnisse, die ein solches Vordringen in Neuland erbringt, durchaus wettgemacht.

Anmerkung

1 F. Pfetsch, *Zur Entwicklung der Wissenschaftspolitik in Deutschland, 1750 bis 1914*, Berlin 1974.

Zum dritten Mal: Deutscher Antiamerikanismus

Bisher hat es in der modernen deutschen Geschichte zweimal einen leidenschaftlichen Antiamerikanismus gegeben. Die erste Welle richtete sich gegen jene Vereinigten Staaten, die seit 1917 durch ihren Kriegseintritt den Ersten Weltkrieg zugunsten der Alliierten entschieden hatten, vor allem aber gegen ihren Präsidenten Woodrow Wilson, der während der Friedensverhandlungen zu Versailles all seine hehren Prinzipien, wie etwa das Selbstbestimmungsrecht der Völker, angeblich blindlings verraten hatte, so daß es z.B. den Reichsdeutschen verwehrt wurde, durch den »Anschluß« der fusionswilligen Deutschösterreicher einen Gutteil der Niederlage wieder wettzumachen. Dieser erste Antiamerikanismus blieb jedoch ein Phänomen von nur kurzer Dauer. Mit der Rückkehr der Konjunktur in den Jahren 1924/1925 und dank der finanzpolitisch stabilisierenden Rolle der Vereinigten Staaten gerade auch in der Weimarer Republik ließ er nicht nur schnell nach, sondern er wich sogar einer besonderen Aufgeschlossenheit gegenüber amerikanischer Technik, amerikanischen Management-Methoden, amerikanischem Lebensstil.[1]

Die zweite Welle eines deutschen Antiamerikanismus wurde bemerkenswerter Weise nicht durch die dreieinhalb Kriegsjahre zwischen der deutschen Kriegserklärung an die USA im Dezember 1941 und der Kapitulation im Mai 1945 ausgelöst. Ein mit der Zeit nach 1918 vergleichbares Ressentiment hat sich unmittelbar nach 1945 nirgendwo eingestellt. Die zweite Welle ist vielmehr bekanntlich ein Ergebnis des Vietnamkrieges gewesen, als die unselige Verstrickung der Amerikaner in einen Dschungelkrieg in Südostasien, dessen Risiken ihnen während der französischen Rückzugsschlachten in Vietnam ein rundes Dutzend Jahre vorher vollauf bewußt gewesen waren, ihren Höhepunkt erreichte. Die Studentenrevolution seit 1968, die mancher pessimistische Konservative heute mit einer »Kulturrevolution« gleichsetzen zu dürfen glaubt, ist ohne die Initialzündung durch diesen zunehmend brutalisierten Krieg, den die Vormacht der Freien Welt gegen ein weit unterlegenes Entwicklungsland führte, schwer vorstellbar. Spurenelemente dieser Aversion hielten sich in der durch 1968 geprägten Generation. In die Partei- und Staatspolitik drang sie jedoch nicht ein.[2]

Zur Zeit erleben wir einen ständig weiter um sich greifenden Protest gegen die anhaltende Aufrüstung, wobei zunächst dahingestellt bleiben kann, wie weit die Leidenschaft der Empörung echt ist oder von geschickten Drahtziehern auch manipuliert wird. Mit dieser Protestbewegung – wie man inzwischen sagen darf –, die sich gegen den Doppelbeschluß der NATO richtet, welcher Nachrüstung auf das russische Rüstungsniveau und Verhandlungen mit der Sowjetunion zur selben Zeit vorsieht, ist in einem ganz unübersehbar zunehmenden Maße ein neuer Antiamerikanismus verbunden, der sich teils argumentativ, teils emotional äußert. In ihm drückt sich offenbar in erster Linie eine generationsspezifische Abwehrhaltung aus, die im Prinzip, insbesondere auf längere Sicht, das politische Fundament der Bundesrepublik gefährdet. Wenn der sogenannte »Krefelder Appell«, hinter dem unleugbar auch die DKP steht, inzwischen mehr als eine Million Unterschriften gefunden hat, ist es höchste Zeit, den neuen Antiamerikanismus ernstzunehmen. Zu erörtern sind die Vorwürfe gegen die Vereinigten Staaten einerseits, die Voraussetzungen für diesen Protest in der Bundesrepublik andererseits.

In der vehementen Kritik an der Regierung Reagan tritt eine breite Palette von Einwänden zutage. Wie konservativ die praktische Politik der neuen »Administration« auf Dauer tatsächlich sein wird und sein kann, ist zwar überhaupt noch nicht klar abzuschätzen. Vorerst aber wird jede Äußerung des nationalen Selbstbewußtseins, des erneut bekräftigten Weltmachtanspruchs, des »Sacro Egoismo« der transatlantischen Großmacht von den Kritikern für bare Münze genommen. Je größer die Unkenntnis der amerikanischen Verhältnisse, desto unbekümmerter fallen die Pauschalurteile aus – bis hin zum blinden Ressentiment. Fraglos bieten manche Anfänge der Reaganschen Außen- und Innenpolitik hinreichend Anlaß zu Kritik. Gegenüber El Salvador und Nicaragua scheint sich die antikommunistisch aufgeladene traditionelle Yankee-Arroganz des »Big Stick« wiederholen zu können. Die Karibik soll in ungebrochenem Hochmut ganz und gar als »amerikanisches Mittelmeer« gelten. Die Diktaturen Lateinamerikas sollen – das ist ein Einwand, den Washington jüngst nach Kräften genährt hat – wieder als zuverlässige Bundesgenossen gegen echte und vermeintliche kommunistisch-castristische Subversion aufgewertet, jede konsequente Menschenrechtspolitik soll mithin in die Rumpelkammer verbannt werden. Aus der angedrohten Nachrüstung macht die Kritik eine machthungrige Aufrüstung – im Dienste des rüstungswirtschaftlichen Großkapitals, versteht sich –, und das verbale Säbelrasseln, das die miteinander rivalisierenden Fraktionen der neuen Regierung bei ihren Positionskämpfen gelegentlich aufführen, wird für die Verkündung letzter Entscheidungen gehalten. Die martialische Sprache einiger Minister und prominenter Rechtskonservativer im Dunstkreis des Weißen Hauses gibt dem Argwohn unablässig neue Nahrung. Im Grunde wolle Washington, lautet ein hinlänglich bekannter Topos der Kritik im Hinblick auf den NATO-Doppelbeschluß, den Rüstungswettlauf erneut forcieren, die Verhandlungen jedoch so lange wie möglich vermeiden, bis die Illusion der Scharfmacher: die sogenannte Position der Stärke, verwirklicht sei. Und so weiter, und so fort.

Nun gibt es in der derzeitigen Rüstungsdebatte ernstzunehmende Argumente auf beiden Seiten. Die rational weitaus besseren lassen sich m.E. für den Doppelbeschluß geltend machen, da die altgedienten Professionals im Kreml diese Sprache, die Verhandlungsbereitschaft mit Drohgebärde verbindet, verstehen. Die Rüstung bildet zudem nur einen Aspekt des gegenwärtigen Ost-West-Konflikts und innerdeutschen Streits, keineswegs den einzigen, auch wenn das nicht wenige Protestler glauben machen möchten. Der Beweis, zu angemessenen politischen Entscheidungen gegen die permanente russische Rüstungspolitik imstande zu sein, ist im Grunde weit wichtiger. Die Nachrüstung besitzt, so gesehen, nur instrumentellen Wert. Auf diesem Instrument hat freilich 35 Jahre lang der Frieden in Europa als Folge der Strategie der Abschreckung beruht. Eine überlegene Alternative haben ihre Kritiker noch nicht entwickelt. Einseitiger Rüstungsverzicht, wie er zur Zeit angeraten wird, kann mit Sicherheit nichts einbringen. Das mag man als Zynismus abkanzeln, aber etwas mehr gedankliche Anstrengung darf man z.B. von der Friedensbewegung und -forschung schon erwarten. Wenn ein westdeutscher Politikwissenschaftler unlängst öffentlich erklärt hat, natürlich sei es besser, rot statt tot zu sein; unsere Enkel könnten dann ja versuchen, ein bolschewistisch gewordenes Westeuropa von innen her zu reformieren, läßt eine solche Äußerung selbstredend gravierende Zweifel an der Berufsqualifikation dieses naiven Zeitgenossen zu. Vor allem aber wird die sowjetische Altherrenriege auf die Bereitschaft zur Selbstaufgabe definitiv nicht mit einer Verlangsamung ihres Rüstungstempos, geschweige denn mit freiwilliger Abrüstung reagieren.

Zwar stellt die Rüstungsdebatte hier nicht das eigentliche Thema dar, aber die Sprecher der neuen »Friedensbewegung« mögen doch einmal eine plausibel klingende Erklärung dafür anbieten, warum die Russen im Windschatten der Détente das Potential ihrer Euro-Raketen in atemberaubendem Tempo ausgebaut haben (und weiter ausbauen), warum die Zahl ihrer gefährlichsten Flugzeuge unablässig wächst, warum eine gigantische Flotte, die Tirpitz vor Neid erblassen lassen müßte und sein unbestrittenes Organisationstalent zum Stümpertum degradiert, für alle Weltmeere geschaffen worden ist.

Kein politisch interessierter Zeitgenosse, der seine Sinne alle beisammen hat, wird einer problemüberladenen, konservativen Großmacht wie der Sowjetunion freiweg die Bereitschaft zu einem Kriegsabenteuer in Europa unterstellen. Wohl aber ist es durchaus realistisch, anzunehmen, daß keine Großmacht ihr militärisches Druckpotential so zielstrebig vermehrt und dann – in einer heute noch nicht absehbaren Situation – unter allen Bedingungen darauf verzichtet, es politisch auch einzusetzen. Diese Abstinenz naiv zu unterstellen, wie das mancher Anhänger der »Friedensbewegung« tut, sollte seit Machiavelli tabu sein. Außerdem kann man die Anerkennung des sowjetischen Sicherheitstraumas erheblich übertreiben.

Eine Zwischenbilanz mag nach alledem lauten, daß die neue amerikanische Regierung, deren Heterogenität hierzulande häufig unterschätzt wird, und das allgemeine, vor allem das politische Dilemma der ostwestlichen Rüstungsspirale einen Teil der Motive erzeugt, die den neuen Antiamerikanismus umtreiben.

Obwohl diese beiden Themenkomplexe ganz im Vordergrund zu stehen scheinen, wirken sich m.E. innere Veränderungen in der Bundesrepublik nachhaltiger aus. Grundverschiedene Generationserfahrungen prallen hier zur Zeit wieder aufeinander. Das ist nichts Neues in der Geschichte, diese Relativierung hilft jedoch nicht viel weiter. Es gibt politische Generationen, die Krieg und Nachkriegszeit, Flucht und sowjetische Besatzungspolitik, Ungarnaufstand und Prager Einmarsch bewußt miterlebt haben, ihre politischen Erfahrungen und Urteilskategorien sind dadurch in wesentlichem Maße geprägt worden. Eine neue, auf dem Gipfel der westdeutschen Hochkonjunktur geborene Generation besitzt all diese Erfahrungen nicht. Stalinistische Expansionspolitik und Prager Fenstersturz, Nagys Ermordung und Dubčeks Vertreibung kennt sie bestenfalls vom Hörensagen. Sie hält die prekäre Leistung zeitweilig möglicher Entspannung für einen vorgegebenen Normalzustand. Ihr sowohl geduldig als auch offensiv die Politik der sozialliberalen Bundesregierung zu erläutern, ist weithin versäumt worden. Frei vagabundierende »linke« Meinungsströmungen haben inzwischen offenbar dazu geführt, daß ein Teil dieser Generation die russische Politik verharmlost. Durch die rosarote Brille wirkt ausgerechnet der Verbündete, der 35 Jahre lang Frieden und Wohlstand der Bundesrepublik garantiert hat, als potentieller Aggressor, die Invasoren Ungarns, der Tschechoslowakei und Afghanistans dagegen erscheinen als biedere Freunde des Friedens, die jedes machtpolitische und revolutionäre Kalkül endgültig ad acta gelegt haben.

Darin äußert sich u.a. die Illusion, man könne als mittelgroßer Staat im Vorfeld einer Hegemonialmacht unbegrenzt ungestört leben, durch die Nabelschnur wohlfunktionierender Röhren- und Erdgaslieferungen friedlich miteinander verbunden. Es gibt einige gute Gründe, die Ernsthaftigkeit der weltrevolutionären Rhetorik Moskauer Provenienz zu bezweifeln, wie man sich ja auch inzwischen daran gewöhnt hat, hinter der revolutionären Rhetorik der Kautskyschen SPD vor 1914 den pragmatischen Reformismus dieser Partei zu erkennen und im politischen Alltag für wichtiger zu halten. Keine guten Gründe aber stellt die Geschichte der Internationalen Beziehungen demjenigen zur Verfügung, der sich dem Glauben an die Utopie einer dauerhaft reibungslosen Koexistenz von Hegemonialmächten und Kleinstaaten hingibt. Hier gilt unverändert das seit der Antike überlieferte Gebot äußerster Wachsamkeit – es sei denn, man gäbe freiwillig der eigentümlichen Neigung zur politischen Selbstkastration nach, welcher der vorn erwähnte Konfliktforscher das Wort redet, und überließe den ahnungslosen Enkeln die Sisyphusarbeit einer Reform des Moskowiterreichs, woran seit dem gewalttätigen Anlauf Peters des Großen alle reformwilligen Kräfte im Frieden mit erdrückender Regelmäßigkeit bis heute gescheitert sind. Die Enkel der Polen von 1945/47 wissen davon heute ein Lied zu singen.

Schmerzhafter als durch diese Illusionen wird die mittlere und ältere Generation der Bundesrepublik vermutlich dadurch getroffen, daß für viele in der neuen politischen Generation der 20- bis 30jährigen die politische und wirtschaftliche Attraktivität der Bundesrepublik in einem tatsächlich bestürzenden Maße nachgelassen hat. Wer Wachstum und Konjunktur für den Dauerzustand einer kapitalistischen Industriegesellschaft gehalten hat – und dieser Chimäre haben nicht wenige angehangen –, wird durch die ökonomische Labilität der letzten Jahre, durch die hohe Arbeitslosigkeit und das – Gipfel der Wortkosmetik – drohende »Nullwachstum« zutiefst irritiert. Insbesondere junge Leute, die eine Universitätsausbildung, wie das drei Jahrzehnte zutraf, für den sichersten Weg zu hohem Einkommen, Prestige und sozialer Sicherheit gehalten haben, werden durch die schrumpfenden Möglichkeiten auf den Arbeitsmärkten für Akademiker verstört; sie bringen für diese Situation auch gewissermaßen keine psychischen Reserven mit. Bittere Enttäuschung ist daraufhin keine Seltenheit. Wahrscheinlich werden die ökonomischen und sozialen Verteilungskämpfe in naher Zukunft noch härter, unübersehbare Indizien sprechen dafür. Sensible Jüngere spüren und fürchten diese Entwicklung, da sie in einem derartigen sozialdarwinistischen Geraufe untergehen könnten.

Die zeitweilig vorherrschende Terroristenhysterie und die praktischen Folgen des »Radikalenerlasses« haben häufig unter jenen Jüngeren, die kritisch das Zeitgeschehen verfolgen, helle Empörung ausgelöst oder eine schon vorhandene dumpfe Aversion verstärkt. Die unablässig bekundete Selbstzufriedenheit und extrovertierte Sattheit des typischen Wohlstandsbürgers konnte diesem Mentalitätswandel gewiß nicht entgegenwirken. Vielmehr hat der Protest gegen ihre Lebensformen inzwischen zu einer vielfältig aufgefächerten Alternativkultur geführt, welcher sowohl die Ablehnung einer anonymen, bürokratisierten, von Großorganisationen umstellten Umwelt als auch die Flucht in die vermeintliche Idylle des »einfachen Lebens« gemein ist – Ernst Wiechert spricht heute zu den makrobiotisch ernährten Zivilisationskritikern, Atomkraftgegnern und Aussteigern: »Small Is Beautiful.«

Es ist nicht leicht, Anhänger der neuen Protestbewegung dazu zu bringen, ihre Argumente klar zu artikulieren. Nicht selten wird jedoch eine Enttäuschung deutlich, die aus dem Eindruck herrührt, lohnende Aufgaben in der Spanne ihrer Generation selber nicht mehr gestellt zu bekommen und lösen zu können. Wenn die Älteren den Wiederaufbau, das »Wirtschaftswunder«, die Wohlstandssteigerung – womöglich etwas verklärt – geltend machen, erhalten sie zur Antwort, daß inzwischen alle Weichen gestellt seien. Wird aber eine bestimmte Weichenstellung – ob für den Atomstrom oder die Nachrüstung – als verhängnisvoll empfunden, entlädt sich die aufgestaute Unzufriedenheit geradezu explosionsartig. In solchen Zeiten auszusprechen, daß die Bundesrepublik der bislang freieste, bürgerfreundlichste und ein Höchstmaß an sozialer Sicherheit verbürgende Staat auf deutschem Boden sei, wiederholt zwar eine historisch schlechterdings unumstößliche Wahrheit. Dahinter steht jedoch die Überzeugung von Generationen, welche die Zeit von 1933 bis 1945, von 1945 bis 1949 usw. mit der Gegenwart vergleichen können. Da den Jüngeren diese vergleichende Perspektive fehlt, empfinden sie die Beschwörung der FDGO als Karikatur ihrer eigenen Lebensverhältnisse.

Der Antiamerikanismus bietet nun all diesen Frustrationen ein bequemes Ventil. Mit Hilfe eines schlichten Projektionsmechanismus wird die Kritik an der Bundesrepublik auf Amerika als Inkarnation des westlichen Kapitalismus: als Gipfel der Konsumvergottung und des Wachstumsfetischismus, des krassesten Materialismus und einer unerhörten Arroganz der Macht fugenlos übertragen. Tiefe Unzufriedenheit mit der eigenen Gesellschaft ist jedoch eine wesentliche Triebkraft dieses deutschen Antiamerikanismus. Seine Giftigkeit wird dadurch noch verschärft, daß eigene Amerikaerfahrungen weithin fehlen. Wie Demokratie im amerikanischen Alltag gelebt wird, wie widersprüchlich und keineswegs durch die Bank erzkonservativ dieses Land ist, wie erneuerungsfähig sich die große Republik immer wieder erwiesen hat – davon fehlt den meisten Kritikern eine anschauliche Erfahrung, darüber besitzen sie keine historischen Kenntnisse. Je unbekannter Amerika ist, um so eher nimmt der dogmatische Rigorismus der Kritik zu.

Man sollte meinen, daß jedem Berufspolitiker gleich welcher Couleur – läßt man einmal das kommunistische Neandertalertum beiseite – daran gelegen sein müßte, diese Kritik zu rationalisieren, d.h. hier: die strittigen Punkte für den Austausch rationaler Argumente wieder diskussionsfähig zu machen. Doch weit gefehlt: Jene Schwarmgeister, die man früher ins Tübinger Stift zu stecken pflegte, wonach sie von den Philosophielehrstühlen und Pfarrkanzeln des Landes ihre Überzeugungen mit Mannesmut unentwegt verkünden durften, geben heutzutage ihre gesinnungsethische Orthodoxie als zeitgemäße Antwort auf drängende Probleme aus. Die nüchterne Prüfung von Einwänden wird durch ein arrogantes Selbstwertgefühl ausgeschlossen, das sich dem unbekannten Amerika ohnehin weit überlegen dünkt. Nicht illoyal-exotische Randfiguren wie Hansen können hierbei eine nennenswerte Rolle spielen. Viel gefährlicher sind Gesinnungsethiker par excellence wie Eppler, die wieder einmal die alte deutsche Untugend, zugunsten der Prinzipientreue von kalkulierbaren Folgekosten abzusehen, mit unersättlichem Lustgefühl praktizieren. Wenn in diesem Umfeld gestandene Sozialdemokraten selbst einer »Volksfront« gegen die Rüstung das Wort reden, zeigt das nicht nur überscharf, wie weit ihre Verblendung gediehen ist, sondern wie tief das politische Urteil von Gefühlen statt von Argumenten beherrscht wird. Wird auf diese Weise stets auch noch antiamerikanische Gesinnung geschürt, werden die Folgen demnächst schwer einzudämmen sein.

Ob in Washington pragmatisches Entscheidungshandeln oder eine Kalte-Kriegs- und Kreuzzugsideologie vorherrschen wird, ist noch längst nicht ausgemacht. Auf diesen Schwebezustand des wichtigsten Verbündeten ausschließlich mit einer pragmatischen Vertretung westdeutscher Interessen, wozu auch gegebenenfalls eine unverschnörkelte Kritik gehört, zu reagieren, nicht aber unausgegorenen Aversionen freien Lauf zu lassen, gebietet die politische Grundkonstellation, in welche sich die Bundesrepublik eingespannt findet – das erfordert, um an eine altertümlich klingende Maxime zu erinnern, ihre wohlverstandene Staatsräson. Jede deutsche Überheblichkeit kann hier nur vom Übel sein. Wo wird man die Zauberlehrlinge finden, wenn die Geister des neuen Antiamerikanismus, nachdem sie inzwischen gerufen worden sind, nicht wieder verschwinden wollen?

Wer Amerika nur durch ein rosarotes Monokel sieht und – man kann es nicht oft genug wiederholen – mangels historischer Kenntnisse für den Erbfeind des Friedens hält, umgekehrt aber blind ist, wenn es um eine Kritik an der Sowjetunion geht, die während der Détente den Vertrauensvorschuß des Westens zielbewußt ausgebeutet hat, ist zu einem realistischen Urteil außerstande. Wer zudem die Emotionen eines ressentimentgeladenen Antiamerikanismus anheizt, um Stimmung für die eigene Tagespolitik zu machen, mag sich selber auf dem Kothurn hehrer Prinzipientreue wähnen. Mit politischer Verantwortungsethik hat dieses Trauerspiel jedoch nichts mehr zu tun.

Seine Regisseure berufen sich freilich auf mächtige, angeblich unwiderstehliche Strömungen, denen sie nur gerecht zu werden versuchten. Vom Recht der Jugend, ja der Ungeborenen ist immer häufiger die Rede. Nun haben wir schon einmal gehört, man müsse dem Elan der Jugend nachgeben; die Jugend verkörpere die neue Zeit. Damit hat sich mancher den »Unfall« seit 1933 leicht gemacht. Heute geht es nicht um bequeme Nachgiebigkeit, sondern um einen schwierigen Balanceakt: Einmal hätte längst die Politik Bonns und der NATO seit 1978 unverdrossen erläutert und begründet werden müssen. Dieser Anstrengung hätten sich vermutlich viele der heutigen Pharisäer nicht verschlossen. Die Bequemlichkeit, vielleicht sogar die Feigheit mancher Sozialdemokraten und Freidemokraten wird sich noch bitter rächen, denn der Höhepunkt des derzeitigen Konflikts ist keineswegs erreicht. Im Kampf um die Geister, um die Meinungen und Überzeugungen hat ein Fabius Cunctator noch nie gewonnen!

Auf der anderen Seite können Generationserfahrungen überhaupt nicht oder aber nur sehr begrenzt weitergegeben werden. Daher muß die Generation der heute politisch Verantwortlichen dafür Sorge tragen, daß eine rußlandskeptische, amerikafreundliche Politik im Rahmen des Bündnisses durchgehalten werden kann. Wer im Streit der Gegenwart – wie unlängst in der hohen Zeit der antiautoritären Erziehung – stets nachgibt, anstatt liberal, geduldig, aber entschieden die Grenzen zu markieren, wird in absehbarer Zeit eine bittere Rechnung präsentiert bekommen. Es ist wichtig, sich bewußt zu halten, daß man sich durch eine entschlossene Bekämpfung des Antiamerikanismus nicht *die* Jugend schlechthin entfremdet. Bedrohlich ist freilich das Ausmaß, in dem bereits junge Leute einer reichlich vulgären Amerikanophobie nachzugeben bereit sind. Irritierend ist auch die Tatsache, daß es vornehmlich der Typus des Engagierten ist, der wiederum einem irregeleiteten Idealismus zu erliegen droht. Gerade um die Engagierten zu kämpfen, ist jedoch besonders lohnend. Dazu verpflichtet auch das Ideal des kritischen, mündigen Staatsbürgers, das die engagierten Kritiker der Protestbewegung im Prinzip selber anzuerkennen bereit sind.

Wenn schließlich alle Argumente ausgetauscht sind, kann man wohl einige Kritiker überzeugen; andere werden vielleicht, was die Furcht des Kreml vor den unübersehbaren Folgen wie bisher verhüten möge, durch einen Poleneinmarsch oder die »friedliche Durchdringung« Belutschistans belehrt. Nicht wenige aber werden sich weder Argumenten noch Erfahrungen beugen, da die tiefe Emotionalität ihrer Protesthaltung, in der sie von jener typisch protestantischen, apolitischen Berufung auf gesinnungstreue Gewissensentscheidungen bestärkt werden, für Vernunft und Empirie unzugänglich bleibt. Diese Unbelehrbaren soll keiner, der die besseren Gründe auf seiner Seite weiß, sogleich als »Lunatic Fringe« stigmatisieren. Unzweifelhaft aber müssen sie sich den politischen Entscheidungen der verantwortlichen Politiker beugen. Und zu diesen Entscheidungen muß in der Bundesrepublik eine im Prinzip amerikafreundliche Politik gehören. Wenn der neue Antiamerikanismus weiter derart ins Kraut schießen darf, wie in den letzten Monaten, wird man es schließlich in der Tat mit einer »anderen Republik« zu tun haben. Bis dahin darf keinem Konflikt auf diesem Felde ausgewichen werden. Erst wenn die Unbelehrbaren mehrheitsfähig würden, wäre Resignation erlaubt und Auswanderung aus einem Lande möglich, das zur Selbstaufgabe bereit ist.

Anmerkungen

1 Hierzu immer noch am besten: E. Fraenkel (Hg.), *Amerika im Spiegel des deutschen politischen Denkens*, Köln 1959; ders., *Das deutsche Wilsonbild*, in: *Jahrbuch für Amerikastudien* 5. 1960, 66–120.
2 Vgl. aus einer weiter anschwellenden Literatur: K. R. Allerbeck, *Soziologie radikaler Studentenbewegungen*, München 1973; R. Löwenthal, *Der romantische Rückfall*, Stuttgart 1970.

Wohlbehagen im Wolkenkuckucksheim:
Die Chimäre eines neutralisierten
Gesamtdeutschland

Seit geraumer Zeit kann man in der Bundesrepublik die Erscheinungsformen eines frei vagabundierenden, mit rationalen Argumenten nicht immer leicht zu erklärenden Protestbedürfnisses beobachten: heute gegen Atomkraftwerke, morgen gegen die Startbahn West des Frankfurter Flughafens; hier für den Frieden, dort gegen den Radikalenerlaß. Die Ursachen und Trägerschichten dieser Protestaktionen sind äußerst heterogen. Zwei Grundzüge sind jedoch klar erkennbar: einmal eine prinzipielle Aversion gegen die arbeitsteilige Industriegesellschaft, zum zweiten eine nicht minder grundsätzliche Ablehnung der herkömmlichen Parteipolitik im parlamentarischen Verfassungsstaat. Auf diesem Nährboden eines teils diffusen Unbehagens, teils leidenschaftlichen Widerstands gedeihen unmittelbar neben durchaus ernstzunehmenden, realitätsbezogenen Überlegungen auch allerhand utopisch-verschwommene Ideen. Zu ihnen gehört die Chimäre eines neutralisierten, entmilitarisierten Gesamtdeutschland, die plötzlich – nachdem man sie seit der Mitte der fünfziger Jahre totgeglaubt hatte – wieder ihre Auferstehung erlebt.

Daß diese Behauptung nicht an den Haaren herbeigezogen ist, zeigt z.B. die lange Liste der Unterschriften, die sich unter einem Mitte November 1981 in der Bundesrepublik und Westberlin veröffentlichten »Offenen Brief« des Ostberliner Dissidenten Robert Havemann an Leonid Breschnew befindet. Inzwischen hat der Appell der Organisationen, die um Zustimmung werben, ohne Zweifel noch weitere Sympathieerklärungen ausgelöst. Von diesem Brief, einem lesenswerten Dokument unserer Tage, soll hier die Rede sein. Worum geht es in ihm?

Havemann und alle, die den Brief seither unterzeichnet haben, beschwören die Gefahr eines »nuklearen Weltkriegs«. Die »schreckenerregende Wettrüstung« berge insbesondere für Europa unabsehbare Kriegsrisiken, denn bei der »Zuspitzung der militärischen Konfrontation« spiele »die Teilung Deutschlands eine wesentliche Rolle«; sie sei, statt die ursprünglich erhoffte Sicherheit zu schaffen, zur »Voraussetzung der tödlichsten Bedrohung, die es in Europa jemals gegeben« habe, geworden. Aus dieser Diagnose, deren Fluchtpunkt die Vermeidung des »nuklearen Infernos« bildet, leitet Havemann die Forderung ab, an die Stelle der Aufrüstung die Abrüstung zu setzen, konkret gesprochen: Europa in »eine atomwaffenfreie Zone« zu verwandeln. Über dieses allgemeine, bekanntlich auch keineswegs neuartige Postulat geht der Brief jedoch noch weit hinaus. Da es vor allem darauf ankomme, »die beiden Teile (!) Deutschlands der Blockkonfrontation zu entziehen«, sei »es jetzt zur dringenden Notwendigkeit geworden, die Friedensverträge zu schließen und alle Besatzungstruppen aus beiden Teilen Deutschlands abzuziehen. (Selbstverständlich müßte die Stellung West-Berlins gesichert bleiben.) »Wie wir Deutsche«, heißt es dann weiter, »unsere nationale Frage (. . .) lösen werden, muß man uns schon selbst überlassen, und niemand sollte sich davor mehr fürchten also vor dem Atomkrieg.« Dieses Ziel erscheine – noch immer oder inzwischen wieder? – »vielen Deutschen« als »erstrebenswert, aber vorläufig utopisch«. Denn die Entzerrung der mitteleuropäischen Spannungslage kann nach Auffassung Havemanns einerseits nur durch den Verzicht der Sowjetunion »auf ihre militärische Basis in der DDR«, andrerseits durch den Abzug der Amerikaner aus ganz Europa erzielt werden. Zugleich müsse »in dem seit 36 Jahren ausstehenden Friedensvertrag durch die Großmächte« der auf alle Zeit entmilitarisierte, neutralisierte Status erst der deutschen Teilstaaten, dann – der inneren Logik des Briefes zufolge – eines künftigen Gesamtdeutschland »garantiert« werden. Der Brief endet mit einem Appell an die Sowjetunion, über »einen derartigen Vorschlag« in Verhandlungen einzutreten und diese dadurch zu erleichtern, daß sie selber auf den weiteren Ausbau ihrer »Mittelstreckenrüstung gegen Westeuropa« verzichte.

Die moralische Integrität und die Zivilcourage Havemanns, der unter den Bedingungen seines Ostberliner Hausarrests diesen Aufruf in Umlauf gebracht und furchtlos unterzeichnet hatte, verdient höchsten Respekt. Wichtige Teile des »Offenen Briefes« und wesentliche Zielvorstellungen derer, die ihn unterschrieben haben, verdienen jedoch, das muß mit derselben Entschiedenheit betont werden, eine unmißverständliche Kritik.

Zur Zeit gibt es keine ernstzunehmenden Anzeichen für den Ausbruch eines Dritten Weltkriegs auf europäischem Boden. Die

Furcht davor entspringt zwar bei vielen einem subjektiv aufrichtigen Empfinden, äußert sich wortreich und führt zu schlechterdings unübersehbaren Protestmärschen. Die Interessenlage der Weltmächte verrät jedoch keineswegs jene Ausweglosigkeit, die einen militärischen Konflikt als unvermeidbar erscheinen ließe. Es ist überdies einer der Schwachpunkte des Briefes, daß er in deutscher Nabelschau ganz auf Mitteleuropa fixiert ist und nicht ein einziges Wort über die gefährlichen Spannungsfelder verliert, die anderswo in der Welt, etwa in der Golfregion, weit eher den Frieden gefährden als die deutsche Teilung.

Auch wenn man die Angst vor unberechenbaren, irrationalen Entscheidungen, die gewissermaßen wider Willen in den Krieg führen könnten, ernst nimmt, bleibt doch die vorgeschlagene Lösung eine bizarre, realitätsferne Konstruktion, die an die spezifisch apolitischen Traditionen des deutschen Politikverständnisses – eine gemeinsame Kontinuität offenbar in Ost- und Westdeutschland – unübersehbar erinnert.

In den Siegermächten des Zweiten Weltkriegs, sei es im Westen oder im Osten, ist auch nicht von ferne irgendeine Interessenlage zu erkennen, die sich zugunsten einer neuen deutschen Einheit auswirken könnte. Das Gegenteil ist richtig: Amerikaner und Russen, Engländer und Franzosen verbindet trotz aller Gegensätze noch immer die eine Gemeinsamkeit, daß der derzeitige Status quo in Mitteleuropa nicht verändert werden soll. Und wenn in dieser Region Spannungen zu mildern sind, dann wortwörtlich zu allerletzt dadurch, daß Bedingungen für die Möglichkeit der Wiederentstehung eines deutschen Nationalstaats begünstigt würden. Wer sich über dieses tiefverwurzelte, gemeinsame Interesse schlankweg hinwegsetzt, starrt nur auf eine Fata Morgana. Diese Konstellation im Osten und Westen endlich politisch und völkerrechtlich ernstzunehmen, hat die »Realpolitik« der sozialliberalen Koalition seit den frühen siebziger Jahren ausgezeichnet. Die Teilung Deutschlands spielt, so gesehen, keineswegs eine »wesentliche Rolle« für die internationalen Spannungen der Gegenwart; ihre völkerrechtliche Anerkennung trägt vielmehr zur Spannungsminderung bei.

Die Prämisse für das künftige neutralisierte Gesamtdeutschland: der Rückzug der Sowjetunion hinter die Oder, der Amerikaner dagegen aus ganz Europa, setzt mit traumtänzerischer Weltabgewandtheit zwei Vorgänge von extrem unterschiedlicher Tragweite gleich. Zöge sich die Sowjetunion hinter die Oder zurück, brauchte sie bei konventioneller Kriegführung höchstens eine Stunde länger, um die ersten Zielgebiete zu erreichen; für den Raketenkrieg spielte der Verzicht auf die alten Ausgangsbasen in der DDR ohnehin keine Rolle. Zögen die Amerikaner jedoch aus Europa ab, läge Europa westlich der Elbe militärisch und politisch fatal geschwächt im Vorfeld der russischen Hegemonialmacht, ein folgenschweres Ungleichgewicht entstünde, informelle russische Vorherrschaft wäre alles andere als ein Phantasieprodukt, die Gewichte in der Weltpolitik würden radikal verändert. Über die Konsequenzen für das westliche Europa, sofern es denn seine politische Ordnung und freiheitliche Lebenswelt noch verteidigen wollte, kann sich nur ein Wunschdenken, das von jedem Realitätsbezug abgekoppelt ist, Illusionen hingeben. Ohne die militärische und politische Präsenz der Vereinigten Staaten in Europa müßten dessen Gliedstaaten, wie die historische Erfahrung lehrt, über kurz oder lang auf das Recht, ihre politische und gesellschaftliche Existenz nach eigenen Wünschen und Vorstellungen zu ordnen, verzichten. Das Postulat eines amerikanischen Rückzugs aus ganz Europa bedeutet daher den Aufruf zur freiwilligen Selbstaufgabe Europas. Da durch diesen Rückzug außerdem das globale Kräfteverhältnis der Weltmächte von Grund auf zugunsten der Sowjetunion verändert würde, mutet die Forderung den Vereinigten Staaten eine Naivität zu, der sich ein Häuflein verbohrter Isolationisten in einem gottverlassenen Winkel des Mittleren Westens hingeben mag, die von der Washingtoner Politik jedoch unter keiner vorstellbaren Bedingung praktiziert werden kann.

Nachdem dieses ganz und gar realitätsblinde »Szenario«, wie der Jargon es derzeit nennt, für die Politik der Vereinigten Staaten und der Sowjetunion entworfen ist, folgt ein Wunschtraum von – sofern möglich – noch gesteigertem Utopismus. Mitten in Europa soll »unsere nationale Frage« in Gestalt eines demilitarisierten, permanent neutralisierten Gesamtdeutschland gelöst werden. Damit entstünde ein Staat mit 80 Millionen Deutschen innerhalb seiner Grenzen – Alptraum aller Politik in Ost und West! –, die zweitgrößte Industriemacht der Welt – Schrecken aller Konkurrenten in Ost und West! –, jedenfalls ein Staat, der trotz aller Kontrolle seiner Neutralität und Wehrlosigkeit schon dank seiner Ökonomie nolens volens erhebliches politisches Gewicht besitzen würde. Die Vermutung, daß die unmittelbar angrenzende Hegemonialmacht früher oder später versuchen würde, die politischen Optionen dieses Deutschlands zu ihren Gunsten rigoros einzugrenzen, läßt sich – blickt man auf die Geschichte des europäischen und globalen Staatensystems zurück – keineswegs als Hirngespinst oder pathologisches Mißtrauen abtun. Skepsis ist außerdem geboten, wenn die Kalkulierbarkeit des politischen Verhaltens der Deutschen in solch einem Staat zur Debatte steht. Die politische Kultur des westlichen, freiheitlichen Deutschland ist noch immer eine junge Pflanze, und vorerst würde ich zu der eher pessimistischen Auffassung neigen, daß die Deutschen ohne feste, institutionalisierte Anbindung an den Westen, allein auf sich gestellt, von Amerika durch mehr als den Atlantik getrennt, auf die Dauer zu einer am Westen festhaltenden, freiheitlichen und friedlichen Politik schwerlich imstande wären. Die Behauptung der gesellschaftlichen und politischen Vorzüge der Bundesrepublik ist nach menschlichem Ermessen und auf absehbare Zeit an die Existenz eines selbständigen, fest mit dem Westen verknüpften Staates verbunden. Diese in der deutschen Geschichte einmaligen Vorzüge sind wichtiger als das Phantom eines neutralisierten Gesamtdeutschland, das ungeachtet aller Kautelen auf Millionen mindestens als potentielle Bedrohung wirken müßte. Den Deutschen in der DDR muß mit anderen Mitteln zu einem freieren Leben verholfen werden als mit der historisch überholten, papiernen Verheißung einer vereinigten Nation.

Dieses Traumbild des Briefes ist selbstredend *die* beste aller Welten: ein friedlich vereintes, ökonomisch prosperierendes, zumal von allen Rüstungskosten befreites Gesamtdeutschland zwischen den Blöcken – eine Insel der Glückseligen in einer zerstrittenen, notleidenden Welt. Man geht wohl nicht fehl mit der Annahme, daß zahlreiche Unterzeichner des Briefes mit diesem Ziel ihre Hoffnung auf einen eigenen deutschen Weg zwischen »realem Sozialismus« und »westlichem Kapitalismus« verbinden. Wie dieser Weg konkret aussehen könnte, darüber wird kein Wort verloren. Ihn einschlagen zu wollen, scheint mir dennoch eine der Antriebskräfte dieses Unternehmens zu sein. Mit dem »deutschen Sonderweg« haben wir indes in der Vergangenheit überreichlich die schlechtestmöglichen aller Erfahrungen gemacht. Zwei Weltkriege, während denen ein deutscher Sonderweg beschworen wurde, und das nationalsozialistische Regime als radikalste, zerstörerischste Ausprägung »deutschen Wesens« sollten – möchte man annehmen – allen ähnlichen Vorstellungen den Boden entzogen haben. Offenbar ist das noch immer nicht der Fall.

Es ist ein Ding für sich, die Sorge und Angst vor dem Nuklearkrieg erneut auszudrücken. Wer kann Willy Brandt eigentlich nicht vorbehaltlos zustimmen, daß in Deutschland für Schlimmeres als den Frieden demonstriert worden ist? Aber der eigene Weg eines neutralisierten Gesamtdeutschland zwischen den Irrwegen, die Ost und West offenbar wieder einmal gegangen sind, enthüllt ein typisch deutsches apolitisches Wunschdenken, das nicht von den Interessenlagen der internationalen Politik, nicht vom Primat der freiheitlich-westlichen Sozialordnung und Verfassung für die Bundesrepublik ausgeht, sondern in seinem Wolkenkuckucksheim ungestörtes wirtschaftliches Wachstum oder – anders gesagt – in einer wetterfest geschützten Nische der Weltpolitik eine die Mängel der großen konkurrierenden Systeme überwindende eigene Ordnung verwirklichen möchte. Der Illusion, daß angesichts der neueren deutschen Geschichte, ausgerechnet in Mitteleuropa, der neue Sonderweg eines neutralisierten Gesamtdeutschland zwischen den Blöcken möglich sei, kann man sich nach alledem nicht energisch genug entgegenstemmen. Wir brauchen keinen neuen Sonderweg, sondern den gemeinsamen Weg mit dem Westen, auch und erst recht, wenn es um die Bewahrung des Friedens geht, der seit inzwischen mehr als 35 Jahren in Europa auf den Auswirkungen des Gleichgewichts zwischen den Weltmächten, damit aber auch auf dem Status quo in Europa beruht.

Traditionserlaß ade –
der politischen Vernunft eine Gasse

Das Spannungsverhältnis zwischen Tradition und Modernität hat seit jeher den Charakter bewaffneter Streitkräfte bestimmt. Ob habsburgische Ritter gegen die Langspieße schweizerischer Bauern und französische Panzerreiter gegen englische Langbogenschützen nicht ankamen, ob die Kavallerie seit dem 16. Jahrhundert an dem Musketenfeuer der Infanterie scheiterte, ob Befestigungswälle und Burgen vor der neuen Artillerie zusammenbrachen, ob die revolutionären Massenheere Napoleons I. die abgezirkelten Schlachtenturniere des Ancien Régime zunichte machten, ob die nordamerikanischen Unionstruppen unter General Sherman während der Schlußphase des Bürgerkriegs in der südstaatlichen Konföderation ebenso einen »totalen« Krieg begannen wie die deutsche Schutztruppe vierzig Jahre später beim Hereroaufstand in Südwestafrika, ob der herkömmliche Staatenkrieg seit 1916/17, erst recht in einer durch das NS-Regime extrem radikalisierten Form während des Zweiten Weltkriegs zum »Weltanschauungskrieg« ohne Pardon gesteigert wurde – das Dauerproblem von Tradition und Modernität stellte sich unter wechselnden historischen Bedingungen stets aufs neue. In diesen Augusttagen gibt es einen besonderen Anlaß, sich solcher Fragen zu erinnern, da im August 1914 jener zweite Dreißigjährige Krieg begann, in dem Europa bis 1945 nahezu ausbrannte.

Auch die Geschichte der Bundeswehr wird, wie jedermann geläufig ist, von Anfang an von dieser Spannung zwischen Tradition einerseits, zeitgemäßer Stellung in Staat und Gesellschaft andrerseits begleitet. Der sogenannte Traditionserlaß, welcher der Bundeswehr 1965 konzediert wurde, zog auf Kosten der Reformgrundsätze der »Inneren Führung« die Konsequenzen zugunsten eines freilich völlig diffusen Begriffs verschiedenster Traditionen. Der Erlaß blieb seither lebhaft umstritten. Ende April 1981 hat Bundesverteidigungsminister Apel mit guten Gründen und für alle praktischen Zwecke diesen Traditionserlaß endlich aufgehoben. Durch diese Entscheidung, die genau seit 1965 fällig war, ist für die politische Vernunft, wie sie jeder unvoreingenommene Bürger dieses republikanischen Gemeinwesens verstehen wird, sowohl in der

Bundeswehr selber als auch in der Gesellschaft eine Gasse gebahnt worden. Trotz der vorangegangenen, offenbar heftigen internen Debatte und ungeachtet der Aufmerksamkeit, welche die Medien dieser Frage seit den tumultuarischen Störungen von sogenannten Gelöbnisfeiern, jenen heutzutage gespenstisch wirkenden Ritualen aus dem frühen 19. Jahrhundert, kurze Zeit geschenkt haben, ist das Echo im Grunde erstaunlich gering geblieben.

Einzelne Äußerungen aus diesem Diskussionszusammenhang sind dafür um so aufschlußreicher. Zuverlässigen Berichten in der *FAZ* (z.B. 29. 4. 1981) und *Zeit* (z.B. 1. 5. 1981) zufolge, hat der Inspekteur des Heeres, General Pöppel, während der Tagung auf der Hardthöhe, an deren Ende Apels Entschluß bekannt wurde, die kritischen Einwände der »Traditionalisten« – wenn man, der Abkürzung halber, die Verfechter des Traditionserlasses einmal so bezeichnen kann – in nuce und in aller wünschenswerten Klarheit ausgesprochen: Die Bundeswehr könne mit ihrem politischen und institutionellen Selbstverständnis nicht bei der Stunde Null, sprich: 1945, beginnen; das Heer des Kaiserreichs, die Reichswehr der Weimarer Republik, die Wehrmacht des NS-Regimes könnten aus dem Traditionskontext der Bundeswehr nicht ausgespart werden; man dürfe der DDR die preußische Militärgeschichte, gewissermaßen zur Ausbeutung für durchsichtige politische Zwecke, nicht überlassen – schon Theodor Blank habe Carl v. Clausewitz für die neuentstehende Bundeswehr in Anspruch genommen; die militärische Leistung des einzelnen deutschen Soldaten und Offiziers im Zweiten Weltkrieg verdiene weiterhin Anerkennung, auch wenn er »unter dem falschen Dach« – wie Pöppel mit asketischer Zurückhaltung die barbarische Diktatur des Nationalsozialismus im Kriege umschrieb – gehandelt habe. Ein CDU-Experte wußte dem nur hinzuzufügen, daß heute der Erlaß passé sei, ergo werde morgen wohl »der Stahlhelm an der Reihe« sein – so die lichtvolle Schlußfolgerung des MdB Dallmayer.

Wenn es bisher keine guten Gründe für die Aufhebung des Traditionserlasses gegeben hätte, die wahrhaft enthüllenden Formulierungen des Heeresinspekteurs böten überreichlich Anlaß dazu. Eins läßt sich schnell abtun: Was die DDR für das Traditionsbewußtsein ihrer Volksarmee tut oder unterläßt, schafft noch lange keinen Handlungszwang für die Bundesrepublik. Es ist durchaus verfehlt, sich von Ostberlin die politische Marschroute in diesem Bereich vorschreiben zu lassen. Auf der anderen Seite gibt es keine stichhaltigen Gründe, der DDR-Armee z. B. die in der Tat eindrucksvollen Persönlichkeiten der preußischen Reformer von 1807 bis 1818 zu überlassen. Auf einen Scharnhorst, Gneisenau, Clausewitz und Boyen kann und soll man sich auch bei uns berufen. Mit Baudissins »Innerer Führung«, die eine produktive Reaktion auf den Untergang der Wehrmacht bildete, lassen sich diese Reformer, die auf die Katastrophe von Jena und Auerstedt eine zeitgemäße Antwort finden mußten, wohl in Beziehung setzen. Und die Namen der Freischarführer Schill und Lützow braucht man auch nicht zu verdrängen. Daß überdies die DDR höchst selektiv und willkürlich mit der Aneignung preußischer Traditionen verfährt, ist bekannt. Beim ersten Streit mit Frankreich steht zu erwarten, daß selbst Helmuth v. Moltke als Belagerer von Paris und Spiritus rector des harten Partisanenkriegs im Winter 1870/71 der Ehre teilhaftig wird, seinen Namen einer ostdeutschen Kaserne leihen zu dürfen.

So weit, so gut. Selbstverständlich aber ist die Bundeswehr eine Neuschöpfung aus der Zeit einige Jahre nach der Stunde Null. Daß es eine Kontinuität von Personen und Auffassungen gab, ist unbestritten. Gleichwohl trat die Bundeswehr als erste deutsche Armee mit einem absolut unzweideutigen Verteidigungsauftrag und zum Schutze der neugegründeten Demokratie in der Bundesrepublik an. Man hat inzwischen dagegen eingewendet, daß auch die Reichswehr für den Schutz der Weimarer Republik eingetreten sei. Manchmal, selten genug, hat sie das getan, wenn es ihren Interessen und ihrer Vorstellung vom »Dienst am Staat« entsprach. Im Grunde aber ist sie doch ein antirepublikanischer Fremdkörper, ein Staat im Staate, von Anfang bis zum Ende, als sie in der Wehrmacht aufgehen durfte, geblieben – ein Heer, das in heiklen Krisensituationen keineswegs der Republik als Schutz diente. Das ist Grundlagenwissen für Erstsemester.

Kurzum: Die Bundeswehr begann in der Tat ganz von vorn, sie besaß die Chance des neuen Anfangs, welche die Reformer der fünfziger Jahre zu nutzen versucht haben. Ihre numerisch starken Widersacher dagegen haben von Anfang an darauf bestanden, an die Traditionen der bis 1950 vergangenen anderthalb Jahrhunderte anzuknüpfen. Sieht man einmal von der Reformzeit ab, was war an den preußischen Truppen der drei Bismarckschen Hegemonialkriege nach 1945 noch so attraktiv? Nach dem zweiten verlorenen Weltkrieg doch mit Sicherheit nicht der obsolete Zweck, für den sie zu kämpfen hatten! Dann die Truppen des kaiserlichen Deutschland in den vierzig Friedensjahren: Ist ihr Einfluß im Sinn eines sozialen Militarismus, der Prägung bürgerlicher Verhaltensweisen und Wertvorstellungen durch die Leitfigur des Berufsoffiziers nicht etwa verhängnisvoll gewesen? Hat nicht der schrumpfende Zeit- und Denkhorizont der Rüstungsplaner und Generäle die Julikrise 1914 ganz entscheidend mit herbeigeführt? Bei allem Respekt vor der physischen und moralischen Leistung des Frontsoldaten während der vier folgenden Kriegsjahre, bietet die blindwütige Büffel-Strategie eines Falkenhayn vor Verdun, erst recht eines Ludendorff bis zum bitteren Ende, als der heimliche Diktator der 3. Obersten Heeresleitung mit blauer Brille nach Schweden entschwand, Anknüpfungspunkte für die Bundeswehr? Kann die von Seeckt und seinen Nachfolgern zielstrebig gegen alle demokratisch-republikanischen Einflüsse abgekapselte Reichswehr, unter deren jüngeren Offizieren der Nationalsozialismus seit 1929/30 rapide Fortschritte machte, ein willkommener Bezugspunkt sein? Ist denn schon wieder vergessen, daß zu der konservativen Allianz, die im Bann ihrer Zähmungsillusion Hitler 1933 die Steigbügel hielt, als stillschweigend abschirmender Partner auch die Reichswehr gehörte, ungeachtet der kleinen Opposition, die es auch in ihren Reihen, vornehmlich um den damaligen Chef der Heeresleitung, General Kurt v. Hammerstein-Equord, gab? Hat nicht die neue Wehrmacht bereitwillig Transportmittel und Waffen zur Verfügung gestellt, als 1934 während der Röhm-Krise ein gefährlicher Konkurrent, der sich auf die braune Volksarmee der SA stützte und weiterreichende Ansprüche angemeldet hatte, mit vielen anderen umstandslos liquidiert wurde? Wo blieb der einhellige Protest des Offizierkorps, als in der Nacht des fiktiven »Röhm-Putschs« ehemalige Kameraden, wie der General v. Schleicher, eben sogar noch deutscher Reichskanzler, aber nicht nur er, von den Schergen der neuen Herren des Landes meuchlings umgebracht wurden? Hat man je von einem ultimativen Protest der hohen Generalität in der Reichskanzlei gehört, geschweige denn die Spur eines Quellenbeweises gefunden? Dem uralten Feldmarschall Mackensen, einem der farbigsten Troupiers des Ersten Weltkriegs, blieb es vorbehalten, im Berliner Offiziersklub an das gut versteckte Ehrgefühl der Anwesenden zu appellieren – folgenlos, wie man weiß. Kaum war unmittelbar darauf mit Hindenburg der »Ersatzkaiser« der Republik gestorben, verlangte Hitler als neuer Reichspräsident eine neue Vereidigung der Wehrmacht, auch auf seine Person. Alle Offiziere hatten auf die Weimarer Republik und ihre Verfassung den Treueeid abgelegt. Gab es unüberhörbaren Widerspruch gegen den zugemuteten Eidbruch? Die gesamte Literatur über den deutschen militärischen Widerstand gegen Hitler ist voll von Beteuerungen von Offizieren, daß sie sich durch den Eid auf Hitler gebunden fühlten, wie schwer – einigen von ihnen – schließlich der Eidbruch gefallen sei, obwohl sie den Weg in den Abgrund erkannt hätten. Das Dilemma als solches zu verstehen, ist den Historikern nicht schwergefallen. Wo aber waren die Skrupel 1934, als der alte Eid zum erstenmal gebrochen wurde?

Und schließlich wieder die Trennung von militärischer Leistung im Krieg – sie wird ja jeder Sachkenner respektieren – und dem »falschen Dach«, unter dem sie nach den denkwürdigen Worten des Generals Pöppel vollbracht wurden. Diese ablenkende Beschönigung der Tatsache, daß die Wehrmacht – ganz gleich was der einzelne davon dachte und wie wacker er sich schlug – die Ziele eines verbrecherischen Regimes in Treue fest bis zum Frühjahr 1945 zu exekutieren bemüht blieb, ist eines altgewieften Werbefachmanns würdig. Heute sind aber die Zeiten längst vorbei, wo die SS als »Alibi einer Nation« (Reitlinger) dienen konnte. Die historische Forschung hat, empirisch überaus solide abgesichert, nachgewiesen, wie die Wehrmacht die »Machtergreifung« abgedeckt und gefördert hat, wie sie die Röhm-Krise beenden half, wie sie Hegemonialdenken und Aufrüstungspläne der Machthaber teilte, wie weit die ideologische Affinität im Hinblick auf antisemitische Rassendoktrin, Antikommunismus, Antibolschewismus, Verachtung der westlichen Demokratien reichte. Gewiß, elitäre Vorbehalte gegenüber den braunen Plebejern gab es allenthalben, aber wieviel Regimekonformismus, wieviel Übereinstimmung doch auf der anderen Seite! Jedermann kann dazu die Arbeiten von Kennern der Materie wie Andreas Hillgruber, Manfred Messerschmidt, Wilhelm Deist, Hans-Erich Volkmann, Wolfram Wette, Bernd Stegmann, Hans Umbreit, Michael Geyer u.a., last not least auch von Klaus-Jürgen Müller, der soeben in seiner eindrucksvollen Studie über den General Ludwig Beck gezeigt hat, wie weit auch dieser Militär den vorherrschenden Konsens teilte, nachlesen.

Zerstört ist auch die Legende, daß die Wehrmacht ihren Schild rein gehalten habe, während die mit dem Totenkopfabzeichen ihr barbarisches Werk trieben. Nicht nur die berüchtigten Einsatzgruppen, SD, Sipo und SS, haben in Osteuropa und in Rußland gewütet. Die Wehrmacht hat Hunderttausende von russischen Kriegsgefangenen zu Tode gebracht, 3,3 Mill. in kurzer Zeit, Kommissare und Offiziere »beseitigt«, denn sie waren – wie es in der enthüllenden Sprache eines hohen Generals hieß – »keine Kameraden«, auf welche die Haager Landkriegsordnung anzuwenden gewesen wäre; bolschewistischen Untermenschen stehe die Wehrmacht gegenüber, und das verlange eine Kriegführung anderer Qualität. Erst Christian Streits aufsehenerregendes Buch *Keine Kameraden* (1978), neuerdings auch die Studie eines altgestandenen Zeithistorikers wie Helmut Krausnick über *Die Truppe des Weltanschauungskriegs* (1981) hat dieser historischen Wahrheit in einer breiten Öffentlichkeit Resonanz verschafft. Vielleicht haben sogar die Planer der »Endlösung«, wie der Bochumer Historiker Hans Mommsen vermutet, erst aus dem von der Wehrmacht veranstalteten Massensterben gelernt, wie man statt Ghettoisierung oder Menschenexport nach Madagaskar jüdisches Leben millionenfach vernichten könne. Oder: Wie stand es um den Guerillakampf, der gewiß wenig Illusion über eine rechtlich eingehegte Kriegführung zuläßt – mußte denn die Verwundung eines deutschen Soldaten mit der barbarischen Hinrichtung von 100 unschuldigen Geiseln, der Tod mit der doppelten oder gar einer willkürlich erhöhten Zahl gerächt werden?

Die Bundeswehr hätte sich glücklich preisen sollen, daß sie einen neuen Anfang machen konnte, anstatt an eine Wehrmacht mit diesen Traditionen anzuknüpfen. Statt dessen: Kasernen wurden nach Generälen benannt, die Hitler bis zuletzt gedient hatten. Ein unbelehrbarer Rechtsradikaler wie Rudel durfte in einer (?) Kaserne auftreten. Ein Raketenzerstörer wurde ausgerechnet nach jenem Admiral Lütjens benannt, der im Mai 1941, als er mit dem Schlachtschiff »Bismarck« und der gesamten Besatzung nach Eigensprengung versank, Hitler im letzten Telegramm seine unverbrüchliche Ergebenheit versicherte; von dem die Mentalität der Schreiber enthüllenden Nachruf des Bundeswehrverbandes auf Hitlers Nachfolger, Großadmiral Dönitz, ganz zu schweigen.

Angesichts dieser Vorgeschichte, dieser unleugbaren Tatsachen ist die Aufhebung des Traditionserlasses für die Bundesrepublik und die Bundeswehr eine wahre Wohltat. Warum sollte man zögern, Kasernen, Schiffe usw. umzutaufen! Von »Florian Geyer«, jenem Führer aufständischer Bauern, den ein als Historiker ausgebildeter

Journalist vorgeschlagen hat, ist freilich abzuraten: Es gab eine besonders übel beleumdete SS-Division mit diesem Namen! Da wäre doch »Reichsbanner Schwarz-Rot-Gold« bei weitem vorzuziehen.

Der Diskussionsleiter jener Tagung, an deren Ende Apels Entscheidung gegen den Traditionserlaß bekannt wurde, der Politikwissenschaftler v. Schubert von der Bundeswehrhochschule in München, soll ein Fazit mit dem Satz gezogen haben, die Bundeswehr habe bereits mit dem Gründungsakt selber die Vergangenheit »aufgearbeitet«. Ein schwächeres und unglaubwürdigeres Argument ist dem ohnehin nicht verwöhnten politisch interessierten Bürger über die Anfänge der Bundeswehr noch nie vorgesetzt worden. Die politische Vernunft in Bonn – wenn schon nicht die »Vorsehung«, die Anno dazumal über dem »falschen Dach« des Generals Pöppel schwebte – bewahre uns vor solchen Beschönigern! Die Befreiung von belastenden Traditionen ist noch keineswegs gelungen. Der Konflikt muß endlich in aller Offenheit und – wo nötig – mit Schärfe ausgetragen werden. Die Bundeswehr hat inzwischen eigene Traditionen als Streitmacht der Bundesrepublik, auch einen eigenen Leistungsstolz ausgebildet. Die positiven Traditionen, die im Sinne der alten Grundsätze der »Inneren Führung« den Platz der Bundeswehr im Staats- und Gesellschaftsgefüge der Bundesrepublik akzeptieren und stabilisieren, gilt es auszubauen; die anachronistischen dagegen sind zu kappen. Die Auffassung einer großen Mehrheit in der Bundeswehr wird sich – fraglos? hoffentlich! – mit Pöppels Credo nicht decken. An einen ermutigenden Befund ließe sich anknüpfen. Freilich braucht Apel jetzt auch einen Schuß Glück. Sonst kann er zu der unerwünschten Flut neuer Orden bald die neue Verdienstmedaille »Tornado 1981 – Esel streck dich – Lücke schließ dich« als Abschiedspräsent hinzufügen. Die Aufhebung des Traditionserlasses bedeutet einen vielversprechenden Anfang. Daß und wie mehr daraus wird, liegt an uns allen hierzulande.

Renaissance der »Geopolitik«?

Die Anfänge jener Denkrichtung, die man »Geopolitik« zu nennen sich später angewöhnte, reichen bis weit in die Zeit vor dem Ersten Weltkrieg zurück. Der bedeutende britische Geograph Sir Halford McKinder z.B. hat um die Jahrhundertwende Vorstellungen popularisiert, etwa 1904 in seinem auch in Deutschland einflußreichen Aufsatz über den »geographischen Angelpunkt der Geschichte«, die wesentliche Ideen der umstrittenen deutschen politischen Geographie vorwegnahmen.[1] Eine erhebliche Breitenwirkung aber gewannen Sache und Terminologie in Deutschland erst durch den Geographieprofessor Karl Ernst Haushofer (1869–1946), der von Friedrich Ratzel, dem Schweden Robert Kjellén und McKinder nachhaltig angeregt worden war, zugleich aber auch aus seinen Erfahrungen als Stabsoffizier eine eigentümliche Bilanz zog. Haushofer brachte in den zwanziger und dreißiger Jahren in zahlreichen Veröffentlichungen, seit 1924 auch in seiner *Zeitschrift für Geopolitik*, den Begriff der Geopolitik weithin in Umlauf. Er verstand darunter, starren Denkschemata folgend, die »Raumgebundenheit« aller politischen Vorgänge bis hin zu einem unbeeinflußbaren Ensemble natürlicher Bedingungen, deren Primat jede Politik unterworfen blieb. Von Anfang an schwebte ihm, während er intensiv und relativ erfolgreich für seine Konzeption warb, als eigentliche Aufgabe die Politikberatung vor: Geopolitik sollte, hieß das in seiner verquollenen Sprache, zum »geographischen Gewissen des Staates« werden. Haushofer fand frühzeitig Kontakt zum Nationalsozialismus und erlebte mit Genugtuung, daß seine Gedanken, z.B. auch seine spezifische Vorstellung vom deutschen »Lebensraum« mit all ihren expansionistischen Konnotationen, in das wüste ideologische Konglomerat der nationalsozialistischen Zielvorstellungen und Denkfiguren aufgenommen wurden. In Wahrheit stellte sich dieser Erfolg als Pyrrhussieg heraus. Denn als sich das NS-Regime daran machte, auch seine geopolitischen Ideen in die Wirklichkeit zu übersetzen und in einem zweiten totalen Weltkrieg ein vom »Herzland« Europas aus dirigiertes »großgermanisches Reich« mit den barbarischen Methoden der Völkerwanderungszeit und zugleich den Mitteln der modernsten Technologie aufrichten wollte, scheiterte es vollständig, und damit wurden auch die kruden Ideen der Geopolitik radikal diskreditiert.[2] Auf unabsehbare Zeit schienen ihre einseitigen Konzeptionen, ihre plakativen Begriffe, ihre skurrilen Schriften in die abgelegenen Schafte der Bibliotheken verbannt. Das gedankliche Arsenal dieser Strömung war ohnehin so dürftig bestückt gewesen, daß keinerlei intellektuelle Attraktivität mehr von ihm auszustrahlen vermochte. Die dennoch wiederauflebende *Zeitschrift für Geopolitik* fristete, unbeachtetes Relikt vergangenen Einflusses, in den fünfziger Jahren ein Schattendasein. Politiker und Publizisten dachten nach 1945 in den Begriffen verfeindeter ideologischer Blöcke, eines bipolaren Weltmächtesystems, vom freien Westen und totalitären Osten, schließlich vom Nord-Süd-Konflikt, nicht aber in denen der Geopolitik.

In letzter Zeit tauchen jedoch unverkennbar Begriffe der geopolitischen Denkströmung erneut auf, und auch von der Geopolitik selber wird wieder wie von einem honorigen wissenschaftlichen Konzept gesprochen. Dieser eigentümliche Vorgang ist erklärungsbedürftig. Die geographische Situation als solche erklärt, entgegen dem prinzipiellen Anspruch der Geopolitik, in aller Regel wenig genug, allein für sich genommen so gut wie gar nichts. So ist etwa die geographische Lage der deutschsprachigen Länder Mitteleuropas mit zahlreichen politischen Regimeformen und denkbar unterschiedlichen politischen Verhaltensweisen vereinbar gewesen. Im Heiligen Römischen Reich bis 1806 konnten rd. 1789 Herrschaftseinheiten zusammenleben, und die archaische Gestalt dieses Reiches hat zeitweilig nicht wenig zum europäischen Frieden beigetragen. Der Deutsche Bund aus knapp vierzig Staaten und Stadtrepubliken von 1815 bis 1866, das großpreußische Kaiserreich von 1867/71 bis 1918, die Weimarer Republik, die NS-Diktatur, die beiden Nachfolgestaaten des hypertrophen »Großdeutschen Reiches« – kein anderes westliches Gebiet hat in so kurzer Zeit einen derart abrupten Wechsel der politischen Herrschaftsformen erlebt. Mit einem Primat der Geographie hat all dies verzweifelt wenig zu tun. Vielmehr zeigt gerade die deutsche Geschichte eine erstaunliche Plastizität bei gleichbleibender Geographie. Von den Problemen der politischen, sozialökonomischen, kulturellen Kontinuität braucht hier nicht gehandelt zu werden, aber auch zu ihrer Diskussion trüge die Geographie, wie sie von der geopolitischen Schule verstanden wurde, kaum etwas bei.

Natürlich können Militärs von der begrenzenden oder begünstigenden Rolle geographischer Faktoren bei der Ausarbeitung oder Realisierung einer bestimmten Strategie nicht absehen: Ein Panzervorstoß ist nun einmal durch die nordosteuropäische Tiefebene, nach Osten oder Westen, leichter durchzuführen als über die Vogesen oder durch die Karpaten. Insofern läßt sich von geostrategischen Bedingungen in der Tat sprechen. Gemeinhin aber ist es eher banal als erleuchtend, unter Kennern oder ernsthaft Interessierten ausgerechnet an diesen Tatbestand zu erinnern. Die Expertendiskussion über geostrategische Probleme ist auch nicht gemeint, wenn hier von einem Wiederaufleben der Geopolitik die Rede ist. Dafür nur drei Beispiele aus einer wachsenden Anzahl von Äußerungen.

Der amerikanische Politikwissenschaftler David. P. Calleo z.B. verbreitet sich in seinem Traktat über *Legende und Wirklichkeit der deutschen Gefahr* seitenlang über die »geopolitischen« Ziele, Bedürfnisse und Fragen in Deutschland, hält »geopolitische Interessen« selbst für den Agrarprotektionismus für wesentlich und scheut nicht davor zurück, den Nationalsozialismus zum guten Teil als eine »Folge des intensiven Druckes, der von außen her auf Deutschland lastete«, hinzustellen.[3] Solch eine Formulierung knüpft, bewußt oder unbewußt, sowohl an die schematischen Konstruktionen der neorankeanischen Historikerschule vor 1914 als auch an die Geopolitik an.

Wie es in der Einleitung heißt, hat Calleo sich bei seinem Projekt u.a. von dem dezidiert konservativen Kölner Historiker Andreas Hillgruber beraten lassen. Hillgruber selber hat sich seit vielen Jahren intensiv mit den geostrategischen Plänen Hitlers – als einem wesentlichen Bestandteil seines angeblichen »Stufenprogramms« – beschäftigt. Der Einfluß, den auch die Geopolitik auf diese Pläne ausgeübt hat, ist schlechterdings nicht zu übersehen; insofern muß die Analyse der Ergebnisse, zu denen das pervertierte Denken Hitlers in solchen Begriffen führte, einen breiteren Raum einnehmen. Inzwischen hat aber Hillgruber in seinem neuesten Buch über die »gescheiterte Großmacht«, nämlich das Deutsche Reich von 1871 bis 1945, Begriffe der Geopolitik nicht nur referiert, sondern als analytische Kategorien selber übernommen. Da ist von »Großraumvorstellungen« die Rede, als ob Carl Schmitt höchstpersönlich dozierte. Im »Herzen Europas« ist – ganz in der Sprache McKinders und Haushofers – das Reich von 1871 geschaffen worden, ständig bedroht aufgrund seiner »geostrategischen Mittellage«, die Hitlers »Großreich« in seiner Hybris sträflich mißachtete.[4]

In einer Sprache, die seit längerem eine fatale Lust am Manierismus verrät, spricht der Erlanger Historiker Michael Stürmer sogar davon, daß zur sogenannten »Conditio Borussiae« die Grundtatsache der preußischen Geschichte gehöre, »mit dem Fluch seiner Geographie beladen« ins europäische Mächtesystem eingetreten zu sein. Seither blieb es »verkeilt in der Mittellage«. Soll man mit derartigen geopolitischen Metaphern über die »Flüssigkeit« der mitteleuropäischen Staatsbildungsprozesse bis 1871 und über die politischen Handlungsspielräume, die ungeachtet der geographischen Bedingungen vorher und nachher bestanden, flugs hinweghuschen? Da sind wir dann auch bald wieder bei dem geopolitischen Glaubenssatz, daß die Zwänge der geographischen Lage und der damit zusammenhängende Druck auswärtiger Mächte der deutschen Innenpolitik ihr Gesetz gäben. Wer diese Klischees in Frage stellt und auch nach den innenpolitischen Bedingungen für die preußisch-deutsche Außenpolitik fragt, folgt keineswegs »selbstauferlegten Denkverboten«, da die »Blickrichtung auf die Mittellage Preußens und den außenpolitischen Druck« fehle, »ohne den der innere Gegendruck« – schon wird die alte funktionale Abhängigkeit der Innen- von der Außenpolitik wieder beschworen! – »schwer erklärbar wäre«. Vielmehr ist eine gute Portion Skepsis gegenüber solchen angeblichen geopolitischen Konstanten der preußischen »Via Dolorosa« unverändert angebracht, und dem Problem der wechselseitigen Verschränkung von Innen- und Außenpolitik wird man mit den leeren Worthülsen der Neorankeaner und Geopolitiker ohnehin nie gerecht werden können.[5]

Um keine Mißverständnisse aufkommen zu lassen: Es geht hier nicht darum, Calleo, Hillgruber, Stürmer u.a. vorzuhalten, daß sie in die Argumentationsrichtung der alten Geopolitik voll eingeschwenkt seien. Das irritierende Problem ist vielmehr, warum in den letzten Jahren aus der Geopolitik vertraute Begriffe und Überlegungen wieder in die Sprache der Wissenschaft und Publizistik eindringen.

In der Bundesrepublik scheint, ideologiekritisch gesehen, nach der sogenannten »konservativen Tendenzwende« ein gewisses Meinungsklima auch die Orientierung an relativ statischen Zuständen, das Denken in statischen Begriffen anstatt in Bewegungskategorien zu bevorzugen. Das wird etwa an den Auseinanderset-

zungen in der Pädagogik über den »Mut zur Erziehung« (an der
vernünftige Eltern ohnehin nie gezweifelt haben) ganz deutlich.
Verwandte Phänomene sind auch in den Geschichts- und Sozialwissenschaften zu beobachten.

Wer jedoch an geopolitische Bedingungen wie an unabwendbar
vorfixierte Gegebenheiten ständig erinnert, setzt sich dem Vorwurf
aus, die Reaktionsfähigkeit großer und kleiner menschlicher
Gruppen, die Gestaltungsfähigkeit handelnder Politiker, Parteien
und Interessenverbände soweit zu unterschätzen, daß ein völlig
verzerrtes Bild von den Bewegungs- und Beharrungskräften in der
Geschichte entsteht.

Wer sich mit wenigen geopolitischen Konstanten zufrieden gibt,
kapituliert vor der schwierigen Aufgabe einer präzisen historischen Analyse komplexer Probleme, die manchmal als ein Element
unter vielen anderen auch die geographisch-strategische Lage enthalten.

Wer geopolitische Begriffe wieder bevorzugt, begünstigt eine Er-
starrung des Denkens und eine vorschnelle Zufriedenheit mit dem
Rückgriff auf wenige simple, leicht handhabbare Größen. Die internationalen Beziehungen mit Hilfe dieses Instrumentariums zu
analysieren, muß zu ähnlich platten Ergebnissen führen, wie jener
Vulgärmarxismus sie erzielt, der ebenfalls mit möglichst wenigen
Konstanten auszukommen glaubt.

Wer geopolitisch argumentiert und das für die angemessene Art
von »politischer Pädagogik« hält, muß mit einer verhängnisvollen
Wirkung rechnen, da die relative Offenheit der Geschichte extrem
reduziert wird. Zahlreiche Optionen entfallen aufgrund der restriktiven geopolitischen Bedingungen. Und »eherne« geopolitische Gesetzmäßigkeiten, wie es früher hieß, engen den Spielraum
aktiv gestaltender Politik irreversibel ein.

Wer geopolitisch diskutiert, läuft auch Gefahr, alte, glücklicherweise untergegangene Klischees wieder herbeizubeschwören. Da
ist dann erneut von der »Einkreisung« Deutschlands vor 1914 die
Rede; alle Pfeile sind stets auf das »Herz Europas« gerichtet gewesen, und die Deutschen wurden von den »Fesseln ihrer geopolitischen Lage« abgewürgt.[6] Anstatt die wechselnden Konstellationen
von Herrschaft und Interesse, die Verschränkung von Innen- und
Außenpolitik sorgsam zu untersuchen, wird eine mechanistische
Bewegungsphysik blutleerer Schemen heraufbeschworen, so daß
eigentlich nur noch die ominöse »Vorsehung« fehlt, welche die

Menschen in dieses stählerne Gespinst der geopolitischen Bedingungen einbindet. Starrer läßt sich »Kontinuität« schwerlich verstehen.

Kurzum, wer heute wiederum in die stereotypisierten Denkmuster der Geopolitik verfällt, fördert eine folgenschwere Verengung des wissenschaftlichen Denkens, ersetzt die unumgängliche Differenzierung durch die selbstgenügsame Schlichtheit einiger grobschlächtiger Begriffe und zwingt, blickt man auf den unvermeidbaren Gegenwartsbezug aller Humanwissenschaften, die historische Analyse in ein Prokrustesbett, das jede realistische, nuancierte Aufklärung über die Geschichte der Gegenwart unmöglich macht.

Wenn diese Diagnose einigermaßen begründet und berechtigt ist, braucht man die Spannung nicht zu verhehlen, wie die neuen Verfechter der geopolitischen Begriffe die Vorzüge ihrer Denkweise mit stichhaltigen Argumenten verteidigen wollen. Explizit versucht hat es meines Wissens bisher noch keiner. Die stillschweigend eingeschmuggelten, antiquierten Schlagworte markieren bislang nur den Weg in eine bekannte Sackgasse. Warum nur sollte man freiwillig in sie hineinlaufen?

Anmerkungen

1 Über McKinder knapp und aufschlußreich: B. Semmel, *Imperialism and Social Reform 1895–1914*, London 1960, 166–76. Die Vorzüge der inzwischen von der französischen »Annales«-Schule weiterentwickelten Géohistoire bzw. Géoanthropologie liegen woanders, können hier jedoch nicht erörtert werden.

2 Über Haushofer: *Neue Deutsche Biographie* 8. 1969, 121f.; *Biographisches Wörterbuch* 1. 1973, 1046f. Vgl. zur Geopolitik: H. A. Jacobsen, *K. Haushofer, I: Lebensweg 1869–1946, II: Ausgewählter Briefwechsel 1917–1946*, Boppard 1979, siehe hierzu die geistvolle Rezension und allgemeine Auseinandersetzung vor allem mit der gegenwärtigen amerikanischen »Geopolitik« von: K. Harpprecht, *Die Narrheit der Geopolitik*, in: *Der Monat* 284, 1982, 68–76. – A. Dorpalen, *The World of General Haushofer. Geopolitics in Action*, Port Washington 1966[2]; G. Heyden, *Kritik der deutschen Geopolitik*, Berlin 1958; K. H. Harbeck, *Die Zeitschrift für Geopolitik 1922–1944*, Diss. Kiel 1963; R. Strausz-Hupé, *The Struggle for Space and Power*, N. Y. 1942; G. Bakker, *Duitse Geopolitiek 1919–1945*, Assen 1967; vorzüglich neuerdings: K.G. Faber, *Zur Vorge-*

schichte der Geopolitik, in: *Festschrift H. Gollwitzer*, Münster 1982, 389–406.

3 D. P. Calleo, *Legende und Wirklichkeit der deutschen Gefahr*, Bonn 1980, 65, 108, 23. (Engl.: *The German Problem Reconsidered*, Cambridge 1978; die Übersetzung ist schlechterdings miserabel und wimmelt von sinnentstellenden Fehlern, Anglizismen, wörtlichen Übertragungen usw.) Ähnlich auch ders., *Deutschland und das Gleichgewicht der europäischen Mächte*, in: W. F. Hanrieder u. H. Rühle (Hg.), *Im Spannungsfeld der Weltpolitik. Dreißig Jahre deutsche Außenpolitik 1949–1979*, Stuttgart 1981, 9–30, v.a. 15, 27.

4 A. Hillgruber, *Die gescheiterte Großmacht. Eine Skizze des deutschen Reiches 1871–1945*, Düsseldorf 1980, 11, 15, 20, vgl. 94, 112. Anklänge finden sich auch schon in: ders., *Europa in der Weltpolitik der Nachkriegszeit 1945–1963*, München 1979; ders., *Deutsche Geschichte 1945–1972*, Berlin 1974.

5 M. Stürmer, *Preußens Erbe an die deutsche Geschichte*, in: *FAZ* 14. 10. 1981, S. 27.

6 Calleo, *Legende*, 74, 82.

Nicht verstehen –
der Preußennostalgie widerstehen!

Wir wären »froh«, schreibt der Mann, »wenn wir heute in der Bundesrepublik noch den Geist der alten preußischen Beamtenschaft (. . .) hätten. Heute haben wir eine Klüngelwirtschaft ohnegleichen«; wir müssen »zu den Arabern zum Betteln gehen. In Preußen gab es so etwas nicht (. . .). Milliarden-Verschwendung der öffentlichen Hand, Fehlplanungen am laufenden Band (. . .). Dazu Korruption von Flensburg bis Konstanz.« Seitdem ich mich zur Geschichte Preußens in der Öffentlichkeit mehrfach kritisch geäußert habe, erhalte ich zwar nicht jene sprichwörtlichen Waschkörbe voll Post, von denen stolze Redakteure gerne sprechen, aber drei bis vier Briefe täglich sind es immerhin: durch die Bank voll scharfer Vorwürfe, strotzend von Vorurteilen und offenbar unausrottbaren Legenden über das vorbildliche, das unbestechliche, das pflichtgetreue Preußen – jenes Preußen, das es manchmal, hier und da, auch gegeben hat, das insgesamt jedoch nur als ein Teil der historischen Wahrheit über den preußischen Staat gelten kann.

Preußen-Bücher, Preußen-Filme, Preußen-Ausstellung – zur Zeit schwappt die Preußen-Welle geradezu über. Die geschwind kommerzialisierte Nostalgie droht, die historische Realität noch mehr zu entstellen, als das der Preußen-Kritik nach 1945 häufig auch unterlaufen war. Wie ist es zu diesem eigentümlichen Phänomen einer Preußen-Renaissance, wie zu der Ausuferung eines im Prinzip fraglos legitimen Interesses gekommen?

Es ging ganz harmlos an. Das Römisch-Germanische Museum in Köln lockte Hunderttausende von Schaulustigen in eine ferne Vergangenheit; die Stuttgarter Staufer-Ausstellung setzte noch mehr Menschen in Bewegung; die Weimar-Ausstellung in Berlin und die Parler-Ausstellung in Köln bewiesen erneut die Attraktivität historischer Themen. Bayern kündigte geschwind seine Wittelsbacher-Schmuckparade an. Berlin wollte den verblüffenden Erfolg des Ausflugs in die Weimarer Republik durch eine noch größere Preußen-Ausstellung in den Schatten stellen. Aufgaben zeitgemäßer Stadtpolitik, Verpflichtungen gesamtdeutscher Vergangenheit wurden beschworen. Währenddessen begannen die ersten Preußen-Bücher bereits zu erscheinen: Engelmann, Fabian, dann das beste von bisher allen: Haffners wohlwollendes Gemälde im Goldrahmen, das in gewohnt brillanter Manier außer viel klugem Urteil noch mehr Legenden über das alte Preußen des 18. Jahrhunderts in die Welt setzte, als es sie ohnehin schon gab. Seitdem scheint jeder Verleger sich glücklich zu preisen, der seinen Preußen-Autor unter Vertrag hat. Der Verlauf der Qualitätskurve: eine unzweideutig sinkende Tendenz!

Inzwischen steht die Eröffnung des Berliner Mammut-Spektakels unmittelbar bevor. Ob wohl die tägliche Besucherzahl von Walt-Disney-Land bald übertroffen wird? Die Erscheinungstermine der neuesten Bildbände, Reportagen und Kommentare über Preußens Gloria jagen sich! Man könnte fast meinen, das kulturelle Leben der Bundesrepublik und West-Berlins besitze gegenwärtig einen einzigen natürlichen Mittelpunkt: Preußen, ausgerechnet jenen Staat, der – Rarität in der Geschichte – durch formellen Siegerbeschluß 1947 aus der Welt geschafft worden ist, nachdem er sich vorher selber zerstört hatte.

Über das Janusgesicht der preußischen Geschichte sind sich die Experten einig. Auch die seriösen Sendungen und Veröffentlichungen bemühen sich, die Landesfarben Preußens, das Schwarz und Weiß, ernst zu nehmen. Dieser eigentümlichen Mischung von jeweils Progressivem und Reaktionärem ist nicht leicht gerecht zu werden. Aber wer würde schon die staatsklug praktizierte religiöse Toleranz der preußischen Herrscher kritisieren? Wer kann sich dem intellektuellen Niveau der Berliner Aufklärung verschließen? Wer wird angesichts des unendlichen Leids, das Revolutionen über Menschen gebracht haben, die preußischen Reformen gering schätzen, die doch, wie sehr sie auch gebremst, im Keim erstickt oder von der Opposition in ihrem Sinn umgebogen worden sind, die Grundlagen für den preußischen Aufstieg als Industrie-, Militär- und politische Vormacht gelegt haben? Wer möchte leugnen, daß das Wort vom »Kulturstaat« von den Bildungsreformern ernst genommen wurde? Warum hat der israelische Sozialwissenschaftler Ben-David, jeder Borussophilie unverdächtig, die preußischen Universitäten dazu gerechnet, wenn er die deutsche Wissenschaft im 19. Jahrhundert ein »Weltzentrum« moderner Forschung nannte? Warum kamen Jahr für Jahr die Parlamentarierkommissionen aus England und den amerikanischen Bundesstaaten nach Preußen, wenn sie nicht geglaubt hätten, vom Vorbild seiner Stadtver-

68

waltung, seines Erziehungswesens, seiner Mischung von kommu-
naler, staatlicher und privater Wirtschaft lernen zu können? Und
war es dann nicht Preußen, das ein Dutzend Jahre lang das repu-
bliktreue Bollwerk des Staates blieb, der sich nach Weimar nannte,
zugleich aber, rückwärts gewandt, darauf insistierte, weiter
»Deutsches Reich« zu heißen? Diese Reihe rhetorischer Fragen
ließe sich erheblich verlängern, doch die bedingungslose Ablehnung alles Preußischen steht seit langem nicht mehr zur Debatte.
 Die eigentlich kritische Frage zielt vielmehr auf die Bilanz, auf
jene für den Historiker unabweisbare Frage, was bei der Abwägung des Pro und Contra unter dem Strich herauskommt. Kommt
dieser Augenblick der Wahrheit, scheinen mir noch immer die
Schattenseiten eindeutig zu überwiegen. Das zeitgenössische
Wortspiel, daß Preußen eine Kaserne mit einem Staat war, traf viel
von der Realität des ostdeutschen Emporkömmlings im europäischen Staatensystem. Der altpreußische Militär-, Beamten- und
Junkerstaat war nicht die Verkörperung des aufgeklärten Denkens,
der Toleranz, der rationalen politischen Vernunft, zu der ihn Haffner und viele, die glanzloser als er, aber ähnlich fabulieren, machen
möchten. Das Militär blieb bis 1807 eine brutale Knochenmühle.
Die Leuchten der Verwaltung waren, ungeachtet der Mär vom
nicht korrumpierbaren Preußen, korrupt und mit staunenerregen-
den Gehältern üppig ausstaffiert. Und die von den neuhumanisti-
schen Bildungsidealen durchdrungene Reformbürokratie ist der
bayerischen und badischen Verwaltung unter Montgelas und Reit-
zenstein keineswegs überlegen gewesen. Moderne Bürokratiere-
form wurde zuerst seit 1805 in Bayern verwirklicht. 60, 70 Jahre
brauchte Preußen, um die Pensionierung (1872), die Hinterbliebe-
nenfürsorge (1888) gesetzlich so zu regeln, wie das in Süddeutsch-
land längst der Fall war.
 Das flache Land wurde zum guten Teil bis 1918 von den Groß-
agrariern, ob adligen Junkern oder nur zu bereitwillig sich
assimilierenden, gewissermaßen aristokratisierten bürgerlichen
Gutsunternehmern beherrscht. Ökonomisch war der preußische
Agrarkapitalismus nach dem Einbruch der amerikanischen und
russischen Konkurrenz in den siebziger Jahren des 19. Jahrhunderts nicht mehr lebensfähig, aber mit Hilfe massiver staatlicher
Subvention und Intervention existierte er weiter hinter hohen
Schutzzollmauern auf Kosten der Verbraucher, die sich damals genau wie heute dagegen politisch nicht effektiv organisieren konn-

ten. Zu den Millionen entrechteter Landarbeiter zu gehören, blieb ein schweres Los. Hunderttausende flüchteten deshalb in die Industriegebiete an der Ruhr, in Sachsen, in Berlin. Zugegeben, irischen Landarbeitern unter englischen Lords, süditalienischen Landarbeitern unter ihren Latifundienbesitzern ging es keinen Deut besser. Aber warum machte in dem angeblich so vorbildlichen Preußen die Rechtsstaatlichkeit, der humane Umgang der Menschen miteinander vor den Toren der ostelbischen Gutsbezirke halt? Patriarchalische Fürsorge hat es gegeben, viel seltener als angenommen, doch aufs Ganze gesehen bestimmte ein harter, paternalistischer Herrschaftsstil das ländliche Leben.

Auch das Militär rettete seine Sonderstellung über 1807 und 1848 hinweg. In den drei Hegemonialkriegen Bismarcks wurde seine Stellung neu befestigt, der Offizier zum Vorbild für das Verhalten, das Wertsystem zahlreicher Bürgerlicher, insbesondere der Verbindungsstudenten, die sich – nach feudalem Ehrenkodex – noch Schmucknarben in die Backe hackten, als aufgeklärte englische Kolonialbeamte derartige Bräuche in den Tropen unterbanden. Wie in einer Nußschale fängt die Erfahrung eines seinerzeit berühmten englischen Germanisten diese exklusive Rolle des Militärs ein: Als er, der Bewunderung für das Land der klassischen Weimarer Literatur voll, erstmals 1913 nach Berlin kam, mußte er sogleich – wie mir seine im selben Fach tätige Tochter berichtete –, von einem Ellenbogen unsanft gestoßen, vor einem arroganten Leutnant, dem Prototyp des junkerlichen Herrenmenschen, in die schmutzige Gosse ausweichen. Auch dieser Katalog ließe sich lange fortsetzen.

Am schwersten aber wiegt, daß Preußen Hitler mit ermöglicht hat. Preußische Untertanenmentalität, preußisches Obrigkeitsdenken, preußische Militarisierung der Gesellschaft, die unheilige Allianz preußischer Junker, Politiker und Militärs haben Hitler erst in den Sattel geholfen, von der Illusion der »Zähmung« des massenverführenden Volkstribunen geleitet, dann das Herrschaftssystem des Nationalsozialismus mitgetragen und befestigt. Die Zeit ist überdies vorbei, wo die SS als das »Alibi einer Nation« fungieren konnte. Die preußisch geprägte Wehrmacht hat die Verbrechen des Nationalsozialismus genauso mitvollzogen wie die Einsatztruppen und die Totenkopfverbände. Sie half bei der Vernichtung russischer Kriegsgefangener in unbekannter, aber erschreckend hoher Zahl, bei der Liquidierung der Juden und echten Gegner des Regimes. Sie vollzog barbarische Geiselhinrichtungen. Die ideologische Affinität zum NS-Regime im Hinblick auf den Antisemitismus und Antibolschewismus, das Hegemonial- und Weltmachtstreben ist inzwischen in aller Klarheit herausgearbeitet worden. Und als nach Jahren des Militärdienstes unter einem verbrecherischen System jene Widerstandsaktion zustande kam, an der so viele Träger alter preußischer Namen sich beteiligten, war es viel zu spät. Nur die Symbolkraft des Protestes blieb, der Kelch mußte bis zur bitteren Neige geleert werden.

Nein, ein Gesamturteil über die Rolle Preußens in der neueren deutschen Geschichte muß weiterhin kritisch ausfallen. Zu nostalgischer Verklärtheit besteht bei uns nicht der geringste Anlaß. Ich bleibe daher bei meiner mehrfach verfochtenen These: In der Preußen-Nostalgie drückt sich zunehmend nicht nur Flucht vor der westdeutschen Wirklichkeit, sondern hämische, ungerechte Kritik aus, die einem Staat, den es gerade in einer Zeit politischer und ökonomischer Belastung zu verteidigen lohnt, einen Zerrspiegel vorhält, mit dessen Hilfe er an einem ganz und gar unrealistischen, inzwischen maßlos beschönigendem Bild von Preußen gemessen wird. Jetzt ist die Zeit gekommen, die Preußen-Welle nicht mehr wie andere Modeerscheinungen zu kommentieren und zu verstehen, sondern ihr zu widerstehen.

Sozialdemokratie und deutscher Nationalstaat

Am Anfang bestand keine Spannung zwischen der deutschen bürgerlichen Nationalbewegung und der jungen Arbeiterbewegung, der Social-Demokratie, in ihrer ersten Entwicklungsphase von den vierziger Jahren bis zur Wende von 1869/1871. Eine Generation lang teilten die in Vereinen und später, in den sechziger Jahren, in mehreren Parteien zusammenwirkenden Arbeiter die Vorstellungen der Nationalbewegung, daß ein nationaldeutscher Gesamtstaat die politischen Anachronismen der Vergangenheit überwinden und die sozioökonomische Modernisierung vorantreiben werde. Die politisch aktiven Vertreter der Arbeiterschaft hofften außerdem, daß er einer gesamtstaatlich organisierten Arbeiterpartei ungleich bessere Möglichkeiten als vorher eröffnen werde, um den zukünftigen demokratischen – und möglichst auch republikanischen – »Volksstaat« zu verwirklichen. Im Hinblick auf dieses Ziel teilten sich die Wege der an der konstitutionellen Monarchie festhaltenden Liberalen und der politisierten Arbeiter, beiden gemeinsam aber blieb vorerst die Auffassung, daß sie die Zukunft im industrialisierten Nationalstaat auf ihrer Seite glaubten. Dicht hintereinander vollzog sich dann jedoch ein zweifacher Einschnitt, der das Verhältnis der Sozialdemokratie zum Liberalismus und Nationalstaat bis ins 20. Jahrhundert hinein bestimmt hat: 1. Wegen unüberbrückbarer Interessengegensätze trennte sich bis 1869 die »proletarische Demokratie« von den Liberalen, die damit die Möglichkeit einer Massenbasis verloren, anders als in England, wo sie bis 1906 – und darüber hinaus – zahlreiche Arbeiterwähler an sich binden konnten. Weder im Kaiserreich noch in der Weimarer Republik, sondern erst nach 20 Jahren Bundesrepublik ist die Koalition von Liberalen und Sozialdemokraten zustande gekommen. 2. Bismarck erreichte mit seiner »Revolution von oben« in drei Kriegen die kleindeutsche Einigung in einem großpreußischen Staatenverbund, aber die Diskriminierung der gegen den Krieg und die Annexion von Elsaß-Lothringen protestierenden Sozialdemokraten führte dazu, daß sie als »vaterlandslose Gesellen« in einem Staat isoliert wurden, den die Mehrheit als Erfüllung ihrer nationalen Wünsche verstand.

Die Spannungen verschärften sich dadurch, daß die 1875 in Gotha vereinigten Arbeiterparteien zu einer Oppositionspartei wurden, die ihrem Selbstverständnis nach der marxistischen Spielart des Sozialismus anhing. Die Kompromißlosigkeit der alten politischen Machteliten, ihre Repressionsmethoden in der Zeit des Sozialistengesetzes, mit denen sich der Staat, wie Marx es analysiert hatte, als Klassenstaat erwies, unterstützten das Eindringen der Marxschen Theorie in die deutsche Arbeiterbewegung. Zugleich bestätigten langjährige ökonomische Depressionen, Arbeitslosigkeit, geringe Reallöhne und infolgedessen armselige Lebens- und Wohnverhältnisse die krisenhafte Entwicklung auch des deutschen Kapitalismus und bewiesen, so schien es, die Richtigkeit der Marxschen Lehre, die sich bis Anfang der neunziger Jahre in der Arbeiterbewegung – abgesehen von den katholischen und liberalen Verbänden – durchsetzte. Gleichzeitig erfuhr der reichsdeutsche Nationalismus einen folgenschweren Funktionswandel: Aus einer freiheitlichen und liberalen, antikonservativen und antipartikularistischen Oppositionsideologie wurde er zu einer rechten, einer konservativen Integrationsideologie, die zur Abwehr liberal-demokratischer Forderungen im Inneren und zur Legitimation der imperialistischen Expansion nach außen diente.

Mit dem Marxismus hat nun die Sozialdemokratie zugleich auch eine Unterschätzung der Dynamik des modernen Nationalismus übernommen, den Marx und Engels für ein vorübergehendes Phänomen des bürgerlichen Nationalstaats hielten. Zwar wehrte sich die SPD tapfer gegen die Verfolgung nationaler Minderheiten, gegen die Schikanierung der preußischen Polen, Dänen und Elsaß-Lothringer, aber im Grunde blieb sie gegenüber dem extremen Nationalismus der Vorkriegsjahre hilflos, auch dann, wenn Nationalitätenspannungen in den eigenen Reihen, z.B. zwischen polnischen und deutschen Sozialdemokraten in Oberschlesien und Posen, auftraten. Eine tiefe Ambivalenz kennzeichnete ihr politisches Verhalten: Auf der einen Seite kritisierte sie scharf feudalaristokratische Traditionen vor allem in Preußen und die interessengebundene Politik der Reichsregierung, von der sie mehr Freiheits- und Gleichheitsrechte forderte; auf der anderen Seite wurden die jüngeren Mitglieder durch Prozesse der politischen Sozialisation, durch Schule, Militärdienst und Umwelt, dazu gebracht, das Kaiserreich als Staat zu begreifen, der durch eine pragmatische Reformpolitik verändert werden sollte und konnte. Diesem Anspruch stand jedoch nicht zuletzt entgegen, daß sich die Arbei-

terbewegung in einer eigenen Subkultur einigelte und den sprichwörtlichen Organisationsfetischismus der aktiven Veränderung
der Gesamtgesellschaft häufig vorzog.

Als die Reichsregierung die SPD im Sommer 1914 mit der
geschickt manipulierten Gefahr, die von der »russischen Dampf-
walze« drohe, überrumpelte, gaben sich die Parteigenossen eine
Zeitlang der Illusion hin, im gemeinsamen Massenenthusiasmus
der ersten Kriegswochen sich endlich vorbehaltlos mit der Nation
identifizieren zu können und als gleichberechtigte Staatsbürger behandelt zu werden. Bald aber zerbrach der künstliche Konsens
des »Burgfriedens«, schließlich auch die Partei selber, deren linke
Absplitterung, die USPD, die Fortsetzung des Weltkriegs und die
weitgesteckten deutschen Kriegsziele scharf bekämpfte. Die deutsche Revolution von 1918 war zu kurz, zu erfolgsarm, als daß die
neue Republik auf einem soliden sozialen Fundament hätte eta-
bliert werden können. Wie immer man die Mehrheitssozialdemo-
kratie unter Ebert beurteilen mag, kein Zweifel kann daran bestehen, daß sie viele politische Chancen nicht nutzte und vor allem das
Auswechseln der Funktionseliten versäumte. Trotz ihrer Stabilisie-
rungspolitik litt die SPD unter der »Dolchstoßlegende«, wonach
die Linke in der Heimat dem siegreichen Heer tödlich in den Rük-
ken gefallen sei, und die Diskriminierung der »vaterlandslosen Gesellen« setzte sich z.T. fugenlos fort. Zwar half die SPD, den Staat
von Weimar mitzutragen, aber halbherzig nur, da er ihren Ideen
nicht voll entsprach, und gegenüber dem nationalen Revisionismus
vor allem im Osten blieb auch sie anfällig. Ein tiefer Zwiespalt cha-
rakterisierte ihr Verhältnis zu Nation und Staat bis 1933, den ihre
besten Nachwuchspolitiker, Männer wie Leber, Schumacher,
Leuschner u.a., energisch zu überwinden versuchten. Auf die Per-
version des deutschen Nationalismus im Nationalsozialismus
reagierte die SPD im Exil mit unerbittlicher Kritik.

Die wichtigste Persönlichkeit der Partei in den ersten Nach-
kriegsjahren, Kurt Schumacher, zog aus den Erfahrungen der Vergangenheit jedoch die falschen Schlüsse, als er versuchte, die erneut
befürchtete Entfremdung zwischen SPD und Nation zu verhindern. Bis 1952 setzte er auf die Karte der deutschen Einheit, eine
m.E. fatale Entscheidung nach dem totalen Krieg Hitlers, der die
Russen mit ihrem Hegemonialanspruch an die Elbe geholt hatte.
Dagegen wirkte Adenauers Westeuropapolitik zeitgemäßer, sie
zog auch früher die Konsequenzen aus dem zweiten verlorenen

Krieg. Während die SPD den deutschen Gesamtstaat unter sozial-demokratischem Vorzeichen weiterhin beschwor, gewann die CDU die Wahlen, da sie geschickter das Vakuum füllte, das durch die Übersteigerung des deutschen Nationalismus und die Zerstörung der kurzlebigen deutschen Großmacht entstanden war. Nur mühsam hat sich die SPD von der Konzeption jener Jahre gelöst, und bis heute bestehen in ihr innere Spannungen fort. Für einige führende Sozialdemokraten – wie Bahr, Ehmke und Brandt – ist ein deutscher Einheitsstaat, geprägt vom demokratischen Sozialismus, noch vorstellbar, z.T. auch Fluchtpunkt strategischer Überlegungen. Für die Mehrheit auch der Sozialdemokraten ist dagegen die Zeit des deutschen Nationalstaats vorbei. Kein Wunder, stellt doch die politische Generation der nach 1945 Geborenen inzwischen die Mehrheit der Bevölkerung, die durchaus ein bundesrepublikanisches Eigenbewußtsein besitzt.

Zur gegenwärtigen Lage noch einige Thesen:

1. Die deutsche Einheit ist dahin, das ist das Erbe des NS-Regimes. Nach menschlichem Ermessen ist diese Grundentscheidung in absehbarer Zeit nicht revidierbar. Die Deutschen sind seit 1949, nach dem eigentlich kurzen Zwischenspiel eines kleindeutschen Nationalstaats von 1871 bis 1945, gewissermaßen zu einer tausendjährigen Vergangenheit zurückgekehrt, in der sie immer in mehreren, z.T. in sehr vielen Staaten zusammengelebt haben.

2. Ein deutscher Einheitsstaat ist auch deshalb unmöglich, da weder im Westen noch im Osten eine einzige Interessenformation erkennbar ist, die ihn unterstützen würde. Ein Block von 80 Mill. Deutschen bleibt für alle unberechenbar, rückte aber an die zweite Stelle der Weltwirtschaft und würde durch seine politischen Optionen den europäischen und weltpolitischen Status quo tiefgreifend verändern.

3. Das Einheitsgebot des Grundgesetzes ist fragwürdig, da es ganz auf die Situation von 1948/49 bezogen ist. Die Diskussion darüber darf nicht tabuisiert werden, wie es mancher im Anschluß an das politisch fatale BVG-Urteil vom 31. Juli 1973 versucht. Außerdem leistet das der verhängnisvollen Neigung im deutschen Denken Vorschub, Politik primär in juristischen Kategorien zu erfassen, Politik zu juridifizieren.

4. Bonn bleibt einmal die Aufgabe weiter gestellt, wachsam zu sein, daß das bundesrepublikanische Eigenbewußtsein nicht zu einem neudeutschen Nationalismus führt, auf dessen Klaviatur sich

die Rechte seit den siebziger Jahren des vorigen Jahrhunderts am besten versteht. Zum zweiten gibt es auch heute noch keine realistische Alternative zu einer pragmatischen Politik der kleinen Schritte gegenüber der DDR. Diese Politik beruht im Grunde darauf, daß der bessergestellte Teil der ehemaligen Staatsnation die Verantwortung für den schlechtergestellten Teil, der für den Zweiten Weltkrieg ungleich mehr hat zahlen müssen und weiter bezahlt, nicht willkürlich abschütteln kann. Damit entfiele nicht nur die Grundlage für die Berlin-Politik, sondern die besonderen politischen und wirtschaftlichen Beziehungen zwischen den beiden deutschen Staaten ließe sich dann kaum mehr aufrechterhalten. Der noch verbliebene und zu verteidigende Kommunikationszusammenhang zwischen Verwandten und Freunden würde zerstört.

Auch heute bleibt es daher ein verteidigungswertes Ziel der Sozialdemokratie, auf die Liberalisierung und Demokratisierung der DDR behutsam hinzuwirken, nicht jedoch am Fernziel des gesamtdeutschen Einheitsstaats festzuhalten; sie braucht ihre Diskriminierung zwischen 1871 und 1945 nicht durch eine falsch verstandene Nationalstaatspolitik überzukompensieren. Könnten sich DDR-Bürger ungefähr wie Österreicher bewegen, ausdrücken, informieren, entfiele endgültig der politische Imperativ des 19. Jahrhunderts, daß die Menschen einer Sprache möglichst in einem Staat zusammenleben sollten. Nicht der unwiderruflich untergegangene kleindeutsche Staat von 1871 bis 1945 kann daher das Ziel wirklichkeitsnaher sozialdemokratischer Politik sein, sondern nur die möglichst enge, nachbarschaftliche Koexistenz zweier deutscher Staaten, von denen der eine mit aller politischen Klugheit und allen sachangemessenen Mitteln erst dazu bewegt werden muß, liberal-demokratische Rechte für seine Bürger nicht nur auf dem Papier der Verfassung zu versprechen, sondern im Alltag zu verwirklichen. Diese Politik erfordert unstreitig einen langen Atem, vor allem jedoch den Verzicht auf den Fixpunkt des längst unzeitgemäßen deutschen Nationalstaats.

Leopold Schwarzschild contra Carl v. Ossietzky
Politische Vernunft für die Verteidigung der Republik gegen ultralinke »System«-Kritik und Volksfront-Illusionen

Hierzulande leiden Diskussionen häufig daran, daß sie wie artige, daher aber spannungslose Schauturniere durchgeführt werden.[1] Die Kontrahenten treffen sich zu einem Duell mit Samthandschuhen, anstatt in einem offenen Streitgespräch auf die Kraft pointiert vorgetragener Argumente zu vertrauen. Um eine solche Diskussion zu erleichtern, beginne ich mit einigen bewußt zugespitzten Thesen.

Worum geht es uns heute? Das *Tage-Buch*, 1920 von Stefan Grossmann und Leopold Schwarzschild gegründet, von 1922 bis 1933 jedoch von Schwarzschild entscheidend geprägt, ist nachgedruckt worden. Die neben Siegfried Jacobsohns und Carl v. Ossietzkys *Weltbühne* wichtigste kulturpolitische Wochenzeitschrift der Weimarer Republik wird damit wieder jedermann zugänglich.[2] Wegen der unüberbrückbaren Gegensätze zwischen Schwarzschild und v. Ossietzky, der vom Juni 1924 bis 1926, als er die Leitung der *Weltbühne* übernahm, Chefredakteur des *Tage-Buchs* gewesen war, vor allem aber wegen der oft diametral entgegengesetzten politischen Positionen standen sich diese beiden Zeitschriften als schärfste Rivalen auf einem relativ schmalen Markt gegenüber, den das *Tage-Buch* z.B. mit einer Maximalauflage von 15 000 Exemplaren erreichte.

Schwarzschild schrieb eine glänzende Feder – Golo Mann hat ihn »Deutschlands bedeutendsten politischen Publizisten seit Friedrich v. Gentz« genannt. Er gab der Zeitschrift eine intellektuelle Radikalität, die »militant republikanisch«, aber »vehement antimarxistisch« und »brisant antifaschistisch zugleich« war. Seit 1933 im französischen Exil, konnte er seine Zeitschrift noch zeitweilig fortführen. Nachdem ihm jedoch 1940 die Flucht nach Amerika nur knapp gelungen war, verstummte er. Seine Marxbiographie, *Der rote Preuße*, machte ihn dem westdeutschen Nachkriegspublikum noch einmal bekannt. Frühzeitig schon, 1950, ist Leopold Schwarzschild während eines Besuches in der Schweiz gestorben.

Blickt man auf Schwarzschilds publizistische Aktivität in der Weimarer Republik, ist der Vergleich mit v. Ossietzky und seiner *Weltbühne* schlechterdings unvermeidbar. Meine Sympathien als Historiker und als politisch interessierter Bürger liegen, ich gestehe es unverzüglich ein, auf seiten Schwarzschilds und seines *Tage-Buchs.* Jeder Personenkult ist mir ein Greuel, ob er um die Führergestalten des Kommunismus und Nationalsozialismus oder aber auch um Carl v. Ossietzky aufgebaut wird. Hinter der Mythologie, die inzwischen die *Weltbühne* und die Symbolfigur v. Ossietzkys umgibt und in gewissen Kreisen als historische Realität mißverstanden wird, droht schon seit geraumer Zeit die Einsicht in die verhängnisvolle Rolle, die v. Ossietzky in den Schlußjahren der ungeliebten ersten Republik *auch* gespielt hat, verloren zu gehen. Denn mit den wachsenden Schwierigkeiten der Weimarer Republik klangen seine Kommentare zunehmend härter, mitleidlos im Urteil, bar jeder Verständnisbereitschaft – kaltherzig würde ich sagen, wenn das Wort nicht zu sehr an das Vokabular rheinland-pfälzischer Provinzpolitiker erinnerte. Auch radikale publizistische Kritik muß jede Demokratie vertragen können. Aber die Verantwortungsethik demokratischer Journalisten darf sie die Grenze zur prinzipiellen Staatsfeindschaft nicht überschreiten lassen. Auf seine Art hat v. Ossietzky mit der *Weltbühne* jedoch dazu beigetragen, die tief angeschlagene Republik noch weiter zu schwächen, ja durch seine von links aus geübte Kritik, ohne Pardon zu geben, aktiv zu diskreditieren. Von der linken *Weltbühne* ging, mochte v. Ossietzky selber auch glauben, stets für die Republik zu kämpfen, schließlich eine tendenziell destruierende Wirkung aus, wenn man sie auch – was die Stoßrichtung und den Charakter der Argumente angeht – mit der fundamentalistischen Republikfeindschaft der rechtsradikalen *Nationalsozialistischen Monatshefte* nicht vergleichen darf, die – um mit einem Schlüsselbegriff aus dem *Wörterbuch des Unmenschen* zu sprechen – in der Tat eine »zersetzende« Wirkung auslösten.

Die Gefühlsduseligkeit der Volksfrontromantik, der ein angeblich so kühler und kluger Kopf wie v. Ossietzky schließlich angehangen hat, mithin das unter den historischen Bedingungen der Endphase der Weimarer Republik absolut unmögliche Bündnis zwischen totalitär-stalinistischer KPD und der von ihr als »sozialfaschistisch« disqualifizierten SPD herbeizuführen, diese Illusionen verraten einen im streng Freudschen Sinne gravierenden Realitätsverlust. Man mag hier mit leicht apologetischem Unterton von »intellektuellen Volksfrontillusionen« sprechen, eine Fata Morgana war dieses Ziel allemal und ein abstruses dazu. [3] Die seriöse historische Forschung hat längst die Unmöglichkeit einer Kampfallianz zwischen den beiden deutschen Arbeiterparteien mit unwiderlegbaren Argumenten nachgewiesen; nur die dogmatische kommunistische Geschichtsschreibung darf sich von dieser ganz und gar substanzlosen Chimäre noch nicht trennen. Die bittere Wahrheit besteht darin, daß es 1932/33 keine durchsetzungsfähige Koalition demokratischer Kräfte mehr gab, die das Vordringen Hitlers und der NSDAP noch effektiv hätten verhindern können. Daß eine Massen-»Bewegung«, keine der regulären Parteien des parlamentarischen Systems, Hitler an die Schwelle zur Macht trug, hat v. Ossietzky offenbar auch nicht erkannt.

Selbstverständlich teile ich ohne Vorbehalte den Respekt vor der Bravour, mit der v. Ossietzky die ersten Jahre der braunen Barbarei ausgehalten hat. Diesen Respekt wird keiner den Männern und Frauen der Widerstandsbewegung gegen das »Dritte Reich« versagen, auch wenn sie rückwärtsgewandte, sogar reaktionäre oder selber totalitäre Ziele mit der »Diktatur des Proletariats« verfolgt haben. Aber in historischer Perspektive hat v. Ossietzky zu der inneren Aushöhlung und Auflösung jener immer heftiger geschmähten Republik beigetragen, deren realitätsangemessene Verteidigung auch die Maxime jedes linken Publizisten hätte sein sollen. Angesichts dieser Verwirrung des politischen Urteils bleibt es mir schlechterdings unverständlich, warum eine neue westdeutsche Universität ausgerechnet nach Carl v. Ossietzky benannt werden sollte.

Im Vergleich mit der *Weltbühne* empfinde ich die Kritik des *Tage-Buchs* an den unbestreitbaren, schließlich existenzzerstörenden Mängeln der Weimarer Republik als abgewogener, urbaner, weithin frei von der Selbstgerechtigkeit und schneidenden Verachtung dessen, der den historischen Prozeß zu durchschauen glaubt. Kurzum: sie ist rationaler und maßvoller, keineswegs aber weniger scharfsichtig als die der *Weltbühne*. Im allgemeinen erscheint Schwarzschild auch als der vielseitigere Journalist im Vergleich mit dem zu einförmiger Polemik neigenden v. Ossietzky. Schwarzschild besaß überdies ein schärfer ausgeprägtes Verständnis für die ungeheure Bürde, die dem ersten deutschen Demokratieexperiment 1918/19 aufgeladen worden war oder die aus der vorhergegangenen deutschen Geschichte weiter mitgeschleppt werden mußte. Schwarzschild formulierte, wenn es etwa um die Kritik des sich ausbreitenden Nationalsozialismus ging, keinen Deut weniger entschieden als v. Ossietzky. Von der Schwärmerei für ein großes Kartell der Linksparteien blieb er jedoch meilenweit entfernt. Seinen Sinn für die realen Kräfteverhältnisse auch unter den Verteidigern der Republik haben keine Wunschträume überwuchert. War umgekehrt seine Zielvorstellung von einer sozialdemokratisch-liberalbürgerlichen Allianz – das Ziel vieler vorausschauender »Freisinniger«, »Fortschrittlicher« und Sozialdemokraten seit den sechziger Jahren des 19. Jahrhunderts – so abwegig zu einer Zeit, als die Parteien dieser beiden Richtungen noch die absolute Mehrheit im Reichstag aufgebracht hätten? Bei v. Ossietzky lernt man die brillant formulierte, bedingungslose und zugleich verächtlich machende Ablehnung kennen, bei Schwarzschild dagegen eine abwägende, gelegentlich zu wohltemperierte Kritik und eine Grundhaltung, daß diese Republik mit all ihren Fehlern dem heraufziehenden »Dritten Reich« oder einem Volksfront-Regime immer noch bei weitem vorzuziehen sei.

Von alledem abgesehen gibt es einen weiteren wichtigen Unterschied zwischen *Tage-Buch* und *Weltbühne*: Schwarzschild, Sohn einer alteingesessenen Frankfurter Kaufmannsfamilie, urteilte ungleich sachkundiger über wirtschaftliche Probleme, als es die Konkurrenz je zu tun vermochte. Entsprechend dem Konjunkturverlauf spielten wirtschaftspolitische Kommentare von 1920 bis 1924 eine wichtige Rolle; von 1925 bis 1929 traten sie in der Phase der Prosperität spürbar zurück; seit 1929 rückten sie wieder in den Vordergrund. Die Bedeutung der ökonomischen Fragen kann nicht verwundern. Das erste Jahrzehnt des neuen Dreißigjährigen Krieges, in dem Europa zwischen 1914 bis 1945 fast ausbrannte, ist nicht nur durch den verlorenen Ersten Weltkrieg, sondern auch durch eine seiner Folgen: eine beispiellose Inflation und Vermögensvernichtung, gekennzeichnet. Nachdem 1924 ein neuer Aufschwung begonnen hatte, setzte sich die konjunkturelle Stabilisierung und Aufwärtsbewegung bis zum Herbst 1929 fort. Wenn man von den »goldenen zwanziger Jahren«, den »Roaring Twenties«, spricht, ist im Grunde diese Hochkonjunkturspanne von 1925 bis 1929 gemeint, in der sich eine ungeahnte Explosion kultureller Energien ereignete, nachdem sich die politischen Kräfte in Krieg und Bürgerkrieg erschöpft hatten. Seit dem Frühjahr 1929 gab es erste Einbrüche, im Oktober setzte die dritte große Weltwirtschaftskrise ein, die bald in eine anhaltende Depression überging. In Deutschland erreichte sie im Sommer 1932 ihren Tiefpunkt. Die Krisenperiode seit 1929 bedeutete den schärfsten Einschnitt, den es bisher in der Geschichte des westlichen Industriekapitalismus gegeben hat, und war mit enormen sozialen und politischen »Kosten« verbunden. Daß deshalb die wirtschaftliche Entwicklung seit 1929 im *Tage-Buch* wieder eine prominente Stelle einnahm, kann nach alledem nicht überraschen, zumal Schwarzschild einen ausgeprägten und geschulten Sachverstand mitbrachte. Bekanntlich hat Brüning in dieser entscheidenden Phase der Weimarer Republik eine radikal falsche Konjunkturpolitik im Dienste außenpolitischer Ziele, derentwegen er die Verschärfung der inneren Problematik bewußt in Kauf nahm, konsequent betrieben, obwohl ihm die Alternative einer antizyklischen Konjunkturpolitik von hohen Beamten und Repräsentanten der Wirtschaft oft klar vor Augen gestellt wurde. Um jedoch den erhofften Durchbruch vor allem in der Reparationsfrage zu erzielen, hat Brüning die Verschärfung der soziopolitischen Krise, damit aber auch den Aufstieg des Nationalsozialismus, hingenommen.

Schwarzschild hat in dieser Zeit kein der Situation wirklich angemessenes Konzept für eine effektive Konjunkturpolitik verfochten, er blieb zu sehr klassischen wirtschaftsliberalen Positionen verhaftet. Auf der anderen Seite gelangte er allmählich doch mit einer Art Ordo-Liberalismus avant le lettre über die ursprüngliche Position hinaus. Beispielsweise hielt er die Kooperation der großen Tarifpartner in einer vom Staat behutsam gesteuerten Marktwirtschaft für eine insbesondere auf lange Sicht lohnende Strategie der Krisenbekämpfung. In manchen seiner Ratschläge steckte jedenfalls viel mehr Zukunftsträchtiges als in den abgegriffenen Schlagworten des 19. Jahrhunderts, die im Ruf nach Verstaatlichung, Vergesellschaftung der Produktionsmittel, Expropriation der Kapitalistenklasse auch bei v. Ossietzky auftauchten.

Und schließlich: Warum besitzen wir heute nicht derart militante kulturpolitische Zeitschriften, wie *Tage-Buch* und *Weltbühne* sie einmal dargestellt haben? Warum tun sich wichtige Zeitschriften wie *Merkur* und *Monat* so schwer, kommerziell tragfähige Unternehmen zu bleiben? Warum gibt es kein wirklich vergleichbares Pendant – pace *Frankfurter Hefte!* – zu *Tage-Buch* und *Weltbühne*? Einmal gibt es einen Strukturwandel der öffentlichen Medien:

Spiegel, Stern und die Magazinsendungen der Fernsehanstalten tragen jetzt häufig jene Kontroversen aus, die zur Zeit der Weimarer Republik wahrscheinlich die Spalten der beiden rivalisierenden Zeitschriften beherrscht hätten. Zum zweiten können gegenwärtig die genannten Monatszeitschriften in einer äußerst schnellebigen Zeit nicht so rasch reagieren wie damals die Wochenblätter *Tage-Buch* und *Weltbühne* oder heute die *Zeit*. Zum dritten hat die Bundesrepublik vermutlich aber auch in ihren ersten dreißig Jahren all die Energie auf den ökonomischen Wiederaufbau, auf die politische Konsolidierung gelenkt und die Vorzüge eines fundamentalen Konsens genossen, der das genaue Gegenteil der politischen Polarisierung von Weimar ist. Auch deshalb ist Bonn nicht Weimar. Vielleicht konnten nur auf dem Boden der zwanziger und dreißiger Jahre die polemischen Kommentare und Künste der beiden Zeitschriften gedeihen?

   Manches spricht freilich zur Zeit für den Eindruck, daß die konjunkturelle Entwicklung in den achtziger Jahren labil bleiben und daher der Verteilungskampf an Härte zunehmen wird. Die Grünen, die Alternativkultur und der neue Pazifismus stellen das Zusammenspiel der etablierten Parteien in Frage. Ein blauäugiger gesinnungsethischer Rigorismus verwirft erneut jede pragmatische Politik und erhält Beifall vom politisch organisierten Schwachsinn der K-Grüppchen und einem ressentimentgeladenen Antiamerikanismus, der sich mit nahezu hysterischem Eifer als Friedenssehnsucht drapiert. Schneller als uns allen lieb ist, könnten wir bald eine Polarisierung auch in der zweiten freien Republik erleben. Dann aber könnte sie die Verteidigung durch Zeitschriften von der Qualität des *Tage-Buchs* nur zu gut gebrauchen.

Anmerkungen

1 Vollständige Fassung der gekürzt vorgetragenen Thesen zur Eröffnung einer Diskussion in Hamburg (Mai 1981) aus Anlaß des Nachdrucks des *Tage-Buchs* (Berlin 1920–1933/Königstein 1981) von Leopold Schwarzschild (1891–1950).
2 Vgl. F. Raddatz, *Das Tage-Buch*, Königstein 1981, 5–7. Hierzu auch: B. Sösemann, *Das Ende der Weimarer Republik in der Kritik demokrati-*

scher Publizisten, Berlin 1976. Von Schwarzschild selber: *Das Ende der Illusionen*, Amsterdam 1934; vgl. ders., *Der rote Preuße; K. Marx*, Stuttgart 1954; sowie K. R. Grossmann, *Ossietzky. Ein deutscher Patriot*, Frankfurt 1973.

3 Vgl. Raddatz, 41.

II

Galls »Bismarck« – Vorzüge, Grenzen und Rezeption einer Biographie

Im Oktober 1980 ist Lothar Galls Bismarck-Biographie erschienen.[1] Sie hat seither erstaunlichen Erfolg gehabt. Monatelang behauptete sie sich auf einem der vorderen Plätze der Bestseller-Liste für Sachbücher. Mehrere Auflagen sind bereits nachgedruckt worden. Worin bestehen die Vorzüge dieses Buches? Wo liegen seine Grenzen? Wie erklärt sich seine Rezeption durch ein breites Publikum? Mit jeweils einem halben Dutzend Thesen, Einwänden, Gesichtspunkten möchte ich auf einige Aspekte dieser Fragen diskutierend eingehen.

I. Die Vorzüge

1. Zuerst zu den unübersehbaren Vorzügen. Nach zehnjähriger intensiver Arbeit hat Gall die m. E. bisher beste Bismarck-Biographie vorgelegt: ein fachwissenschaftlich solide fundiertes und zugleich flüssig geschriebenes Buch, insgesamt ein erfolgreiches Unternehmen, an dessen Ausführung zahlreiche Historiker vorher gescheitert sind. Sie haben abbrechen müssen wie Erich Marcks und Otto Pflanze[2]; sie haben nur einen Essay geschrieben wie A. J. P. Taylor und Andreas Hillgruber; blinde Lobhudelei überwog wie bei A. O. Meyer oder aber einseitige Kritik wie bei Erich Eyck.[3] Endlich, 80 Jahre nach Bismarcks Tod, besitzen wir mit Galls Buch eine abgeschlossene, sachlich und sprachlich weithin angemessene Biographie des bedeutendsten modernen deutschen Berufspolitikers, dessen Aufstieg und Niedergang im Kontext der langen Jahrzehnte zwischen 1815 und 1898 ausführlich geschildert wird.

2. Die zum Teil glänzende Darstellung bewegt sich an vielen Stellen auf der Höhe der gegenwärtigen internationalen Diskussion; sie besitzt ein reiches Maß an selbständigen Analysen und Deutungen; sie zeichnet sich durch klare, unverschnörkelte Urteile aus.

3. Die im allgemeinen gut komponierte Biographie und die kenntnisreiche, ja gelegentlich geistvolle Interpretation der Motive und Schlüsselereignisse der Bismarckschen Politik samt ihren Folgen hinterlassen deshalb einen so nachhaltigen Eindruck, weil sie

ein möglichst unbefangenes Verständnis für Bismarcks Handeln unter den Bedingungen seiner Zeit mit kritischen Urteilsmaßstäben, die unsere Generation an Bismarcks gescheitertes Werk heranträgt, zu verbinden bestrebt ist.

4. Von seiner im Grunde sehr skeptischen Auffassung her ist Gall gegen die Ideologie gefeit, daß es die großen Männer seien, die Geschichte machten. Zugleich kann er daher auch, bei aller Anerkennung der politischen Meisterschaft Bismarcks – vor allem in seinen besten Jahren zwischen 1864 und 1878 –, das kleindeutsche Reich als »extrem unstabiles und kurzlebiges historisches Gebilde« charakterisieren. »Nichts, gar nichts«, heißt es bei ihm, »ist von dem geblieben«, was Bismarck bis 1871 bzw. 1890 erreicht hatte (S. 735). Die kühle Sachlichkeit dieses Urteils trennt wie ein tiefer Graben Galls Buch von all der lange Zeit vorherrschenden epigonalen Verklärung und beschönigenden Harmonisierung Bismarckscher Politik und ihrer Resultate.

5. Eine unübersehbare Stärke des Buches besteht außerdem darin, daß sich Gall – trotz und wegen seiner engen Vertrautheit mit zahlreichen Kontroversen der Bismarck-Forschung – aus dem Dickicht der widersprüchlichen Meinungen immer wieder zu lösen versteht und einen freien, neuen Durchblick auf umstrittene Entscheidungen oder Folgen von Bismarcks Aktionen gewinnt. Dazu gehört sowohl die Disziplin des »forschenden Verstehens« als auch die Fähigkeit, sich für die eigene Interpretation noch einmal die notwendige Distanz für ein selbständiges Urteil zu verschaffen.

6. Schließlich ist es gut und richtig, daß es ein kompetenter Fachwissenschaftler wie Gall und nicht wieder ein – wissenschaftliche Teilergebnisse herausgreifender – schreibgewandter Journalist versucht hat, ein großes Publikum zu gewinnen – und dies offenbar auch erreicht hat. Die Kluft zwischen den Wissenschaften mit ihrem Jargon und dem allgemein interessierten Publikum wird oft zu Recht bedauert. Sie ist schwer zu überwinden, da Spezialisierung auch der Sprache eine Bedingung der Möglichkeit wissenschaftlichen Fortschritts ist. Gall ist es gelungen, diese Brücke zu schlagen. Das verdient uneingeschränkte Anerkennung, da eine solche Leistung bereits eine Kunst für sich darstellt.

Galls *Bismarck* wird sich – das ist angesichts der vielen Qualitäten dieser Biographie und trotz der noch zu erörternden Grenzen keine riskante Prognose – auf absehbare Zeit unter dem halben

Dutzend der gegenwärtig besten Biographen aus der Feder deutscher Autoren behaupten können.[4]

II. Die Grenzen

1. Auch ein gelungenes Buch wie diese Biographie besitzt seine deutlichen Grenzen, enthüllt bei genauerem Hinsehen manche Defizite und läßt Probleme ungeklärt. So ist das Buch z.B., um mit eher handwerklichen Erwägungen zu beginnen, durch ein auffallendes Ungleichgewicht gekennzeichnet. 65% des Textes (rd. 440 S.) werden für die Zeit von 1815 bis 1871, nur 35% jedoch (rd. 250 S.) für die Zeit von 1871 bis 1890/98 verwendet. Sollten nicht die zwei Jahrzehnte, die Bismarck an der Spitze der neuen mitteleuropäischen Großmacht gestanden hat, mindestens die Hälfte – wenn nicht sogar mehr – einer Bismarck-Biographie ausmachen? Hier herrscht eine Disproportionalität, die auch nicht mit der Anschmiegung an Bismarcks Lebenszeit hinreichend gerechtfertigt werden könnte.

2. Das Buch besitzt viele Längen; es hätte erheblich gestrafft werden können; ein guter, sachkundiger Lektor hätte rd. 200 Seiten »Luft« herausgelassen.[5] Ausführliche Referate und Erlasse Bismarcks sind wegen seiner verführerisch einprägsamen Prosa zwar verständlich[6], eine knappere Fassung hätte jedoch Platz für Wichtigeres geschaffen – dazu gleich mehr. Auffällig ist zudem, daß der umfangreiche, uneingeschränkt zugängliche Nachlaß der Familie Bismarck nicht gründlich ausgewertet, sondern gewissermaßen nur mit spitzen Fingern geprüft worden ist. Die hochinteressante Korrespondenz von Bismarcks Bankier Bleichröder hätte sich Gall ebensowenig entgehen lassen brauchen wie manches andere aufschlußreiche ungedruckte Stück. Die Zurückhaltung gegenüber wichtigen ungedruckten Quellen ist mithin kein Einzelfall.[7]

3. Gall trägt seine zahlreichen Kontroversen mit anders urteilenden Bismarck-Historikern nirgendwo offen aus. Die Herkunft bekämpfter oder akzeptierter Positionen bleibt immer unklar, obwohl jeder Historiker stets auf den Schultern von vielen anderen Sachkennern steht; Gall belegt nur Zitate und beruft sich für dieses Verfahren auf das vermutete Desinteresse, mit dem der allgemeine Leser wissenschaftlichen Auseinandersetzungen gegenüberstehe. Oft baut er sich aber einen Popanz als Gegner auf, den er dann ge-

nüßlich demoliert, indem er eben die Differenzierungen anbringt, die der – nur für Kenner identifizierbare – namenlose Kontrahent schon selber erörtert hatte. (Ein gutes Beispiel ist die Kritik [S. 176] an dem Versuch, Bismarcks Herrschaftssystem und Herrschaftsmethoden – einige genaue Unterscheidung ist sehr angebracht – als »Bonapartismus« zu charakterisieren. 600 Seiten später wird ein gut Teil der Bonapartismustheorie für die Charakterisierung von Bismarcks Herrschaftssystem und -methoden [!] in Galls Worten stillschweigend übernommen [S. 716].)

Dieses Verfahren nennt Gall mit Vorliebe eine »nüchterne« Interpretation. »Nüchtern« ist überhaupt sein Lieblingswort: sowohl für die Kennzeichnung von Bismarcks erfolgreichem Kalkül als auch für die eigene Deutung umstrittener Sachverhalte. Indirekt wird damit jedoch allen kritisierten Historikern ideologische Befangenheit unterstellt. Diesen Nebel durchstößt dann endlich unser Biograph, der mit sicherer Meisterhand ein vorurteilsfreies Bild zu zeichnen beansprucht. Dadurch gerät er, nolens volens, in die Rolle eines alles und jedes definitiv Besserwissenden hinein.[8]

4. Gall liebt die Denkfigur, daß Bismarck, um das alte Regime in Preußen zu verteidigen, um die eigene Macht zu erlangen und zu behaupten, die moderne Welt der industrialisierten Großmacht Deutschland selber, eher wider Willen, durch die Folgen seines Wirkens mit heraufgeführt habe. Darin, daß Bismarck diese Modernisierung zeitweilig beschleunigt habe, sieht er eine der großen historischen Leistungen dieses Mannes. Folglich gilt er Gall nicht nur als Gründer des kleindeutschen Nationalstaats, sondern auch als »Schöpfer (. . .) vor allem der Grundlagen der modernen Industriegesellschaft in diesem Raum« (S. 583).

Solch ein Urteil unterschätzt gewaltig die autonomen Antriebskräfte, welche den Industrialisierungsprozeß voranbrachten; es verkennt den anonymen, aber zielgerichteten Charakter dieses Prozesses, und es tut auch der kleinen Gruppe der liberalen Experten Unrecht, die in den sechziger und siebziger Jahren wesentliche gesetzliche Fundamente der bürgerlichen Wirtschaftsgesellschaft gelegt haben. Vor allem aber: Geht im Vergleich mit diesem unbeabsichtigten ökonomischen Modernisierungserfolg Bismarcks nicht zu sehr verloren, wie erfolgreich Bismarck bei der Verteidigung alter Privilegien und bestimmter Strukturen der alten Ordnung, zu deren Rettung er angetreten war, doch auch gewesen ist? Von seinen Verteidigungsleistungen und seinem Erfolgsmythos haben die traditionalen Machteliten des Adels, des Militärs, der Bürokratie noch lange Jahre über Bismarcks Tod hinaus zehren können. So schnell und völlig gescheitert, wie Gall es sieht, ist Bismarck in dieser Hinsicht eben doch nicht. Vielmehr war es einer seiner besonders unheilvollen Erfolge auf lange Sicht, daß sein Scheitern, von dem im Rückblick fraglos gesprochen werden muß, zu spät zutage trat.

5. Gall macht Bismarcks Erfolge zu Recht davon abhängig, ob es ihm gelang, mächtige Tendenzen seiner Zeit (den kleindeutschen Nationalismus, den Liberalismus, die Industrialisierung) auszunutzen. Mißerfolge resultierten danach aus der fehlenden Übereinstimmung mit solchen großen geschichtlichen Bewegungen. Oft war Bismarck daher eher ein Getriebener als der Treibende, ein Getriebener freilich, der auf dem Höhepunkt seines Könnens diese Strömungen in virtuoser Weise auf seine Mühlen zu leiten verstand und sich dabei in eindrucksvollen, natürlich auch der Rechtfertigung des eigenen Tuns dienenden Worten den Anschein gab, daß er sich nur übermächtigen historischen Gewalten beuge. Wie oft er sich ihnen, mit manchmal fatalen Ergebnissen, entgegenstemmte, wird bei Gall weniger betont. (Und blieb nicht auch, umgekehrt, nach 1879 sein Zusammenspiel mit den neuen Interessenverbänden ein politisches Meisterstück?)

Jedenfalls wird Bismarck im allgemeinen, und zwar völlig einleuchtend, in den Zusammenhang der Zeitumstände, der überpersönlichen Entwicklungsprozesse gestellt, seine Abhängigkeit von ihnen betont. Diese Umstände und Tendenzen selber, die Bismarck in gewisser Hinsicht trugen oder scheitern ließen, bleiben jedoch bei Gall ganz nebulös, verschwommen, viel zu allgemein. Nirgendwo werden sie dem neugierigen Leser erläutert. Immer ist die Rede von einem Verlegenheitsabstraktum im Sinne des ominösen »sozialen Wandels«: z.B. von »dramatischen sozialen Umschichtungen und Umbrüchen«, von der »unaufhaltsam voranschreitenden Veränderung aller wirtschaftlichen und gesellschaftlichen Verhältnisse«, von dem »grundlegenden wirtschaftlichen und sozialen Wandlungsprozeß«, von der »Entfaltung der modernen Industriegesellschaft«, von den machtvollen »Strömungen und vorherrschenden Tendenzen« oder von den »Kräften und Tendenzen« usw. (S. 316, 382, 392, 401, 501 u. passim). Nie wird jedoch konkret und präzis, auch und gerade aus Rücksicht auf den noch nicht sachkundigen Leser, erörtert, wie der in der Bismarckzeit sich voll durchsetzende Industriekapitalismus die deutsche Wirtschaft von Grund auf verändert hat, welche Maßstäbe der Wirtschafts- und Sozialgeschichte auch immer man zugrunde legt; wie als Folge der Funktionsweise kapitalistischer Arbeitsmärkte große soziale Klassen mit eigenen, neuen Konflikten auftraten; wie der Liberalismus als politische Bewegung, als Wirtschaftslehre und als allgemeines soziokulturelles Muster der Weltdeutung sich veränderte. Dafür hätte es allerdings neben dem narrativen Stil der Biographie auch einer scharfen systematischen Begrifflichkeit bedurft, auf die gewiß nicht viele Leser ablehnend reagiert hätten.

Gelegentlich wirft Gall in einem solchen Zusammenhang wichtige Fragen auf, z.B. nach der Organisation durchsetzungsfähiger wirtschaftlicher Interessen oder nach der Entstehung des konservativen Interventionsstaats (S. 552, 598), ohne sie angemessen zu beantworten. Wenn er etwa aus ungewollten Ergebnissen der Bismarckschen Politik auch die Grundlagen des deutschen Interventionsstaats hervorgehen sieht (»konservativ« war dieser bis in die 1930er Jahre überall!), ist diese Ausdehnung der Staatsfunktionen bzw. dieser Staatsinterventionismus doch nur als Reaktion auf die ökonomischen, sozialen und politischen Folgen industriekapitalistischen Wachstums mit seinen Wirtschaftskrisen, seinen sozialstrukturellen Veränderungen und politischen Loyalitätsproblemen realitätsadäquat zu verstehen und historisch einzuordnen. Zu diesem Verständnis neuartiger Steuerungsprobleme und des Aufbaus einer neuen Steuerungskapazität im politischen System wird dem Leser keine Hilfe angeboten.

6. Die bei Gall nur skizzenhafte Konturierung der Zeitumstände hat eine schwerwiegende Konsequenz. Wenn die Grundthese der Biographie richtig ist, wie mir scheint, daß Bismarcks bestechende Erfolge bis rd. 1878 wesentlich darauf beruhten, daß er in Übereinstimmung mit den stärksten strukturprägenden Kräften dieser Zeit wirkte, seither aber, aufs Ganze gesehen, eher erfolgsarm zu kurzlebigen Aushilfen griff, weil er sich jetzt dem Neuen in starrer Beharrung auf dem erreichten Status quo immer häufiger entgegenstemmte, sind gerade diese Prozesse und Kräfte zu beschreiben und zu analysieren, damit überhaupt verständlich wird, warum Bismarck einmal siegte, dann aber letztlich scheiterte.

Galls eigener Interpretationsansatz hätte es mithin verlangt, diese treibenden Kräfte und restriktiven Bedingungen von Bismarcks Politik ausführlicher zu berücksichtigen. Die Schilderung und Erklärung dieser »Tendenzen« mit dem eigentlichen biographischen Element zu verbinden, wäre die optimale Lösung des Dauerproblems eines jeden Biographen gewesen: Individuum und Zeit in das richtige Verhältnis zueinander zu setzen. Darin, daß die Dimension der großen gesellschaftlichen Prozesse und Strukturen zu kurz kommt, sehe ich, bei aller Anerkennung der unbestreitbaren Leistung Galls, die wesentliche Grenze auch dieser Biographie. Denn da die treibenden Kräfte schemenhafte Wesen ohne Bein und Fleisch, blasse, nur angedeutete Bedingungen bleiben (vom Kapitalismus und seinen Klassen ist bezeichnenderweise nur zwei-dreimal die Rede!), wirkt die eine Hälfte der Problematik: Bismarck in den konkreten Kontext dieser Kräfte einzuordnen und dadurch, wie Gall es selber will, besser »verstehen« zu können, eigentümlich unterbelichtet. Die Lücken, die sich hier auftun, unterhöhlen die Überzeugungskraft der von Gall selber gewählten Argumentationsweise. Dieser Widerspruch zwischen Anspruch und Ausführung ist es, der am schärfsten die Schwierigkeiten markiert, Bismarck und die überpersönlichen Kräfte seiner Zeit realitätsgerecht miteinander zu verbinden. Im Vergleich mit diesem inneren Bruch scheint mir die inzwischen mehrfach geäußerte Kritik an Galls Schlußthese, daß »fast jeder große Handelnde wie Bismarck ein konservativer Revolutionär gewesen« sei (S. 729) – Lenin, Stalin, Hitler und Mao drängen sich gegen diese Behauptung alsbald auf – von weit geringerem Gewicht zu sein.[9]

III. Zur Rezeption

Wie läßt sich der bemerkenswerte Verkaufserfolg dieser Biographie erklären? Sieht man einmal von der Annahme ab, daß nicht jeder Käufer zugleich ein Leser ist, bleibt man auf plausibel erscheinende Vermutungen angewiesen, von denen einige jedoch recht stichhaltig zu sein scheinen.

1. Gall hat – nach Erich Eycks vehementer Verurteilung Bismarcks vom linksliberalen Standpunkt aus – die erste wissenschaftlich seriöse und gut geschriebene Bismarck-Biographie veröffentlicht. Er hat damit eine seit Jahrzehnten spürbare Lücke zu füllen vermocht.

2. Gall ist ein besserer Sachkenner als die meisten seiner Vorgänger. Er behält zugleich genügend Distanz zu seinem »Helden« und

schreibt bewußt für ein breites Publikum, nicht nur für die spezialisierten Fachgelehrten. Der Erfolg scheint zu bestätigen, daß er den richtigen Ton getroffen hat.

3. Allgemein gilt, daß es immer eine anhaltende Nachfrage nach guten Biographien bedeutender Persönlichkeiten gibt. Über Biographien gewinnen viele Leser offenbar am leichtesten einen Zugang zur Geschichte, da eine Person ganz im Zentrum steht, auf die alles hin- und zugeordnet werden kann. Die Biographie hat einen leicht erfaßbaren, sozusagen natürlichen Schwerpunkt von Anfang bis Ende. Wie in einem Magnetfeld wandern alle Ereignisse auf ihn zu.

4. Nach Joachim Fests Erfolg mit seiner Hitler-Biographie war für jeden Interessierten klar zu erkennen, daß noch zwei weitere Persönlichkeiten der modernen deutschen Geschichte den Stoff für ähnlich erfolgreiche Biographien abgeben konnten: Bismarck und Adenauer. Gall hat mit seinem *Bismarck* einen, so betrachtet, durchaus vorhersehbaren Erfolg gehabt. Wer eine wissenschaftlich zuverlässige, sachkundig interpretierende, klar geschriebene Adenauer-Biographie vorlegt, wird eine vergleichbare Resonanz finden.

5. Die Rezeption von Galls *Bismarck* steht vermutlich auch im Zusammenhang mit der neuen Preußen-Welle, dem vorläufig letzten Ausläufer der allgemeineren Nostalgiewelle, die sich auf die fünfziger Jahre unseres Jahrhunderts, die Staufer, die Wittelsbacher, die Parler usw. gerichtet hat. Das Buch über eine der größten Persönlichkeiten der preußischen Geschichte profitiert jedenfalls von diesem Nostalgietrend, welcher die angeblich bessere, gute alte Zeit der preußischen Ordnung und Nüchternheit, des Dienstethos und der Unbestechlichkeit, der Staatspolitik über dem Gezerre der Parteien und Verbände beschwört.[10] Darin spiegelt sich in erster Linie die Unsicherheit und Krisenmentalität der bundesrepublikanischen Gegenwart wider, die zur Verklärung der Vergangenheit neigt. Zum zweiten tritt darin aber auch der Wunsch zutage, nunmehr zu einer distanzierteren Betrachtung eines so leidenschaftlich umstrittenen Phänomens wie Preußen und seines – neben Friedrich d. Gr. – bedeutendsten Politikers, Bismarcks, zu gelangen. Gall kommt dem Nostalgiebedürfnis von sich aus mit keiner Silbe und mit Sicherheit nicht aus kommerziellen Gründen zielstrebig entgegen; während der Entstehung des Buches ließ sich diese Strömung ohnehin nicht vorhersehen. Aber sein Buch wird,

im rechten Augenblick veröffentlicht, von diesem Modetrend mitgetragen.[11]

6. Kritisch bleibt schließlich zu sagen, daß Galls *Bismarck* vielleicht auch deshalb so bereitwillig aufgenommen wird, weil das Buch keine hohen Anforderungen an das Verständnis des Lesers für komplizierte Entwicklungsprozesse, für objektive Handlungsbedingungen, für die grundlegend transformierte gesellschaftliche Umwelt des 19. Jahrhunderts stellt.[12] Diese These lenkt noch einmal auf einen vorn erörterten Zusammenhang zurück. Bismarck ist zwar bei Gall so lange erfolgreich, wie er in Übereinstimmung mit mächtigen Zeittendenzen handelt, erfolglos dagegen, wenn er Widerstand leistet. Aber der erfolgreiche Industriekapitalismus, die sozialen Klassen, die kulturellen Veränderungen wie die Säkularisierung und Entkonfessionalisierung des Lebens, der rapide Aufstieg der Wissenschaften usw., sie werden nirgends beschrieben, erklärt, als Bestimmungsfaktoren für Bismarcks Leistungen oder seine Grenzen präzise bestimmt. Eine systematische Anstrengung des Gedankens wird daher von keinem Leser erwartet. Auch diese asketische Zurückhaltung, sobald es um kompliziertere strukturelle Probleme geht, begünstigt eine breitere Rezeption durch Leser, die sich ganz auf die Person, auf das Wirken Bismarcks konzentrieren können, ohne doch am Schluß mehr als vorher über die sogenannten »Tendenzen« zu wissen, die den Aufstieg und Niedergang Bismarckscher Herrschaft mitbestimmt haben. Was sich unter wissenschaftlichen Gesichtspunkten und gemessen an Galls eigenem Anspruch an dieser Biographie als scharf markierte Grenze, als Mangel kritisieren läßt, wirkt sich auf der andern Seite als Vorteil aus, wenn auf diese Weise, wahrscheinlich vom Verfasser auch bewußt durchgehalten, dem Leser die Lektüre erleichtert wird.

Anmerkungen

1 Lothar Gall, *Bismarck. Der weiße Revolutionär*, Berlin 1980.
2 Otto Pflanzes Biographie, deren erster Band (*Bismarck and the Development of Germany, 1815–1871*, Princeton 1963) vor nahezu zwanzig Jahren erschienen ist, soll aber nun doch noch durch den (angeblich in

einem bisher überlangen Manuskript bereits vorliegenden) zweiten Band (1871–1898) abgeschlossen werden. Dem Vernehmen nach soll auch demnächst Ernst Engelbergs Bismarck-Biographie erscheinen. Ein Vergleich dieser Studie des Nestors der DDR-Historiker mit Galls Buch wird mit Sicherheit interessante Perspektiven eröffnen.

3 Zu der Verschränkung von Bismarck- und Bleichröder-Biographie bei Fritz Stern (*Gold u. Eisen. Bismarck und sein Bankier Bleichröder*, Berlin 1978), aber auch zu Galls Biographie vgl. J. Kocka, *Bismarck-Biographien*, in: *Geschichte und Gesellschaft 7. 1981, 572–81.*

4 Also neben Reinhard Wittrams *Peter I., Zar und Kaiser* (2 Bde., Göttingen 1964), Gustav Mayers *Friedrich Engels* (2 Bde., Köln 1971³), Heinrich Ritter v. Srbiks *Metternich* (3 Bde., München 1954/60²), Gerhard Ritters *Stein* (2 Bde., Stuttgart 1931), Golo Manns *Wallenstein* (Frankfurt 1971 u.ö.) und natürlich Joachim Fests *Hitler* (Berlin 1973 u.ö.).

5 So sehr auch Gall mit der deutschen Sprache umzugehen versteht, fehlt dem Buch auch manchmal doch der letzte Schliff. Es ist öfters sprachlich uneben; allzu lange Sätze rufen nach Unterbrechung und neuem Anfang. Aus dem DDR-Jargon hat sich unzählige Male das Modewort »Einschätzung« eingeschlichen usw.

6 Bei nicht wenigen Stücken würde ich auch dafür plädieren, daß sie in jedes Lesebuch der deutschen Sprache aufgenommen werden könnten.

7 Auch andere, wichtiges Bismarck-Material enthaltende Nachlässe sind merkwürdigerweise überhaupt nicht herangezogen worden, z.B. die bequem zugänglichen Nachlässe Bamberger, v. Bennigsen, v. Boetticher, v. Bülow (d.Ä.), M. Busch, R. v. Delbrück, v. Eisendecher, v. Forckenbeck, v. Gneist, Hammacher, Hohenlohe-Schillingsfürst, Münster, Pindter, v. Radowitz, v. Rottenburg, v. Schloezer, v. Schweinitz, Wagener, Zitelmann u.v.a.

8 Dabei sind Galls Urteile und Sachaussagen häufig sehr anfechtbar. Einige Beispiele mögen hier genügen. Die »sozialen Probleme der heraufziehenden Industriegesellschaft bildeten« nach Gall (493) »ein Pulverfaß«. Wie will er jedoch sein apodiktisches Urteil begründen, es stehe »außer Frage«, daß ein Teil der Kritiker – gemeint ist die als Opposition eher biedere, gelegentlich zu revolutionsrhetorischen Exzessen neigende Sozialdemokratie – »auch geneigt war, die Lunte an das Pulverfaß zu legen und die bestehende Gesellschaft in die Luft zu sprengen«? – Die sogenannte »Große Depression« war keineswegs eine »Phase der Stagnation« (527) im strengen Sinn, sondern der halbierten Wachstumsraten; nur einige Sektoren, zeitweilig z.B. die Eisenherstellung, stagnierten kurze Zeit oder wiesen, im verquollenen Jargon unserer Tage, sogar ein »Minuswachstum«, also einen absoluten Produktionsrückgang, auf. – Der Begriff des »Sozialimperialismus« führt keineswegs, wie Gall weismachen will, Geschichte auf das Handeln großer Indivi-

duen zurück, sondern zielt vielmehr auf die »objektiven« Legitima-
tionsbedürfnisse von politischen Regimes, die wegen des erhofften
Loyalitätsgewinns den Imperialismus instrumentell ausnutzen. Der
»ideologische Konsens« zugunsten aktiver, bis zur Kolonialpolitik
fortschreitender Außenwirtschaftspolitik entstammt weder dem Vokabular noch »der Tradition rein geistesgeschichtlicher Interpretationen«,
sondern bezeichnet ideologiekritisch ein notwendiges Zwischenglied
zwischen sozioökonomischen und politischen Interessen einerseits,
den politischen Entscheidungen andrerseits. Auch kann man Bismarcks
Kolonialpolitik – Gall folgt hier übrigens, ohne ein Wort darüber zu
verlieren, ganz der strittigen Interpretation A. J. P. Taylors! – nur dann
ein »kurzes Intermezzo« nennen, wenn man sie kurzsichtig aus dem
breiten Zusammenhang der preußisch-deutschen Außenwirtschaftspolitik seit den sechziger und siebziger Jahren herauslöst, anstatt sie darin
einzubetten und als spezifische Erscheinungsform staatlicher Unterstützung im Außenwirtschaftsbereich zu begreifen (614–18). – Hinsichtlich der Rußlandpolitik werden die harten ökonomischen Interessengegensätze mit einigen Worten erwähnt, die daraus abgeleiteten politischen Imperative für die Staatsleitungen beider Seiten schon nicht
mehr, und dann folgt übergangslos eine absolut konventionelle Diplomatiegeschichte (635 ff.) usw. usf.

9 Ob außerdem der von Bismarck geschaffene großpreußische Staatenverbund von 1871 tatsächlich ein so »extrem unstabiles« Gebilde (725)
war, wie Gall urteilt, wirft einige diffizile Fragen über die autonome
Modernisierungsfähigkeit des Kaiserreichs und seiner beiden Nachfol-
gerstaaten bis 1945 auf. Vor entschiedener Kritik würde ich gewiß nicht
zurückscheuen, aber immerhin hat diese »kurzlebige« Großmacht zwei
totale Weltkriege, die sie in beiden Fällen herbeigeführt hat, erstaunlich
lange durchgestanden, Teilbereiche des gesellschaftlichen Lebens relativ
erfolgreich modernisiert (Sozialpolitik, Arbeitsrecht, Großstadtver-
waltung) usw. Wenn aber Gall bei seinem Urteil bleibt, hatte dann der
von ihm kritisierte Johannes Ziekursch (382) so unrecht, wenn er das
Reich ein Bollwerk gegen den Geist der Zeit nannte?

10 Vgl. hierzu H.-U. Wehler, *Zur Kritik der Preußenbild-Diskussion*, in:
O. Büsch (Hg.), *Das Preußenbild in der Geschichte*, Berlin 1980,
27–32; ders., *Preußen ist wieder chic*, in: *Der Monat* 275 (31. 1979/H.
3), 92–96 (in diesem Band S. 11–18).

11 Inzwischen trägt Gall allerdings diesem Trend und dem Erfolg seiner
Biographie dadurch schnell Rechnung, indem er *Die Großen Reden
Bismarcks* (Berlin 1981) veröffentlicht.

12 Statt dessen wird vielen Leserinteressen etwas geboten: die Schilderung
der Persönlichkeit des großen Mannes, das Familienleben (viel zu har-
monisierend jedoch: Bismarcks Frau unterstützte alle bösen Haßgefüh-
le; die Erziehung der Söhne schlug fehl; Bismarcks »brutale Sinnlich-

keit«, wie er selber sagte, wird umstandslos übergangen), die Innenpolitik, die Außenpolitik usw. Die konkrete Lebenswelt Bismarcks bleibt demgegenüber eigentümlich blaß: Wie in diesem Kontext Haltungen geprägt, Interessen gebildet wurden, wird nicht geschildert.

Neoromantik und Pseudorealismus
in der neuen »Alltagsgeschichte«

Der Nestor der Wirtschaftsgeschichte in der DDR, Jürgen Kuczynski, hat in der Mitte seines achten Lebensjahrzehnts ein Unternehmen begonnen, das zunächst einmal Respekt vor dem Mut und dem Optimismus des Autors abnötigt. Es soll offenbar das Lebenswerk Kuczynskis krönen, der eine der interessantesten Gestalten in der wissenschaftlichen Welt der DDR ist: Sohn einer traditionsreichen jüdischen Gelehrten- und Bankiersfamilie, als Student noch in Berührung mit den philosophischen und sozialwissenschaftlichen Größen der deutschen Wissenschaft am Jahrhundertbeginn, Bekehrung zum Kommunismus, Verfasser politökonomischer und statistischer Werke und, vor allem, einer vierzigbändigen *Geschichte der Lage der Arbeiter unter dem Kapitalismus*. Das neue Unternehmen scheint vergleichbar monumentale Züge zu besitzen: Es handelt sich um eine sechsbändige *Geschichte des Alltags des deutschen Volkes*, von der inzwischen alle bis 1945 führenden Bände erschienen sind.[1]

Kuczynski beweist damit auch Gespür für einen neuen, inzwischen geradezu modischen Trend in der Geschichtswissenschaft verschiedener westlicher Länder, wo Alltagsgeschichte in den Mittelpunkt zu rücken postuliert wird. In der DDR ist Kuczynski der erste, der in dieses Plädoyer so entschieden und seitenstark einstimmt. Die beabsichtigte Anregung, was immer auch von der Ausführung des Projekts zu halten ist, verdient unstreitig Anerkennung. Das bisher vorliegende Ergebnis ist jedoch, um ein Urteil vorwegzunehmen, nicht nur betrüblich, sondern, unverschnörkelt gesagt, rundum enttäuschend: Man hat es mit der Buchbindersynthese des Inhalts umgekippter Zettelkästen zu tun! Karge Einleitungen und Zwischenbemerkungen können nicht verhüllen, daß es sich um die Kompilation fleißig gesammelter Auszüge aus den Schriften anderer handelt. Daß er nur »Bausteine« für eine künftige Alltagsgeschichte zusammentrage, räumt Kuczynski dabei mit entwaffnender Offenheit auch selber ein.[2] Von einer durchgeformten Darstellung sind diese Bände nach alledem noch viel weiter entfernt als es die *Lage der Arbeiter* bereits war, und das will schon etwas heißen, wie unlängst im *Archiv für Sozialgeschichte* ausführlich und exakt gezeigt worden ist.[3]

Welcher Teufel den Berichterstatter ausgerechnet der *Frankfurter Allgemeinen Zeitung* geritten hat, als er den ersten Band von Kuczynskis Alltagsgeschichte als das bedeutendste Ereignis im Bereich der Sachbücher auf der Frankfurter Buchmesse von 1980 feierte, ist schwer vorstellbar. Gelesen haben kann er diesen Band nicht, sonst hätte er eine Kollektion von fremder Leute Exzerpten nicht so gepriesen. Historiker kann er ohnehin nicht gewesen sein, aber auch etwas gesunder Menschenverstand hätte ihn vor soviel irregeleitetem Enthusiasmus bewahrt. Dem DDR-Lizenzspezialisten Pahl-Rugenstein konnte der Superlativ dagegen nur recht sein: Mit diesem Lorbeerkranz aus dem »bürgerlichen« *FAZ*-Feuilleton geschmückt, ist fortab für das neue Opus fleißig Reklame gemacht worden. Jede Lektüre enthüllt jedoch sowohl die schiere Ignoranz dieses Urteils als auch die Maßlosigkeit der bombastischen Verlagsankündigung, daß in diesen Bänden Neuland der Geschichtsschreibung beispielhaft-vorbildlich betreten werde. Eines freilich muß man Kuczynski hoch anrechnen: Durch den Abdruck von langen Abschnitten auch aus westliche Neuerscheinungen, die selbst seinen Fachkollegen offenbar noch immer schwer zugänglich sind, hat er der ostdeutschen Wissenschaft einen wertvollen Dienst erwiesen und sich, nolens volens, zu dem Kreis der wenigen Samisdat-Intellektuellen in der DDR gesellt. Applaudite cuncti!

Von wessen Alltag ist denn aber die Rede? Kuczynski bekennt mit bestrickender Simplizität und dogmatischer Verengung: vom »Alltag der Werktätigen«[4]; im ersten Band sind das vornehmlich Bauern. Warum werden bürgerliche Beamte, Kaufleute, Adlige nicht behandelt? Die Antwort ist klar: Die »winzige Minderheit der Herrschenden« soll ausgeschlossen bleiben.[5]

Was aber ist eigentlich Alltag? Kuczynski definiert seinen Schlüsselbegriff überhaupt nicht. Alltag ist zunächst ein völlig verwaschenes Wort. Kategoriale Trennschärfe gewinnt man gewöhnlich durch Gegenbegriffe: wie unterscheidet sich der Aristokrat vom Bürger, der Unternehmer vom Arbeiter? Was also ist »Nicht-Alltag«? Etwa die Feiertage? Auch sie sind ein spezifischer Teil des Alltags. Kuczynski spricht sich daher zur Recht gegen einen scharfen Kontrast aus und möchte Feier- und Werktage verbunden sehen.[6] Dennoch: Wo finden sich präzise Abgrenzungskriterien? Soll Alltagsgeschichte nur ein anderes Wort für die französische

»Totalgeschichte« oder die deutsche »Universalgeschichte« sein? Kann und sollte Alltag zum Universalbegriff werden? Oder bleibt das Wort nicht vielmehr Inbegriff »einer aus der Kirchturmsperspektive der Gegenwart ins Universale aufgeblähten Spekulation«, wie Norbert Elias, der wegen seiner Verbindung von Theorie und Anschauung fälschlich für einen der Väter der Alltagsgeschichte gehalten wird, mit heilsamer Ironie kritisiert hat.[7] Zum Alltag kann auch die Extremsituation des totalen Krieges oder die intensive Forschungsarbeit künftiger Nobelpreisträger werden. Was »Alltag« bedeutet, ist mir jedenfalls bisher nicht klargemacht worden.

Kuczynskis Unternehmen wie die Unschärfe, in die der Begriff des Alltags bisher allgemein getaucht bleibt, haben immerhin den Vorzug, daß sie die Aufmerksamkeit auf einige allgemeine Probleme der neuerdings propagierten »Alltagsgeschichte« hinlenken. Welche Motive, Antriebskräfte, Anregungen stecken hinter diesem Phänomen?

Was die wissenschaftlichen Einflüsse angeht, äußert sich in dem Postulat, »den« Alltag zu erforschen, zunächst einmal ein Protest gegen globale Theoriekonstruktionen, z. B. gegen die Systemtheorien und Modernisierungstheorien, gegen vulgärmarxistische Stufentheorien der Weltgeschichte und das öde Geklapper mit den leeren Hülsen orthodoxer Klassentheorien, erst recht aber eine Ablehnung der konventionellen Politikgeschichte und der inzwischen auch als zu einseitig empfundenen Sozial- und Wirtschaftsgeschichte. Statt dessen soll der Abmarsch in einen angeblich besser überschaubaren Gegenstandsbereich angetreten, sollen Kleinprojekte und verläßliche Interpretationen, sozusagen von kurzer Reichweite, bevorzugt werden.

In den Hohlraum, den die Enttäuschung über die hochfliegenden Versprechungen solcher Globaltheorien hinterlassen hat, ist sodann der unstreitig massive Einfluß der modernen Kultur- bzw. Sozialanthropologie hineingestoßen. Das trifft vor allem auf die Vereinigten Staaten, England und Frankreich zu, wo die neue Kulturgeschichte des Alltags als Modeströmung überall noch weiter vordringt. »Culture is trendy«, räumen daher mit unüberbietbar mokantem Ton skeptische amerikanische Historiker ein.

Ein dritter Einfluß läßt sich schließlich auf die Formel einer »History from bottom up« bringen – frei übersetzt: einer »Geschichte aus dem Blickwinkel des Kleinen Mannes«. Diese Forderung richtet sich gegen die machtvolle historiographische Tradition, aus der Perspektive der »Herrschenden«, der Regierung und der Machteliten, auch die Geschichte zu schreiben; insofern wendet sie sich auch gegen die bisher praktizierte politische Sozialgeschichte, die Politik und Sozialökonomie zu verklammern suchte. Der sozialkritische Anspruch der neuen Richtung ist mithin nicht zu übersehen, gleich ob er aus den Quellen des Marxismus, des englischen »Radicalism« oder eines verletzten Gerechtigkeitsgefühls stammt. Auch deshalb gibt es bisher keine Alltagsgeschichte des Hochadels oder Bildungsbürgertums, sondern diverse Studien über Arbeiter, kleine Handwerker, ländliche und städtische Unterschichten in ihrer lokalen oder regionalen Lebenswelt – in ihrem »soziokulturellen Kontext«, wie es der Jargon nennt.

Fragt man an zweiter Stelle nach den lebensweltlich-praktischen Einflüssen, ist die Alltagsgeschichte auch ein Ausdruck des Protestes gegen eine Gegenwart, welche die tägliche Umwelt mit anonymen, bürokratischen Großorganisationen umstellt hat, die für viele Menschen tatsächlich ein gut Teil ihres Alltags bestimmen. Wer würde da Züge der Entfremdung und Unpersönlichkeit leugnen wollen? Aus diesem Protest geht eine ziemlich diffuse, allgemeine Kulturkritik hervor, die den Verlust an Menschlichkeit, an Sensibilität, an »einfachem Leben« beklagt und all das beim Kleinen Mann wiederzufinden glaubt. Aus dieser Grundstimmung resultiert auch ein Rückzug in die Heimat- und Regionalgeschichte, in eine überschaubare Lebenswelt. »Small is beautiful«, rufen nicht nur die Anhänger von Alternativ-Kulturen. Der Erfolg der großen historischen Ausstellungen der letzten Zeit (über die Staufer, Wittelsbacher, Parler, über Preußen) bestätigt diese Neigung ebenso wie die Auflagenhöhe von Büchern über Familie, Kindheit, Alter, Tod usw. Indem solche wissenschaftlichen und lebensweltlich-politischen Einflüssen zusammenströmen, entsteht das Flußbett der neuen Alltagsgeschichte, vorläufig noch ein »merkwürdiger Zwitter«, weder »Fisch noch Fleisch«.[8]

Dieses eigentümliche Konglomerat von Einflußfaktoren ist jedoch mit nicht unbeträchtlichen Gefahren verbunden. Die neue Alltagsgeschichte besitzt zweifellos Züge eines romantisch verklärenden Pseudorealismus. Das hängt zum Teil mit ihren »Elaborationen vorgefaßter dogmatischer Ideen«[9], mit ihrer radikalen Verengung der Perspektiven auf die »Underdogs«, auf das Proletariat, das verarmte Handwerk, die Kümmerexistenz der Unterschichten zusammen. Angeblich soll überall eine autonome »Arbeiterkultur« existiert haben. Wo davon die Rede ist, werden häufig Ergebnisse der englischen Forschung, wird vor allem ein polemischer Gegenbegriff gegen »Hochkultur« ohne streng vergleichende Prüfung etwas leichtfertig auf andere Traditionszusammenhänge übertragen. Die honette »Moralische Ökonomie« der Unterprivilegierten wird der »Politischen Ökonomie« der Kapitalismustheoretiker entgegengesetzt. Antisemitismus, Fremdenhaß, Brutalität im Alltagsleben (z.B. bei der Lehrlingsausbildung oder der Behandlung von Mägden) werden geflissentlich übersehen oder als Ausfluß böser Verhältnisse, die so ja nicht sein sollten, hingestellt.

Zugleich tritt mit der Alltagsgeschichte ein Neohistorismus auf den Plan mit einer, wen überrascht es, entschiedenen Wendung gegen scharfe, systematische Begriffe, die als Instrumente sachunangemessener Theorien denunziert werden. Die neue Parole heißt: »Thick Description« (Clifford Geertz). Die Anschaulichkeit der Lebensverhältnisse soll durch dichtgewobene Beschreibung, wie sie den großen Kulturanthropologen gelegentlich gelingt, vermittelt werden. Bei der Beschäftigung mit diesem Werk werden die theoretischen Prämissen und Aversionen, die sich auch in dieser Entscheidung selbstredend ausdrücken, oft stillschweigend übergangen. Mit der historistischen Wendung ist indes auch die Gefahr des alten Historismus wieder präsent: sich nämlich in antiquarische Details der Proletarierexistenz genauso liebevoll-borniert zu vertiefen, wie das z.B. Biographien mit den Quisquilien im Leben des Helden getan haben.

Häufig also enthüllt die Alltagsgeschichte einen idealisierenden Ansatz, der die Herkunft eines gut Teils ihrer Praxis aus der materialistischen Gesellschaftsanalyse verleugnet oder vergißt, wer weiß. Häufig wird eine Autonomie des Alltags fingiert. Häufig werden die Routine, ja die Langeweile der alltäglichen Existenz milde verklärt oder gar »poetisiert«.[10] Wie aufrecht und sympathieauslösend führte doch der Kleine Mann sein Alltagsleben, in sein Normensystem haltgebend eingebunden, seinen Festen fröhlich hingegeben, den »Herrschenden« so oft wie möglich ein Schnippchen schlagend! War der geschmeidige Diplomat, der erfolgreiche Politiker Leopold v. Rankes Lieblingsfigur, ist der trutzige Industrieprolet, der Bauernbandit, der allgegenwärtige Schweijk der Heros der neuen alltagsgeschichtlichen Studien.

Diese Neoromantik, dieser Pseudorealismus sind hoffentlich

vorübergehende Modeerscheinungen. Ohne systematische Begriffe, ohne die Einbettung der Alltagsgeschichte in die Gesellschaftsgeschichte aller Schichten und Klassen, ohne die Überwindung der bislang vorherrschenden Einseitigkeit und ohne eine ausgewogene Berücksichtigung der Lebenswelt aller sozialen Formationen führt der neue Weg definitiv in eine kurze Sackgasse. Um noch einmal mit Elias zu sprechen: Alltag müßte zumindest als »integraler Bestandteil (. . .) der gesamtgesellschaftlichen Machtstrukturen« verstanden werden.[11]

Fraglos gibt es heute auch schon durchaus gelungene Beispiele für eine im Prinzip legitime, d.h. theorie- und methodenbewußte, empirisch solide, quellennahe und klar interpretierende »Alltagsgeschichte«. Sie bedeutet eine wichtige Ergänzung der bisherigen Sozialgeschichte. Keiner wird freiwillig auf diese Erweiterung und Bereicherung verzichten wollen.[12] Die Mikrohistorie, um die es sich dabei handelt, kann Grunddimensionen der menschlichen Existenz, kann wirtschaftliche Lage, soziale Ungleichheit, politische Herrschaft und Kultur wie in einem Brennspiegel einfangen und an dem kleinen Objekt die unauflösliche Wechselwirkung besonders eindringlich zeigen. Um nur einige Beispiele deutscher Historiker aus den letzten Jahren zu nennen: Wie Lutz Niethammer (Hagen) z.B. die Wohnungssituation wilhelminischer Arbeiter untersucht, Hans Medick (Göttingen) dem Leben proto-industrieller Heimarbeiterfamilien nachspürt, Heinz Reif (Bielefeld) den westfälischen Landadel von 1770 bis 1860 in vielen Lebenskonstellationen verfolgt, Klaus Tenfelde (München) seine großartige Sozialgeschichte der Bergarbeiter an der Ruhr geschrieben, Wolfgang Schivelbusch (Berlin) die Geschichte des Eisenbahnreisens geschildert hat, so sollte die Alltagsgeschichte weiter ihren Weg suchen und die erörterten Gefahren vermeiden.[13] Aber sie darf sich nicht auf der Jagd nach Exzerpten verzetteln.

Anmerkungen

1 *Studien I: 1600–1650; II: 1650–1810; III: 1810–1870; IV: 1870–1918; V: 1918–1945*, Berlin 1980/81, Akademie-Verlag; westdeutsche Lizenzausgabe bei Pahl-Rugenstein, Köln.

2 Ebd., I, 15.

3 14. 1974, 471–542.

4 Kuczynski, I, 23. Es ist ein Problem für sich, warum Kuczynski den ihm bekannten rd. zwanzigjährigen Vorsprung der französischen, englischen und amerikanischen Alltagsgeschichte nicht ausgenutzt und aus ihren Definitionsversuchen zu lernen versucht hat.

5 Ebd., I, 15.

6 Ebd., I, 33.

7 Zum Begriff des Alltags, in: K. Hammerich u. M. Klein (Hg.), *Materialien zur Soziologie des Alltags* (Sonderheft 20 der *Kölner Zeitschrift für Soziologie*), Opladen 1978, 22–29, Zit. 29. In diesem Sammelband finden sich rd. 30(!) unterschiedliche Definitionen von »Alltag«.

8 Ebd., 27.

9 Ebd., 25.

10 So H. Schlaffer, *Dem Alltag auf der Spur*, in: *FAZ* 13. 7. 1981.

11 Elias, 24.

12 Vgl. die anregenden Bemerkungen von L. Niethammer, *Anmerkungen zur Alltagsgeschichte*, in: *Geschichtsdidaktik* 5. 1980, 231–42, und P. Steinbach, *Alltagsleben u. Landesgeschichte*, in: *Hessisches Jahrbuch für Landesgeschichte* 29. 1979, 225–305. Vgl. G. Wiegelmann (Hg.), *Geschichte der Alltagskultur*, Münster 1980; R. Schörken, *Geschichte in der Alltagswelt*, Stuttgart 1981.

13 L. Niethammer u. F. Brüggemeier, *Wie wohnten die Arbeiter im Kaiserreich?*, in: *Archiv für Sozialgeschichte* 16. 1976, 61–134; L. Niethammer (Hg.), *Wohnen im Wandel. Beiträge zur Geschichte des Alltags*, Wuppertal 1979; ders. (Hg.), *Lebenserfahrung und kollektives Gedächtnis*, Frankfurt 1980. – H. Medick, *Die proto-industrielle Familienwirtschaft*, in: P. Kriedte u. a., *Industrialisierung vor der Industrialisierung*, Göttingen 1977, 90–154; ders., *The Proto-Industrial Family Economy*, in: *Social History* 1. 1976, 291–315; ders., *Zur strukturellen Funktion von Haushalt und Familie im Übergang von der traditionellen Agrargesellschaft zum industriellen Kapitalismus*, in: W. Conze (Hg.), *Sozialgeschichte der Familie in der Neuzeit Europas*, Stuttgart 1976, 254–82. – H. Reif, *Westfälischer Adel 1770–1860*, Göttingen 1979; ders., *Adelsfamilien u. soziale Plazierung im Münsterland 1770–1914*, in: J. Kocka u. a., *Familie und soziale Plazierung*, Opladen 1980, 67–125. – K. Tenfelde, *Sozialgeschichte der Bergarbeiterschaft an der Ruhr im 19. Jahrhundert, 1815–1889*, Bonn 1977 u. ö., sowie zahlreiche Aufsätze dess., in: ders. u. G. A. Ritter (Hg.), *Bibliographie zur Geschichte der deutschen Arbeiterschaft und Arbeiterbewegung 1863–1914*, Bonn 1981. – W. Schivelbusch, *Geschichte der Eisenbahnreise*, München 1977. Allgemein trifft bisher in der Bundesrepublik zu, daß über »Alltagsgeschichte« Aufsätze, Essays und Quellenstücke, öfters vereinigt in Sammelwerken mit sehr disparatem Inhalt, aber noch

keine Monographien, geschweige denn syntheseartige Darstellungen geschrieben worden sind. Vielleicht drückt sich in diesem Tatbestand mehr als eine Übergangserscheinung aus. Vgl. z.B. außer den beiden Bänden Niethammers: J. Reulecke u. W. Weber (Hg.), *Fabrik, Familie, Feierabend*, Wuppertal 1978; H. Focke u. U. Reiner (Hg.), *Alltag unterm Hakenkreuz*, Reinbek 1979; dies. (Hg.), *Alltag der Entrechteten*, ebd. 1980; *Der alltägliche Faschismus. Frauen im Dritten Reich*, Berlin 1981; K.-J. Ruhl, *Brauner Alltag 1933–1939*, Düsseldorf 1981; ders., *Kriegsalltag 1939–1945*, ebd. 1981; G. Huck (Hg.), *Sozialgeschichte der Freizeit*, Wuppertal 1980; C. Honegger u. B. Heintz (Hg.), *Listen der Ohnmacht: Zur Sozialgeschichte weiblicher Widerstandsformen*, Frankfurt 1981; D. Peukert u. J. Reulecke (Hg.), *»Die Reihen fast geschlossen«. Beiträge zur Geschichte des Alltags unterm Nationalsozialismus*, Wuppertal 1981.

Wirtschaftsgeschichte von Anno dazumal oder »Fortschritt zum Kapitalismus«?

Jahrzehntelang gab es in Deutschland nur eine Handvoll fachwissenschaftlicher Darstellungen zur deutschen Wirtschaftsgeschichte. In den letzten Jahren hat sich jedoch die Konkurrenz auf diesem Markt mit den Büchern von Borchardt, Henning und Mottek, mit dem zweibändigen westdeutschen *Handbuch der Deutschen Wirtschafts- und Sozialgeschichte* und dem ebenfalls zweibändigen ostdeutschen *Handbuch Wirtschaftsgeschichte* glücklicherweise beträchtlich belebt.[1] Zu diesen Neuerscheinungen zählt nun auch die inzwischen abgeschlossen vorliegende, von der »Frühzeit« bis 1945 führende, zweibändige *Deutsche Wirtschaftsgeschichte* des Nürnberger Historikers Kellenbenz.[2]

Bereits im Vorwort des ersten Bandes sprach er sich dezidiert für den »Titel ›Wirtschaftsgeschichte‹« aus, um »den Leser von (?) vornherein von ideologiebelasteten Spekulationen« (?) zu verschonen, welche »die traditionelle deutsche Kombination ›Sozial- und Wirtschaftsgeschichte‹ nahelegt« (eine Begründung dieser Pauschalverdächtigung findet sich freilich nirgendwo); gleichwohl solle die »detailreiche Übersicht« in den »Rahmen des gesamten (!) historischen Ablaufs eingefügt« werden. Damit, aber auch mit dem großen, in der Bundesrepublik bisher einmaligen Projekt von fast 1000 Seiten Umfang selber wurde kein geringer Anspruch erhoben. Die legitime Frage lautet, wie er in den beiden Bänden eingelöst worden ist.

Prüft man zunächst den mit dem ausgehenden 18. Jahrhundert endenden ersten Band, stellt sich schnell heraus, daß seine Stärke, wie das in Kellenbenz' Veröffentlichungen häufig der Fall ist, in dichter positivistischer Faktenvermittlung liegt. Außerdem ist der Band sowohl chronologisch als auch innerhalb der acht gewählten Zeitabschnitte nach ungefähr gleichbleibenden Sachgesichtspunkten klar gegliedert (Allgemeine Situation – Bevölkerung – Politik – Gesellschaftliche Strukturen – Land- und Forstwirtschaft – Bergbau und Gewerbe – Verkehr und Handel – Geld- und Kreditwesen – Öffentliche Finanzen). Man kann sich daher auf der Suche nach Information schnell einlesen. Niemand wird derartige Vorzüge geringschätzen. Trotzdem drängen sich auch Einwände auf, die es verdienen, zur Erwägung gestellt zu werden.

Die Sprache ist schmucklos, karg, trocken, darüber hinaus aber häufig mit Fachausdrücken besetzt, die zum Rätselraten zwingen (z.B.: drubbelartig, Eschdorf, Kämpe, Gäu, Blockform). Nur genaue Erläuterungen oder ein Glossar, das in beiden Bänden jedoch fehlt, hätte hier dem interessierten Laien, den der Verf. bewußt erreichen möchte, weiterhelfen können.

Es gibt auffallende Lücken. So ist etwa in den letzten Jahren die Bevölkerungsgeschichte bzw. Historische Demographie außerordentlich stark in Bewegung geraten. Dabei ist eine Fülle von neuen Ergebnissen und Einsichten gewonnen worden, auf die eine moderne Wirtschaftsgeschichte schlechterdings nicht verzichten kann, da die Bevölkerung doch das Subjekt der ökonomischen Prozesse bleibt. Hier schlägt sich davon kaum etwas nieder.

Was die ältere Forschung als Entwicklung des ländlichen Heimgewerbes zwischen dem 13. und 19. Jahrhundert ausgiebig diskutiert hat, wird seit einigen Jahren unter dem Stichwort der »Proto-Industrialisierung« erneut intensiv erörtert. Dabei geht es darum, die Bedeutung der in den traditionalen Agrargesellschaften Europas weitverbreiteten »Hausindustrie« zu erhellen. Zu ihr trugen vor allem ländliche Weber und Spinner, sei's hauptberuflich oder in saisonaler Teilzeitbeschäftigung, bei, indem sie von einem Verleger-Kaufmann, der die dezentralisierte Produktion mit Hilfe einer zentralisierten Absatzorganisation koordinierte, an nahe und ferne Absatzmärkte angeschlossen wurden. Um diese handelskapitalistische »Vorgeschichte« der eigentlichen Industrialisierung (im Sinne der maschinellen Fabrikproduktion) zu beleuchten und in diesem Zusammenhang zugleich dem auffälligen Bevölkerungswachstum auf dem platten Land auf die Spur zu kommen, sind systematische Ansätze der Sozial- und Wirtschaftswissenschaften und der Demographie mit empirischer historischer Regionalforschung verbunden worden – ein Ansatz, der zu aufschlußreichen Ergebnissen geführt hat. Auch davon vernimmt man nichts.

Vor allem aber gewinnt der zentrale wirtschaftshistorische Vorgang im Hauptteil des ersten Bandes: der Aufstieg der neuzeitlichen kapitalistischen Marktgesellschaft, überhaupt keine Konturen, obwohl doch, in Max Webers unvergänglichen Worten, »der Fortschritt zum Kapitalismus seit dem Mittelalter der eindeutige Maßstab der Modernisierung der Wirtschaft« bleibt und damit

»die schicksalvollste Macht unseres modernen Lebens« entsteht, die »den Lebensstil aller einzelnen, die in dies Triebwerk hineingeboren werden (...) mit überwältigendem Zwang bestimmt«.[3] Kann eine moderne deutsche Wirtschaftsgeschichte ausgerechnet auf diesen absolut vorrangigen Brennpunkt umstands- und begründungslos verzichten?

Das sachliche Gliederungsschema innerhalb der Epochen bleibt ungefähr gleich, es besitzt den erwähnten Vorzug eines einheitlichen Rasters. Als einer seiner Nachteile erweist sich jedoch, daß die Triebkräfte der Epoche, die Motorik der Geschichte über lange Zeitspannen hinweg oder die Ursachen der zyklischen Auf- und Abschwünge des Wirtschaftslebens völlig unklar bleiben. Nach den Antriebskräften, nach den Grundlinien der Entwicklung werden aber nicht wenige Leser zu Recht fragen. Die allzu knappe Skizze im Einleitungs- und Schlußkapitel kann solchen Fragen überhaupt nicht genügen.

Auffällig ist auch – das gilt für beide Bände gleichermaßen –, daß in der Regel weder kontroverse Positionen vorgestellt werden, noch der eigene Standpunkt knapp begründet wird. Deshalb ist die Basis für die Auswahl der Probleme und sogenannten »Tatsachen«, aber auch der gefällten Werturteile durchweg unklar. Das hängt mit der unübersehbaren Interpretationsscheu des Verfassers und seiner geradezu asketischen Zurückhaltung in allen Theoriefragen zusammen. Welcher Adressat könnte jedoch mit »reiner« Berichterstattung und lauter impliziten Urteilsmaßstäben heutzutage noch gewonnen werden? Allgemeine Begriffe werden zwar gebraucht, aber nicht präzis definiert: z.B. Kapitalismus, Verlag, Manufaktur, Fabrik usw. Mit all diesen Stichworten sind höchst strittige Fragen der historischen Einordnung und Beurteilung verknüpft. Der Leser, erst recht der nach einer solchen Einführung greifende Student, braucht daher exakte Begriffsbestimmungen, sodann einen deutlich sichtbaren roten Faden, der ihn durch den Tatsachenreichtum hindurch leitet. Wie soll er sonst die vielen Informationen behalten, einordnen, zu einem Gesamteindruck miteinander verknüpfen?

Besitzt der erste Band schon auffallende Lücken und Schwächen, besteht für den zweiten Band noch dringlicher die Notwendigkeit, klare systematische Gesichtspunkte zu entwickeln, genaue Begriffsdefinitionen und eine entschiedene Interpretation anzubieten.

Der die Zeitspanne von 1789 bis 1945 umfassende zweite Band wird mit dem nahezu wortwörtlich wiederholten, vielversprechenden Programm aus dem Vorwort zu Band I eröffnet. Er wirft jedoch, obwohl er denselben Informationswert wie sein Vorgänger besitzt, in noch verschärftem Maße die bereits bekannten Probleme auf. Zunächst: Die Vorzüge einer klaren Gliederung bleiben auch hier wieder in der überschaubaren Einteilung in drei Epochen erhalten (wenn auch die Periodisierung politischen, nicht aber ökonomischen Kriterien folgt: 1789–1870/1871–1914/1914–1945). Sie werden jeweils mit Hilfe eines gleichbleibenden Schemas, das rd. 15 Sachgesichtspunkte enthält, unterteilt: Allgemeine Strömungen (wie Liberalismus, Nationalismus, Sozialismus, Imperialismus usw.) – Politischer Rahmen – Technik und Wissenschaft – Bevölkerung – Gesellschaftliche Strukturen – Staat und Wirtschaft – Landwirtschaft – Handwerk und Industrie – Dienstleistungen, Verkehrs- und Nachrichtenwesen – Handel – Geld-, Kredit- und Versicherungswesen – Öffentliche Wirtschaft – Öffentliche Finanzen – Preise, Löhne, Einkommen – Sozialprodukt – Konjunkturelle Wechsellagen. Über eine Erweiterung oder Kürzung könnte man lange diskutieren. Jedenfalls lassen sich dieselben Themenbereiche in jeder Epoche mühelos verfolgen, das schnelle Eindringen in die Materie wird erleichtert. Von vorrangiger Bedeutung bleibt jedoch, daß dieser Strukturierungsraster nicht nur mit zahlreichen, hier freilich oft unverbunden nebeneinanderstehenden »Tatsachen« gefüllt wird – dafür hat der Verf. in der Tat umfangreiche Zettelkästen umgestülpt, um jeweils schier endlose Kolonnen von Einzelinformationen aufzubieten –, sondern daß auch durch erklärungskräftige Theorien und zugreifende Interpretation die kausalen und funktionalen Zusammenhänge zwischen den einzelnen Phänomenen, die Antriebskräfte und Barrieren der historischen Prozesse klargemacht werden. Eben daran aber fehlt es erneut, obwohl die erklärte Darstellungs- und Erkenntnisabsicht von Kellenbenz – »Grundthema ist der Verlauf der Industrialisierung« – ihn eigentlich zu dieser Art von integrierender Synthese hätte zwingen müssen.

Die Industrialisierung hat sich auch in den deutschen Staaten in entscheidendem Ausmaß als Entwicklung des Industriekapitalismus durchgesetzt. Jede präzise Definition, die dann dank ihrer Selektionskraft das unübersehbare historische Material erschließen hülfe, bleibt jedoch aus. Schon vor dem Begriff scheint der Verf.

eine ausgeprägte Scheu zu besitzen. Seine offenbar allen Ernstes
vorgebrachte Behauptung, daß sich erst mit Werner Sombarts berühmter europäischer Wirtschaftsgeschichte (seit 1902)[4] »die Bezeichnung Kapitalismus in der wissenschaftlichen und politischen
Diskussion Geltung zu verschaffen begann«, ignoriert nicht nur
souverän eine lange Begriffsgeschichte und eine leidenschaftliche
hundertjährige Debatte, sondern überschreitet die Grenze zum
Obskurantismus. Nur Belesenheit schützt, um Hermann Heimpels ironischen Aphorismus etwas abzuwandeln, vor solchen
Neuentdeckungen.

Da die konstitutiven Elemente und die historische Natur des
deutschen Industriekapitalismus, damit aber die Essenz des seit
den frühen vierziger Jahren des 19. Jahrhunderts in Gang gekommenen, prinzipiell unregelmäßigen, zwischen Konjunktur- und
Krisenphasen schwankenden, eigendynamischen wirtschaftlichen
Wachstums im dunkeln bleiben, kann auch der Charakter der vom
Industriekapitalismus zunehmend geprägten deutschen Moderne
nicht angemessen analysiert und interpretiert werden. Typisch dafür ist etwa die deskriptive Behandlung der »wirtschaftlichen
Wechsellagen«, ohne daß eine selbständige oder von Sachkennern
übernommene Darstellung der Ursachen, Verlaufsformen und
Auswirkungen dieser unterschiedlichen Wachstumszyklen zugunsten des neugierigen Lesers versucht würde. Ähnlich fehlt ein Urteil über das Pro und Contra hinsichtlich der umstrittenen »langen
Wellen der Konjunktur« – »so seien sie«, heißt es in einer ins Vage
ausweichenden, denkbar unbefriedigenden Formulierung, »wenigstens erwähnt«. Sowohl die Hochkonjunkturphasen als auch
die großen Wirtschaftsdepressionen nach den Krisen von 1873 und
1929 werden wie Naturereignisse hingenommen, obwohl eine historische Analyse gerade an solchen historischen Knotenpunkten
einer komprimierten positiven bzw. negativen Wirtschaftsentwicklung ihre erhellende, aufklärende Kraft beweisen kann.

Wer die Geschichte des Industriekapitalismus in den Mittelpunkt
stellen will, entscheidet sich – nolens volens! – für einen evolutionstheoretischen Ansatz, der zu explizieren und damit diskussionsfähig zu machen ist, der die Angabe von Richtungskriterien
erfordert und auf Probleme hinlenkt, z. B. auf die qualitativ neuartige Entwicklungsstufe des staatlich regulierten Industriekapitalismus, auf welcher der moderne Interventionsstaat versucht, die
systemeigenen Ungleichgewichte und Disparitäten auszugleichen,

die Wachstums- und Stabilitätsrisiken zu mindern und soziale Schäden zu kompensieren. Das ist ein aufregendes Grundproblem auch der deutschen Geschichte seit den siebziger Jahren des 19. Jahrhunderts bis in die unmittelbare Gegenwart hinein! Hier findet sich kein Wort darüber – trotz der Absichtserklärung, die Industrialisierung mit ihren Folgen zum Leitthema zu machen und in den »gesamten historischen Ablauf« einzubetten. Trotz der unvermeidbaren, aber stets begründungsbedürftigen Auswahl von Problemen auch und gerade bei einer intendierten Synthese, wird damit die methodologische Illusion einer »Totalgeschichte«, die doch nur eine regulative Idee darstellen kann, erzeugt. Tatsächlich aber entzieht die Theorie- und Selektionsscheu des Verf. bereits jedem Ansatz zu einer Synthese den Boden.

Es ist verständlich, daß er mit einer Wirtschaftsgeschichte in dem streng eingeengten Sinn, wie sie etwa die »neue« amerikanische, englische und französische wirtschaftsgeschichtliche Forschung der primär quantifizierenden sogenannten »Cliometriker« hervorbringt, unzufrieden war und sein Unternehmen in soziopolitische und -kulturelle »Rahmenbedingungen« einbetten wollte. Erstens aber wirkt am Anfang der drei Epochenkapitel das halbe Dutzend der ersten Abschnitte über die Politik-, Wissenschafts-, Technik-, Kultur- und Sozialgeschichte holzschnittartig schlicht, zu sehr verkürzt und – da es sich kaum irgendwo auf der Höhe der jeweiligen Diskussion bewegt – in der Sache häufig entstellend, so daß altertümliche Meinungen und erstaunliche Lücken nebeneinander existieren. Zum zweiten aber stehen diese Abschnitte, da eine historisch-systematische Strukturierung durch Theorien und verknüpfende Interpretation ausbleibt, unverbunden nebeneinander. Da z.B. der innere Nexus zwischen Industriekapitalismus, Klassenbildung und Politik im Interventionsstaat nie thematisiert wird, bilden die Einzelabschnitte von Kapitel II und III abgeschottete, aneinandergepappte Teile ohne inneren Zusammenhang.

Ihre Lektüre wird zudem durch die mehrfach erwähnte Abneigung gegen explizite Interpretation, durch die eigentümliche Präferenzentscheidung, Formulierungen in einem gleichsam unentschiedenen Schwebezustand zu halten, noch einmal erschwert. Einerseits wendet sich der Verf. gegen den Begriff einer deutschen »Industriellen Revolution«, gegen Rostows »Take Off«, gegen Gerschenkrons »Großen Spurt« – ein Streit darüber sei »müßig«. Andrerseits spricht er dennoch von einem »revolutionären Vorgang«, von einer »verstärkten Phase« des industriellen Wachstums. Und selbstverständlich bleibt es weiterhin ein aufregendes Problem, ob es in Deutschland eine revolutionäre Durchbruchsphase des Industriekapitalismus oder ein relativ gleichmäßig zunehmendes industrielles Wachstum gegeben hat! Ähnlich unscharf fällt etwa auch das Urteil über das Verhältnis von Nationalsozialismus und Großindustrie aus (viel zu positiv dagegen die Meinung über Brünings Wirtschaftspolitik mit ihren bewußt riskierten verhängnisvollen Folgen). Inzwischen weiß man, daß sich die NSDAP im wesentlichen durch Selbstfinanzierung, nicht, wie eine weitverbreitete Legende weismachen will, durch hochpäppelnde Spenden »der« Industrie aktionsfähig gehalten hat. Aber die ubiquitäre antiparlamentarische, antirepublikanische, antidemokratische Grundhaltung, der Affekt gegen das »System« des Parteienstaats von Weimar und der Ruf nach einer autoritären Ordnung insbesondere seit 1929 belasten das historische Schuldkonto zahlreicher großindustrieller Unternehmer (und Großagrarier!), die das NS-Regime dadurch mit ermöglicht haben. Dies sind nur zwei Beispiele aus einer langen Reihe ähnlicher Problemfälle.

Auch dem zweiten Band hätte eine genaue Schlußredaktion gutgetan, die eine Serie von skurrilen Fehlern vermutlich vermieden hätte, wobei man sich allerdings fragt, wie sie an erster Stelle überhaupt in den Text gelangen konnten. Warum soll z.B. das sehr allgemeine Versprechen enthaltende preußische Oktoberedikt von 1807 nur 4 500 Bauern betroffen haben? Wie kann Marx bei Hegel studiert haben, obwohl er doch bei dessen Tod 1831 nur dreizehn Jahre alt war? Wie können die erst seit den fünfziger Jahren des 19. Jahrhunderts entstehenden Großbanken im Konjunkturaufschwung seit 1851/52 bereits eine maßgebliche Rolle »als Regulatoren« gespielt haben? Es gab zwischen 1867 und 1914 nicht eine »Reihe«, sondern Abertausende von »Streikbewegungen«. Das Sozialistengesetz von 1878 wird in ein »Sozialgesetz« verwandelt – eine Freudsche Fehlleistung? Keineswegs haben der Landwirtschaft die ersten Agrarzölle von 1879 genügt, wenige Jahre später wurden sie unter ihrem Druck schon verfünffacht. Bismarcks Berater Hermann Wagener war genausowenig ein »konservativer Sozialist« wie die deutschen Kolonien Togo und Kamerun »im westlichen Zentralafrika« lagen. Die hermeneutische Methode ist nicht erst um 1900 von Dilthey entwickelt worden, sondern die Verstehenslehre besaß damals schon eine fast hundertjährige Vergangenheit und war in den fünfziger Jahren des 19. Jahrhunderts von Droysen scharfsinnig auf den Begriff gebracht worden. Und sollte nicht mit dem Novum des »vieldiskutierten ›organisierten Imperialismus‹«, der angeblich auch als »Finanzimperialismus« firmieren kann, der »Organisierte Kapitalismus« im Zeichen des Interventionsstaates gemeint sein? usw.; auf Anhieb ließen sich auch in der Bibliographie drei Dutzend sinnentstellender Fehler feststellen, die den Zugang zur Literatur erheblich erschweren, wenn nicht gar verstellen.[5]

Fazit: Mit diesen beiden Bänden ist eine Chance vertan worden. Abseits einer theoretisch-systematischen Durchdringung des Stoffes breitet sich ein Abertausende von Fakten aneinanderreihender, methodisch überholter, politisch konservativer Positivismus aus, der sich, auf klare Urteilskriterien und pointierte Herausarbeitung der wirtschaftshistorischen Grundzüge der Zeitalter verzichtend, mit der Anhäufung von »detailreichen« Informationen zufrieden gibt. Mit »Fakten« wird der Leser überschüttet bis zum Ersticken, vor lauter Bäumen sieht er alsbald den Wald nicht mehr. Vergebens aber sucht er nach einer straffen, theorienahen Interpretation, die ihn durch dieses Labyrinth führen könnte. Vergebens wartet er auf mehr als 900 Seiten auf die versprochene Synthese. Vorerst muß er daher weiterhin in erster Linie nach dem in seinen wirtschaftshistorischen Kapiteln streckenweise erstklassigen Band II (1800–1970) des *Handbuchs der Deutschen Wirtschafts- und Sozialgeschichte* von 1976 greifen.

Anmerkungen

1 K. Borchardt, *Grundriß der Deutschen Wirtschaftsgeschichte*, Göttingen 1978; ders., *Die Industrielle Revolution in Deutschland*, München 1972 u.ö. – F. W. Henning, *Das vorindustrielle Deutschland 800–1800*; ders., *Die Industrialisierung in Deutschland 1800–1914*; ders., *Das industrialisierte Deutschland 1914–1972*, Paderborn 1974/1973/1974 u.ö.; ders., *Landwirtschaft und ländliche Gesellschaft in Deutschland, I: 800–1750; II: 1750–1976*, ebd. 1978/1979. – H. Mottek, *Wirtschaftsgeschichte Deutschlands, I: bis 1789; II: 1789–1871; III: 1871–1945*, Berlin 1964/1964/1974 u.ö.; H. Radandt u.a. (Hg.), *Handbuch Wirtschaftsgeschichte*, 2 Bde., Berlin 1981; H. Aubin u. W. Zorn (Hg.), *Handbuch*

der Deutschen Wirtschafts- und Sozialgeschichte, 2 Bde., Stuttgart 1971/1976, in Bd. II vor allem: K. Borchardt, *Wirtschaftliches Wachstum und Wechsellagen 1800–1970*, 198–275, 685–740, sowie die Beiträge von W. Fischer, R. Tilly und K. H. Kaufhold. Vgl. meine Rezension: *Der Ruf nach mehr Gesellschaftsgeschichte – und eine Antwort*, in: *FAZ* vom 1. 3. 1977; auch in: *Büchertagebuch der FAZ*, Frankfurt 1977, 243–46; ausführlicher als: *Zwischenbilanz der Deutschen Wirtschafts- und Sozialgeschichte?*, in: *Krisenherde des Kaiserreichs*, Göttingen 1979[2], 371–82.

2 H. Kellenbenz, *Deutsche Wirtschaftsgeschichte*, I: *Von den Anfängen bis zum Ende des 18. Jh.*; II: *1789–1945*, München 1977/1981. Diese Auseinandersetzung kombiniert zwei Rezensionen in der *FAZ* vom 14. 4. 1978 und 16. 2. 1982.

3 M. Weber, *Gesammelte Politische Schriften*, Tübingen 1971[3], 308; ders., *Gesammelte Aufsätze zur Religionssoziologie*, I, ebd., 1978[7], 4. 203.

4 W. Sombart, *Der moderne Kapitalismus*, 6 Bde., zuletzt Berlin 1955.

5 Zitate und Belege der Reihe nach aus Kellenbenz, I, 5; II, 9, 74, 178, 20, 169, 171, 314, 79, 472, 335, 438, 469, 17, 52, 170, 226, 234, 238, 242, 245, 163.

Historische Handbücher – ein schwieriges Geschäft

Die deutschen Historiker haben sich seit jeher mit Handbüchern zur deutschen Geschichte schwer getan, und sie tun es heute noch immer. Solche Handbücher sollen zuverlässig informieren, den letzten Forschungsstand wiedergeben, die wichtigsten Grundzüge der Entwicklung klar hervorheben und interpretieren. Außerdem ist der Anspruch vollauf berechtigt, daß nicht nur die Politikgeschichte, sondern die Sozial- und Wirtschaftsgeschichte, die Kultur- und Ideengeschichte heutzutage angemessen berücksichtigt werden müssen. In flüssigem, unverschnörkelten Deutsch sollten solche Bände – last not least – auch geschrieben sein. Das sind keine geringen Anforderungen, wie jedermann erkennt. Wie werden die wenigen Handbücher zur deutschen Geschichte ihnen gerecht?

Die Politikgeschichte besitzt den absoluten Vorrang in dem – nach seinem ersten Herausgeber, Bruno Gebhardt – so genannten »Gebhardt«, einem inzwischen in 9. Auflage vorliegenden, vierbändigen *Handbuch der deutschen Geschichte*; Wirtschafts- und Technikgeschichte sind erst in den letzten Auflagen arg provisorisch hinten »angeklebt« worden. Das Konkurrenzunternehmen, das zuletzt von Leo Just herausgegebene *Handbuch der Deutschen Geschichte*, folgt derselben konventionellen Schwerpunktbildung, war aber jahrzehntelang unvollständig geblieben und ist erst 1980 abgeschlossen worden; inzwischen bedürfen die älteren Teile dringend der Überarbeitung. Erst neuerdings versuchen die von Joachim Leuschner herausgegebenen zehn Bände umfassende *Deutsche Geschichte* und der von Jochen Bleicken u.a. geschriebene, auf 18 Bände angelegte *Grundriß der Geschichte* in die auf diesem Gebiet bestehende Lücke hineinzustoßen.

In Frankreich dagegen sieht die Lage ganz anders aus. Dort kann der Interessierte zwischen zahlreichen Reihen und Einzelbänden, die ganz vorzüglich komprimieren, umfassend darstellen und stilistisch ausgefeilt sind, nach seinem Gusto wählen. Ähnlich ist die Situation in England. Und in den Vereinigten Staaten konkurriert eine Vielzahl von teils populärwissenschaftlichen, teils aber hervorragenden sogenannten »Textbooks« miteinander. Französische, englische, amerikanische Studenten, Professoren, Oberschullehrer können über das schmale Angebot an Handbüchern bei uns nur verwundert den Kopf schütteln.

In der Tat fehlt es auf diesem spezifischen literarisch-wissenschaftlichen Markt an rivalisierenden Interpretationen, wie sie nur eine vielfältige Konkurrenz unterschiedlichster Standpunkte gewährleisten kann. Die Wahlmöglichkeiten für den Interessenten sind extrem eingeschränkt. Einer unausgesprochenen Konvention folgend, befleißigen sich nämlich die deutschen Handbücher einer spröden, gewissermaßen keimfreien Pseudo-Neutralität – hinter der sich jedoch massive politische Werturteile verstecken –, um in ihrer angeblich »objektiven Darstellung« das gesicherte »Grundlagenwissen«, was dieses Verlegenheitsabstraktum auch immer bedeuten mag, weiterzugeben. Richtig wäre es dagegen, den eigenen wertenden Standpunkt deutlich zu machen, die Abhängigkeit aller »Tatsachen« von Erkenntnisabsicht und Interpretation nicht zu verschweigen, also die bewußte Selektion, die Vorläufigkeit der Ergebnisse und die prinzipielle Notwendigkeit, empirische Darstellung und Interpretation stets aufs neue zu revidieren, nachdrücklich zu betonen. Man muß dann darauf vertrauen, daß der Leser dasjenige Handbuch bevorzugt, das nicht nur gut informiert, sondern auch seines Erachtens am besten argumentiert und sich nicht scheut, den unaufhebbaren Zusammenhang zwischen Geschichtswissenschaft, politischer Praxis und lebensweltlichen Einflüssen offen darzulegen und damit diskussionsfähig zu machen; vermutet er Einseitigkeit, kann er sie mühelos mit Hilfe eines anders ausgerichteten Handbuchs korrigieren. Denn selbstverständlich gibt es nicht »die« deutsche Geschichte in den Handbüchern, sondern nur bevorzugte Bereiche der Vergangenheit in konservativer, liberaler, sozialistischer usw. Perspektive, wobei bisher eine dezidiert bis gemäßigt konservative Tendenz unstreitig die Vorherrschaft ausgeübt hat.

Die Probleme der Bewertung und eines von unterschiedlichen Standpunkten aus erörterten Forschungsstandes stellen sich besonders deutlich bei Handbüchern zur neuesten Geschichte, wobei es hier offen bleiben kann, ob man diese, einer fragwürdigen terminologischen Absprache folgend, mit 1917/18 beginnen oder, was viel einleuchtender wäre, mit dem Durchbruch der deutschen Industriellen Revolution als fundamentaler Zäsur einsetzen ließe. Über die deutsche Geschichte seit dem Ersten Weltkrieg gab es bisher – außer den entsprechenden Bänden des »Gebhardt« und

»Just« – nur die dreibändige *Geschichte Deutschlands seit dem Ersten Weltkrieg,* die von Mitarbeitern des Münchener »Instituts für
Zeitgeschichte« geschrieben worden ist und ein bemerkenswertes
Qualitätsniveau durchzuhalten versteht. Sie führt allerdings nur
bis 1945. Sieht man einmal, wie das an dieser Stelle durchweg geschieht, von den einschlägigen, ausnahmslos dogmatisch engbrüstigen Veröffentlichungen in der DDR ab und läßt die englischsprachigen »Textbooks« zur deutschen Geschichte beiseite, ist erst
in letzter Zeit, genauer gesagt: zwischen 1973 und 1980, mit den
fünf Bänden der »Edition Zeitgeschehen« eine neue, vielversprechende historische Handbuch-Reihe hinzugekommen, welche inzwischen mit fünf Bänden den Zeitraum von 1918 bis 1976 abdeckt,
offenbar aber – und hoffentlich – nach einigen Jahren Abstand von
der unmittelbaren Gegenwart jeweils weiter fortgeführt werden
soll.[1] Die ersten drei Bände – Weimarer Republik, NS-Reich,
Deutschland von 1945 bis 1963 – sind handliche Sammelwerke, für
die einzelne Problemfelder und Zeitabschnitte von sachkundigen
Historikern bearbeitet worden sind. Die beiden letzten Bände –
Deutschland von 1963 bis 1970 bzw. von 1970 bis 1976 – sind dagegen von einem einzigen Autor verfaßt worden.

An Darstellungen über die Weimarer Republik und das sogenannte »Dritte Reich« herrscht zur Zeit kein schmerzhafter Mangel, und wenn es auch völlig richtig war, die Zeitspanne von 1918
bis 1945 von Fachleuten konzis und informationsreich behandeln
zu lassen, ist doch das eigentlich Erfreuliche, daß Historiker endlich an dem Einschnitt von 1945/49 nicht mehr haltmachen. Bisher
hatten sie die Zeit seit 1945 so gut wie völlig den Politik- und Sozialwissenschaftlern überlassen. Zwei bis 1963 bzw. 1972 reichende
abrißartige Darstellungen von Andreas Hillgruber gehören hier zu
den sprichwörtlichen Ausnahmen. Eine folgenschwere Konsequenz der asketischen Zurückhaltung der Historiker besteht darin,
daß den vorliegenden politik- und sozialwissenschaftlichen Geschichten der Bundesrepublik die historische Tiefendimension der
langen Vorgeschichte dieses Staates, seiner historischen Bürde und
seiner – im Vergleich mit dem ersten Demokratieexperiment in der
Weimarer Republik – Entlastung von traditionellen Problemen,
durchweg abgeht. Deshalb ist es uneingeschränkt zu begrüßen,
daß die vergangenen drei Jahrzehnte endlich auch von ausgewiesenen Historikern behandelt werden. Die beiden herkömmlichen
Gegenargumente: man verfüge doch noch nicht über eine zuverläs

sige Quellenbasis und brauche größere zeitliche Distanz für ein fundiertes Urteil, sind wenig stichhaltig. Die meisten Altertums- und Mittelalter-Historiker können nur neiderfüllt auf das geradezu riesige Quellenmaterial der Zeithistoriker blicken. Und die zeitliche Nähe der behandelten Probleme zwingt nur dazu, die eigenen Urteilsmaßstäbe explizit zur Debatte zu stellen.

Im vierten Band der »Edition Zeitgeschehen« war dem früh verstorbenen Münchener Historiker Ernst Deuerlein bereits eine vom liberalkonservativen Standpunkt geschriebene Darstellung der sechziger Jahre gelungen. Soeben ist nun der fünfte Band erschienen, in dem der Historiker Peter Borowsky, ein Dozent der jüngeren Generation an der Universität Hamburg, nicht davor zurückscheut, die Zeitspanne von 1970 bis 1976, also das erste halbe Dutzend Jahre der sozialliberalen Koalition, aber auch, in Form eines sehr gedrängten Anhangs, die Entwicklung in der DDR zu behandeln. Auf rd. 200 Seiten wird hier dem Leser das Wesentliche aus der soeben noch miterlebten Zeit in nüchterner Sprache mitgeteilt und in größere Zusammenhänge eingeordnet. Wenn bei Deuerlein die Sympathie für die CDU durchschimmert, steht Borowsky der sozialliberalen Koalition wohlwollend gegenüber. Das führt jedoch weder zu entstellender Voreingenommenheit noch zu einem Verzicht auf berechtigte Kritik. Man kann sich unschwer zahlreiche Studenten, Schüler und Lehrer an allen möglichen Bildungseinrichtungen denken, die dankbar auf dieses vorzügliche Informationsmittel zurückgreifen werden. Der Band enthält in bewährter Weise die notwendigsten politischen Statistiken über Bundestags- und Landtagswahlen sowie über die Zusammensetzung der Bundesregierung. Eine hilfreiche Zeittafel, Personen- und Sachregister und ein knappes, gut ausgewähltes Literaturverzeichnis, das bei speziellen Wünschen schnell weiterhilft, vervollständigen diesen rundum gelungenen Band. Man kann nur hoffen, daß es bald gelingt, einen ebenso kompetent geschriebenen und nützlichen Anschlußband dieser Handbuch-Reihe hinzuzufügen.

Anmerkung

1 W. Tormin (Hg.), *Die Weimarer Republik*, Hannover (1973) 1980[19]; E. Aleff (Hg.), *Das Dritte Reich*, ebd. (1970) 1981[17]; H. Lilge (Hg.), *Deutschland 1945–1963*, ebd. (1967) 1979[11]; E. Deuerlein, *Deutschland 1963–1970*, ebd. (1972) 1979[7]; P. Borowsky, *Deutschland 1970–1976*, ebd. 1980.

Preußische Polenpolitik
in der ostdeutschen Geschichtsschreibung

Seit 1954 erscheinen die ursprünglich von dem Hallenser Professor
Leo Stern herausgegebenen *Archivalischen Forschungen zur Geschichte der Deutschen Arbeiterbewegung.* Sie stellen ein an-
spruchsvolles Unternehmen dar, das eine politisch-agitatorische
Absicht mit dem Bemühen verbindet, der historischen Forschung
auf gewissen als zentral angesehenen Gebieten ein zuverlässig
reproduziertes und bequem zugängliches Quellenmaterial zur
Verfügung zu stellen. Da an Quelleneditionen zur neueren deutschen Sozial- und Parteiengeschichte noch immer Mangel herrscht,
wird man die *Archivalischen Forschungen* zunächst einmal begrüßen. Hierzu besteht gerade in der Bundesrepublik um so
mehr Anlaß, als die wichtigsten Archive in der DDR, aus denen
auch die meisten der in den *Archivalischen Forschungen* abge-
druckten Quellenstücke stammen, westdeutschen Historikern
oft verschlossen bleiben. Der technische Teil der Editionsarbei-
ten hat zudem bisher in den Händen erfahrener Archivleute gelegen, so daß sich von daher keine ernsthaften Einwände erheben
lassen.

Da Stern es in dem 3. Teil des 2. Bandes der *Archivalischen For-
schungen* unternimmt, die deutsche Polenpolitik bis an die
Schwelle zum letzten Jahrzehnt des Kaiserreichs von 1871 im
Überblick zu schildern und normalerweise der Herausgeber einer
Quellenpublikation aufgrund seiner engen Vertrautheit mit dem
Stoff am ehesten in der Lage sein sollte, eine sachgerechte Einleitung zu schreiben, wird man die Gelegenheit benutzen dürfen, die
einleitende Darstellung von Stern einer ausführlichen kritischen
Prüfung zu unterwerfen.[1] Das erscheint auch aus dem Grunde als
gerechtfertigt, als man bei der Bedeutung der *Archivalischen Forschungen* unterstellen kann, daß hier der Versuch gewagt wird, eine
den neuesten Forschungsstand zusammenfassende Abhandlung
dem eigentlichen Quellenteil voranzuschicken. Auf sie ist man
schließlich auch deshalb gespannt, weil an historisch-kritischen
Untersuchungen zum deutsch-polnischen Verhältnis im 19. und
frühen 20. Jahrhundert in Deutschland bisher keineswegs Über-
fluß herrscht und weil Stern zu den bekanntesten Historikern der

DDR und zu ihren regelmäßigen Vertretern auf wissenschaftlichen Tagungen auch im Ausland gehört.[2]

Der Titel der Abhandlung bringt Licht- und Schatten-Motive der Untersuchung bereits thesenförmig zum Ausdruck. Konfrontiert wird die staatlich-bürokratische Polenpolitik der konservativen preußisch-deutschen Führungsschicht mit der Haltung der deutschen Sozialisten – von Marx bis hin zur sozialdemokratischen Massenpartei der Vorkriegsjahre – gegenüber der Polenfrage als internationalem und innerstaatlichem Problem. Auch eine Untersuchung, die sich bewußt den Geboten marxistischer Parteilichkeit unterwirft, hat unabhängig von allen erkenntnistheoretischen Fragen, welche die Natur »historischer Tatsachen« aufwirft, gewisse undisputierbare Fakten und unübersehbare Grundlinien der historischen Interpretation zu beachten. Wie ist es hier darum bestellt?

Bismarcks Polenpolitik unterschied sich von der späten »Ostmarken«-Politik, indem sie sich nicht »gegen die breiten Massen des polnischen Volkes« richtete (5), sondern mit Maßnahmen gegen Adel und Klerus die Träger des landespatriotischen Gedankens und polnischen Nationalkatholizismus zu treffen suchte. Ganz ähnlich liest man es denn auch später (7), wo Bismarck der Vorwurf gemacht wird, die Veränderungen in der polnischen Sozialverfassung, d.h. die Ausbildung einer das neupolnische Nationalbewußtsein tragenden bürgerlichen Mittelschicht, vor dem Übergang zur politischen Aktion nicht berücksichtigt zu haben. Seine antipolnische Politik, die dem erbitterten Nationalitätenkonflikt der Folgejahre in der Regel noch fern blieb und aus Rücksicht auf die parteipolitischen Verhältnisse im Preußischen Landtag nationalliberalen Vorstellungen spürbar Rechnung trug – wobei die eigentlich interessante Frage den Gründen für die Nachgiebigkeit gegenüber dem nationalistischen Rigorismus von 1885/86 gilt –, diese Politik sollte nicht beschönigt werden, aber der Unterschied zwischen dem unter Bismarck verschärften Anlauf zur Germanisierung und der Bülow-Bethmannschen Polenpolitik kann bei aller Kontinuität im einzelnen nicht übersehen werden.[3]

Fraglos beruhte das jahrzehntelange Zusammenspiel der drei konservativen monarchischen und multinationalen Ostmächte auf der Teilung Polens. Bismarck pflegte jedoch keineswegs Verbindung zur Rußland, um Rückendeckung für einen »geplanten Angriffskrieg« gegen Frankreich zu gewinnen (6). Nach den Forschung von Dittrich, Morsey und Bonin enthüllen sich solche Formulierungen als plumpe Unterstellungen.

Es ist irreführend, zu behaupten, daß die polnischen Industriearbeiter in Preußen-Deutschland für den nationalpolnischen Sozialismus der »Polnischen Sozialistischen Partei« (PPS) »sehr anfällig« gewesen seien, denn der Mitgliederstand der PPS im Reich hat nie mehr als 2200 erreicht; genauso ist der »gute Nährboden« (22) für die PPS zu bewerten. Das Reich hat auch kein Reichsgeschäftssprachengesetz besessen, wohl Preußen das Geschäftssprachengesetz vom 26. 8. 1876, jedoch kein »sogenanntes Sprachengesetz von 1886« (8). Jahr für Jahr haben die adeligen polnischen Abgeordneten im Reichstag und Preußischen Landtag gegen die Polenpolitik protestiert. Ein flüchtiger Blick bereits in die stenographischen Protokolle der Parlamente hätte den Verfasser davor bewahren können, die Adelspatrioten als immer mit der preußischen Regierung »durchaus zufrieden« hinzustellen (9). Läßt sich der Vorwurf, das Zentrum habe die polnischen Interessen nicht unterstützt, d.h. sich nicht für die Errichtung eines selbständigen polnischen Staates eingesetzt, aufrechterhalten, wenn man sich den politischen Spielraum der katholischen Partei im Kaiserreich vergegenwärtigt? Auch soll das »Wachstum der Monopole« von einer »reaktionären Offensive« gegen die Polen begleitet gewesen sein (10). Bis in die neunziger Jahre des 19. Jahrhunderts verstand sich die Polenpolitik primär als staatliche Defensive gegenüber dem polnischen Vordringen, und was sollen »die« Monopole in den ganz überwiegend agrarischen Provinzen Posen und Westpreußen mit der Germanisierungspolitik zu tun gehabt haben? Schon für kleine, konkrete wirtschaftsgeschichtliche Hinweise wäre man dankbar. Immerhin, behauptet Stern, sei es der »Arbeiterklasse« gelungen, die »ärgsten Anschläge« auf die »nationale Existenz« der Polen abzuwehren. Wie nur? Bis zum Herbst 1908 war die SPD, die doch füglich in erster Linie die politische Vertretung der Arbeiterschaft beanspruchen konnte, im Preußischen Landtag nicht vertreten, wo die einschneidendsten antipolnischen Gesetze einschließlich des Enteignungsgesetzes vom März 1908 verabschiedet wurden. Im Reichstag hat sie 1898 bei der Formulierung des Gesetzes über die Freiwillige Gerichtsbarkeit einen Teilerfolg erreicht; gegen den Sprachenparagraphen des Reichsvereinsgesetzes vom April 1908 hat sie protestiert, ohne ihn jedoch verhindern zu können.[4]

Der »größte Teil« des polnischen Landproletariats sei nach Westdeutschland gezogen, sagt Stern (11). Abgesehen davon, daß die statistisch exakte Bestimmung, ob es sich um den »größten« Teil handelte, schlechthin unmöglich ist, erweckt der Kontext den Eindruck, als sei die Binnenwanderung in die Industriezentren des Westens schon vor den 1890er Jahren unter den preußischen Polen in Gang gekommen, obwohl sie erst seit der Mitte der 1890er Jahre in größerer Zahl im Ruhrgebiet erschienen und ihre Zahl um 1900 erst ca. 130000 betragen hat.[5] Die Laubert zugeschriebene Formulierung über das Ansiedlungsgesetz von 1886 entstammt tatsächlich dem Gesetzestext, der dem Verf. offensichtlich nicht vorlag (12). Der »Initiator« des Enteignungsgesetzes von 1908 (nicht 1907!) war fraglos nicht Bethmann (12). Gefordert wurde die Enteignung seit 1900 vom »Deutschen Ostmarkenverein«, lauthals und frech in seiner Publizistik, mit Nachdruck in fragwürdigen Rechtsgutachten. Und wenn Class zu Recht Hugenberg als den eigentlichen Sachbearbeiter bezeichnet und Bülow diese Novelle zum Gesetz von 1886 im Landtag durchgesetzt hat, fragt man sich, welche Initiative Bethmann noch zuzusprechen ist.[6] Zweifellos hing auch die Beschränkung auf die einmalige Anwendung des Enteignungsgesetzes im Jahre 1912 nicht vom »Widerstand der polnischen Volksmassen« ab, sondern war Ausdruck einer trotz aller Zuspitzung und Aggressivität in ihren Mitteln doch noch unsicheren, von rechtsstaatlichen Grundsätzen nicht völlig gelösten, letztlich noch zögernden Bodenpolitik.

Schlechthin Unsinn aber ist es zu verkünden (16), daß die Auswirkungen der russischen Revolution von 1905/07 in Pommern, Ermland und Masuren (ausgerechnet unter den orthodox königstreuen und in ihrem Obrigkeitsdenken gebundenen Masuren!) »nachhaltiger« als im österreichischen Galizien gewesen seien (45). Selbst die polnische Landesgeschichtsforschung, die später jeder kleinsten Protestregung aufmerksam nachgegangen ist, hat das weder zu behaupten gewagt noch zu entdecken vermocht.[7] Für »Schlesien und Posen« läßt sich die These auch nicht aufrecht erhalten. Stern spricht übrigens nicht vom Ermland, sondern vom »Warmland« (16, 17, 45). Die Eindeutschung des polnischen »Warmia« muß offensichtlich im Sinne der Sprachregelung den ganz unverfänglichen deutschen Namen für eine alte historische Landschaft ersetzen.

Ohne Einschränkung falsch sind auch die Feststellungen über die preußische PPS im Jahre 1906. Der Mangel an Kenntnissen über die Parteigeschichte der PPS in Preußen-Deutschland ist bei einem marxistischen Historiker überhaupt auffällig, wird aber durch um so unbeschwerteres Fabulieren ersetzt. Von »wachsendem sozialistischen Einfluß« unter den posenschen und westpreußischen Polen aufgrund der Agitation Rosa Luxemburgs kann man erst recht nicht sprechen (17). Wenn 1903 eine Kontrolle durch eine Parteikommission 37 Abonnenten der von ihr herausgegebenen *Gazeta Ludowa* (Volkszeitung) ergab, mag man daraus ermessen, was Stern bereits unter »sehr wesentlicher« Belebung der Agitationsarbeit versteht. Gegen den Einwand, daß diese geringe Leserzahl der ein paar Jahre dahinvegetierenden Zeitung über die Wirkung der öffentlichen Versammlungen der SPD wenig aussage, kann man darauf verweisen, daß diese nur dann Resonanz fanden, wenn die sozialdemokratischen Redner in ihrem Protest gegen die Germanisierungspolitik mit den polnischen Nationaldemokraten wetteiferten.

Wohin ist der manchmal zugestandene große Einfluß der polnischen Nationaldemokratie entschwunden, wenn plötzlich der Kampf um die staatliche Selbständigkeit und die Bewahrung der nationalkulturellen Eigenart »unter der politischen Hegemonie des Proletariats« geführt worden sein soll? (19). Daß die mühsamen Anstrengungen der PPS und der sie befehdenden »Sozialdemokratie des Königreichs Polens und Litauens« (SDKPiL) sich nunmehr in den Höhen einer Hegemonialstellung abgespielt haben sollen, tut nicht nur den tatsächlichen parteipolitischen Kräfteverhältnissen aufs gröbste Gewalt an, sondern mindert im Grunde mit einem auf die politische Gegenwart bezogenen Pauschallob die hohe Leistung der polnischen Sozialisten aller Richtungen, die eben keineswegs eine unangefochtene Führungsrolle besaßen und unverdrossen, wenn auch erfolglos, sich ihr zu nähern strebten.

Die Sprachenpolitik der preußischen Verwaltung ist zweifellos das dunkelste Kapitel in der Geschichte des deutsch-polnischen Nationalitätenkampfes, aber in historischer Perspektive ist sie doch keineswegs ein einzigartiges Phänomen, sondern die radikalisierte Form einer Reglementierung, wie sie in allen europäischen Nationalstaaten mit fremdsprachigen Minderheiten praktiziert worden ist (23). Auffällig ist, daß dem Verf. die wichtige, neuere und ältere polnische Literatur wieder entgangen ist. Die sachliche, sorgfältig aus den Akten gearbeitete westdeutsche Untersuchung von R. Korth hat er – vielleicht bewußt – übersehen.[8]

Ein aufschlußreiches wörtliches Zitat aus einer Reichstagsrede Bebels, in der er im Zusammenhang mit den polnischen Schulstreiks vor allem des Jahres 1906 vom »Schulkinderboykott« sprach, ist ungenau wiedergegeben (28). Die angeblich auf die Liberalkonservativen beschränkten, stärker taktisch orientierten Argumente gegen die Polenpolitik sind durchaus auch immer von G. Ledebour verwendet worden, der unbestritten dem linken Flügel der SPD angehörte. Die naive Alternative zwischen prinzipieller sozialdemokratischer Opposition und bürgerlich liberalem Opportunismus verfehlt auch hier die Vielfalt der Einstellungen in beiden Gruppen, vor allem vergröbert sie die gescheite und umfassende Kritik der Sozialdemokratie.

Die ganze Fragwürdigkeit der vulgärmarxistischen Objektivitätskategorie tritt in einer Schlußfolgerung Sterns zutage (29), daß der »Posener Schulstreik unter zielbewußter Leitung durch ein starkes polnisches Proletariat objektiv sehr wohl in eine revolutionäre soziale Bewegung hätte umschlagen können«. Diese These ist nicht nur deshalb falsch, weil die gelegentlichen Untertöne des sozialen Protestes, die auch von der polnischen Regionalgeschichte sehr überschätzt werden[9], dramatisiert und mit verzerrter, geradezu grotesk übersteigerter Bedeutung ausgestattet werden, sondern vor allem auch aus dem Grunde, weil die Industriearbeiterschaft in den preußisch-polnischen Grenzprovinzen selbst bei noch so großzügiger Auslegung der Sozialstatistik ein denkbar geringes Segment der Gesellschaft ausgemacht hat. Und von der Form revolutionärer Kader leninistischen Stils waren die kleinen Sozialistenzirkel, besonders wenn sie unter Rosa Luxemburgs Einfluß standen, durch einen Abgrund geschieden. Ungleich mehr Berührungspunkte gab es mit dem nationaldemokratischen Bürgertum, das auch bei diesen nationalen Protestaktionen, durchaus in Übereinstimmung mit den sozialstrukturellen Gegebenheiten, den Ton angab.

Die Abschnitte über die Einstellung von Marx und Engels zur Polenfrage gehen von einem völlig verfehlten Ansatz aus (30ff.). Stern hat den entscheidenden Grundzug in ihrer Auseinandersetzung mit den polnischen Problemen nicht gesehen (68): die funktionale Bedeutung der Rolle Polens in der proletarischen Revolutionsstrategie gegenüber dem Zarenreich. Nicht um ein gemäß dem Nationalitätenprinzip wiedererrichtetes Polen war es Marx und Engels zu tun, sondern um ein Bollwerk gegen Rußland. Folgerichtig sank mit der zunehmenden Aussicht auf eine sozialrevolutionäre Bewegung in Rußland die Bedeutung Polens als »Damm, welcher die Wiege der bürgerlichen Gesellschaft« (1867) in Mitteleuropa hüten müsse. [10]

Wenn Stern in der Überschrift zu einem neuen Abschnitt die »falsche Konzeption der deutschen Sozialdemokratie in der nationalen Frage« verantwortlich macht als »die entscheidende Ursache für die Nichtmobilisierung der polnischen Bevölkerung gegen den deutschen Imperialismus« (40), scheint die unhistorische, »falsche Konzeption« des Verf. das Grundübel zu sein, das eine so unsinnige These über das Verhältnis der SPD zur Polenfrage ermöglicht. Als habe es einmal allein von den theoretischen Vorstellungen der SPD abgehangen, das nationaldemokratische, leidenschaftlich katholische Polentum für sozialistische Protestaktionen zu gewinnen; als habe es zudem im Bewußtseinshorizont der nationaldeutsch geprägten Sozialdemokraten liegen können, die polnische Bevölkerung zielstrebig im Kampf um das Endziel des unabhängigen polnischen Nationalstaates zu unterstützen!

Die preußische PPS wurde keineswegs auf dem Kölner SPD-Parteitag von 1893, sondern im September 1893 in Berlin gegründet (41). Was man von Rosa Luxemburgs Zeitung als »wirksamste[m] politische[n] Gegengewicht« gegen die Agitation der Nationaldemokratie zu halten hat, ist bereits mit dem Hinweis auf die imponierende Abonnentenzahl beleuchtet worden (42). Nicht minder wirr sind auch weitere Exkurse in die PPS-Geschichte (43). Klare Vorstellungen von der umstrittenen Autonomie der PPS im Verband der SPD, ihrer prekären Selbständigkeit zwischen 1901 und 1906 (nicht 1902–1905!) besitzt Stern nicht. Das Arrangement zwischen SPD und PPS nach 1906 erwuchs weder aus der Zusammenarbeit deutscher und polnischer Arbeiter (sondern beruhte auf einem förmlichen Vertrag, den die führenden Parteifunktionäre in Berlin schlossen), noch blieb danach wenigstens ein Minimalbestand an polnischen Sonderrechten im Rahmen der Gesamtpartei, geschweige denn »weitgehende Autonomie« erhalten.

Bisweilen gelingen Stern Sätze von bemerkenswerter logischer Konsistenz. Die »polnische Industriearbeiterschaft (. . .) verstand es frühzeitig«, formuliert er einmal, »dem polnischen Proletariat den Gedanken des Internationalismus einzupflanzen« (49). Wer pflanzt hier wem etwas ein? Das Proletariat sich selber? Oder wie unterscheidet sich die Industriearbeiterschaft vom Proletariat?

Daß tatsächlich der Marxismus von wenigen Intellektuellen (Mendelsohn, Jankowska, Jogiches, Luxemburg, Marchlewski, Warski, Wasilewski u.a.) und wenigen »aufgeklärten« Arbeitern in die Arbeiterschaft getragen worden ist, scheint Stern nicht bekannt gewesen zu sein. Wie wenig er selber mit dem bekanntesten der frühen polnischen Sozialisten, Ludwig Warynski (50), vertraut ist, beweist die unterschiedliche Schreibweise auf einer Seite. Wie fragmentarisch seine Kenntnisse der polnischen Parteigeschichte sind, zeigt u.a. (51) die falsche Charakterisierung des »Bundes Polnischer Arbeiter« (ZRP), die auch in Polen typische Überschätzung der SDKPiL von Rosa Luxemburg, Jogisches und Dzierzynski als »Massenpartei« (52), obwohl sie doch der im Vergleich zur »Nationaldemokratie« wiederum schwächeren kongreßpolnischen PPS an Größe und an Einfluß beträchtlich unterlegen war (57, 60). Die Vertretung der polnischen Sozialisten auf dem Internationalen Sozialistenkongreß von 1893 in Zürich war keine »sogenannte« polnische Delegation, sondern wurde tatsächlich als gesamtpolnische Vertretung anerkannt. Die PPS-Führung als »kleine Gruppe nationalistischer Intellektueller« abzutun (53), verrät, wie wenig Stern sich über die Anziehungskraft des PPS-Programms, das soziale mit nationalpolnischen Ideen verband, Rechenschaft abgelegt hat.

Um so ungehemmter wird dann (53ff.) die Lenin-Heroisierung betrieben, sobald sich dazu Gelegenheit bietet. Nun hat Lenin in der Nationalitätenfrage fraglos politisch klüger geurteilt und weiter gesehen als z.B. Rosa Luxemburg, deren erbitterter Konflikt mit ihm bekannt ist. Aber bei Stern springt Lenin wieder einmal wie Pallas Athene aus dem Haupt des Zeus als makelloses Genie auf die politische Bildfläche, und die Entwicklung Lenins wird völlig ignoriert.

Bei dem »Leipziger Kongreß der Auslandsgruppen polnischer Sozialdemokraten« handelte es sich um das Treffen eines kleinen Häufleins von SDKPiL-Anhängern, von denen selbst die *Leipziger Volkszeitung* nur beiläufig Notiz nahm (57). Über den sachlichen und sprachlichen Wert der Kennzeichnung »paktiererisch« läßt sich nicht einmal mehr streiten. Warum Titel aus der polnischsprachigen PPS-Zeitschrift *Predświt* (Morgendämmerung) auf deutsch zitiert werden, ist nicht ersichtlich, zumal der Verf. doch offensichtlich den Eindruck zu erwecken sucht, als sei er mit der polnischen Sprache und Fachliteratur vertraut (63f.).

Dieser Anspruch rückt jedoch in ein eigentümliches Licht, wenn einem auffällt, daß Stern die wichtigste polnische Literatur nicht kennt und verwertet. Das gilt sowohl für die frühen Phasen der preußisch-deutschen Polenpolitik unter Bismarck, die Germanisierungspolitik auf dem Gebiet des Agrar-, Schul- und Sprachenrechts und die parteigeschichtliche Entwicklung. Das gilt für die zahlreichen polnischen Untersuchungen zur Revolution von 1905/07, wo Stern nur obskure Vortragsmanuskripte und Zeitungsartikel anführt, bis zu den Schulstreiks in allen damaligen Teilungsgebieten und zu vielen Einzelfragen des Nationalitätenkampfes.[11] Vollends problematisch werden die Polnischkenntnisse des Verf., wenn man die orthographischen Fehler und Wortverstümmelungen nicht für zufällig hält. Darauf aufmerksam geworden, fielen mir bei einer ersten Durchsicht sogleich mehr als 90 Fehler in der Schreibweise polnischer Worte auf: Hier werden Silben ausgelassen, dort diakritische Zeichen vergessen, falsch gesetzt oder in Lautschrift aufgelöst. Kurzum: Polnische Titel und Namen werden häufig bis zur Unkenntlichkeit entstellt. Daß Stern diese – erst recht für polnische Leser irritierenden – Mängel nicht korrigiert hat, legt den Schluß nahe, daß er mit polnischen Sprach- und Literaturkenntnissen kokettiert, die er offensichtlich nicht besitzt. Methodisch ist es heute unumgänglich, nachdem der Bann des nationalhistorischen Monismus auch in der Historiographie gebrochen ist, bei der Behandlung der preußisch-deutschen Polenpolitik die polnische Literatur sorgfältig zu benutzen und auszuwerten. Sterns Arbeitsweise enthüllt sich daher als pseudowissenschaftliche Hochstapelei.

Ebenso wird wichtige Literatur in nichtpolnischen Sprachen übersehen. Entscheidende Stellen sind schludrig formuliert. Behauptungen stimmen nur halb oder entbehren in schwer erträglicher vulgärmarxistischer Aufmachung jeden historischen Realitätsgehalts. Mit einer klugen marxistischen Geschichtsinterpretation, die zur Korrektur der bürgerlichen, nationalkonservativen Geschichtsschreibung oder als anregendes Gegenbild eine wertvolle Funktion gewinnen kann, muß die Diskussion unverzüglich aufgenommen werden. Aber diese engbrüstige, in das Prokrustesbett einer dogmatischen, unfreien Polemik eingespannte Darstellung Sterns, dem jede Nuance offenbar Anathema ist, der nur mit grobschlächtigen Begriffen arbeitet, die historischen Proportionen ständig mißachtet und lineare Entwicklungslinien überschätzt, entpuppt sich als ein mit einem überaus fehlerhaften wissenschaftlichen Apparat verziertes Pamphlet. Stern gibt sich im Grunde auch keine Mühe, den Pferdefuß zu verbergen. Er konstruiert eine Kontinuität unheilvoller deutscher Polenpolitik[12], die sich über den jahrhundertealten »Drang nach Osten«, die Germanisierungspolitik im Kaiserreich, Hitlers fanatische Ausrottungspolitik bis hin zur »zeitgemäße[n] Fortsetzung« im Grenzrevisionismus des »klerikal-militaristischen Adenauerstaates« (67) fortsetzt.

Bei aller fatalen historischen Belastung des deutsch-polnischen Verhältnisses und bei aller Kritik an der Ziellosigkeit und Sterilität, die jahrelang die westdeutsche Politik gegenüber Polen charakterisiert hat, drückt Stern mit diesen Grundthesen seine Darstellung der »deutschen Polenpolitik« endgültig auf die Stufe einer primitiv schematisierenden, parteipublizistischen Diffamierung. Daß man mit Rücksicht auf Polen den Leipziger Professor Felix-Heinrich Gentzen, der nach dem Oktober 1956 polnischen Historikern die Rückkehr zum Stalinismus des Bierut-Regimes anpries, nicht mit der Bearbeitung dieses Bandes der *Archivalischen Forschungen* betrauen wollte, wird keiner als Nachteil empfinden können. Aber daß das »Kollektiv« unter Leo Stern nicht einmal eine zuverlässigere Darstellung der preußisch-deutschen Polenpolitik vorbereiten konnte, wirft ein bezeichnendes Schlaglicht auf den Stand der wissenschaftlichen Erforschung der deutsch-polnischen Geschichte in der DDR.

Anmerkungen

1 L. Stern, *Die zwei Traditionen der deutschen Polenpolitik und die Revolution von 1905/07 im Königreich Polen*, Berlin 1961. Diese Veröffentlichung ist völlig identisch mit der Einleitung zu *Archivalische Forschungen zur Geschichte der deutschen Arbeiterbewegung*, 2. Bd., Teil III, Berlin 1961, XIII–LXXXIV. Seitenzahlen im Text beziehen sich auf diese selbständige Schrift.

2 Zur Literatur: H.-U. Wehler, *Sozialdemokratie und Nationalstaat. Nationalitätenfragen in Deutschland 1840–1914*, Würzburg 1962, 207–73/Göttingen 1971^2, 220–22, 244–75; ders., *Die Polenpolitik im Deutschen Kaiserreich*, in: ders., *Krisenherde des Kaiserreichs*, Göttingen 1979^2, 184–202, 548f.

3 Alle wichtigen polnischen Studien zu Bismarcks Polenpolitik (ver-

zeichnet in den Studien in Anm. 2) sind Stern entgangen oder unbekannt.

4 Zur PPS in Deutschland und zur preußischen Polenpolitik hier und unten vgl. Wehler, *Sozialdemokratie*, 193–99; ders., *Polenpolitik*, 184–202.

5 Vgl. H.-U. Wehler, *Die Polen im Ruhrgebiet bis 1918*, in: ders., *Krisenherde*, 220–37, 549.

6 H. Class, *Wider den Strom*, Leipzig 1932, 48.

7 Vgl. H.-U. Wehler, *Zur neueren Geschichte der Masuren*, in: ders., *Krisenherde*, 238–48.

8 R. Korth, *Die preußische Schulpolitik und die polnischen Schulstreiks* (Diss. Göttingen 1956), Würzburg 1963.

9 H.-U. Wehler, *Zur polnischen Parteigeschichtsschreibung über die Zeit bis 1914*, in: *Zeitschrift für Ostforschung* 10. 1961, 217–309, u. ders., *Masuren*, 238–48.

10 Vgl. Wehler, *Sozialdemokratie*, 17–33.

11 Vgl. die polnische Fachliteratur in den Arbeiten in Anm. 2, 7 u. 9.

12 Daß die Polenpolitik spezifisch preußische Züge trug und man in diesem Zusammenhang nicht immer preußisch als synonym mit deutsch behandeln sollte – eine Unterscheidung, die z. B. auch R. Koehl (*Colonialism Inside Germany 1886–1918*, in: *Journal of Modern History* 25. 1953, 225–72) betont hat –, ist für Stern nicht einmal eine Nebenfrage. Außer den bereits genannten Mängeln sind zahlreiche bibliographische Daten falsch, entstellt wiedergegeben oder unvollständig. Rjasanoff darf augenscheinlich noch immer nicht als Verfasser oder Herausgeber offen genannt werden. Stern nennt ihn jedenfalls nicht, obwohl von den Problemen her Rjasanoffs Studien öfters genannt werden müßten. Nicht einmal das Handwerkliche kann mit der zunftüblichen Selbstverständlichkeit hingenommen werden.

III

Ein völlig neues Studiergefühl:
Plädoyer für ein Regelstudium

Ein Gespenst geht um in der Bundesrepublik – das Gespenst der Regelstudienzeit für Studenten. Vom Hochschulrahmengesetz des Bundes sind die sogenannten Regelstudienzeiten erstmals eingeführt worden. Wer sie über die zusätzlich vorgesehenen Examenssemester hinaus überschritt, sollte automatisch exmatrikuliert werden – eine Vorschrift, die leider schon wieder aufgehoben worden ist. Regelstudienzeit und Zwangsexmatrikulation erregen seit Jahren die Gemüter. Im Winter 1981/82 gab es mehr als 1,2 Millionen Studierende an den westdeutschen Hochschulen, denn inzwischen erwerben von jedem Jahrgang 25% eine Studienberechtigung. Früher gingen davon 90% auf eine Hochschule, zur Zeit sind es 70%, aber die geburtenstarken Jahrgänge beginnen gerade erst einzurücken. Rechnet man Eltern und Geschwister, bisher nicht zum Studium zugelassene Bewerber und alle jene hinzu, die nach der Bundeswehr- oder Zivildienstzeit studieren wollen, kommt man auf 4,5 bis 5 Millionen unmittelbar oder mittelbar Betroffene. Als Steuerzahler sind wir durch die Ausgabe öffentlicher Mittel alle direkt betroffen, da diese Gelder sinnvoller als bisher im Hochschulwesen ausgegeben werden sollten.

In seltener Einmütigkeit protestieren jedoch linke und christdemokratische Studenten, auch nicht wenige Professoren und Assistenten gegen diese Vorschriften, welche von den neuen Hochschulgesetzen der Länder zu berücksichtigen waren, manchmal aber schon wieder verwässert worden sind. Vom Spartakus der DKP bis zum RCDS der CDU/CSU einschließlich der sonst eher passiven Mehrheit in der Mitte ereifert man sich über diese angeblich bildungsfeindlichen, unsinnigen Vorschriften. Typische Vorwürfe lauten, daß dadurch die Freiheit des Studiums eingeschränkt werde. Reglementierung und Verschulung griffen Platz. Die Wissenschaftlichkeit und Konkurrenzfähigkeit der deutschen Hochschulen werde gefährdet. Eine sinnvolle Studienreform werde verhindert. Psychische Belastungen entstünden, durch die der Studienerfolg in Frage gestellt werde. Ein Engagement über das Fachstudium hinaus werde verhindert. Auslandsstudium und Hochschulwechsel würden behindert. Die Verantwortung des einzelnen werde geschwächt, dagegen der Einfluß der Bürokratie gestärkt. Neue Studienplätze würden nicht geschaffen, und die Überwachung dieser Vorschriften koste Unsummen.

Treffen diese Vorwürfe zu? Mir scheint, daß es primär um die polemische, egoistische Verteidigung akademischer Privilegien geht. Einer nüchternen Überprüfung hält kein einziger Einwand stand. Im internationalen Vergleich ist die Bundesrepublik – sieht man einmal von einigen österreichischen und schweizer Hochschulen ab! – das einzige Land, in West und Ost, das ungeregelte Studienzeiten fast 30 Jahre lang zugelassen hat und praktisch sehr oft noch immer zuläßt. In Amerika studiert man vier Jahre lang, dann muß man ein Examen ablegen, das der Mehrheit einen Beruf ermöglicht. In England studiert man häufig sogar nur drei Jahre, in Frankreich drei bis vier Jahre, in Osteuropa gewöhnlich vier Jahre. Nur bei uns gibt es eine akademische Insel der Glückseligen, wo man beliebig lange verweilen kann. Wer macht schon vor dem 12. Semester das Staatsexamen? Welcher Doktorand ist jünger als 33 – und das war schon das Durchschnittsalter vor einigen Jahren? Junge Amerikaner und Engländer dagegen legen ihr erstes Examen mit rd. 21 Jahren ab, gehen in das Berufsleben oder studieren noch zwei bis vier Jahre für den Doktorgrad. Spätestens mit 25 zieht man z.B. als promovierter Naturwissenschaftler in die Industrie oder als Dozent an ein College. Bei uns jedoch sind die Naturwissenschaftler mindestens Anfang 30, Privatdozenten äußerst selten jünger als 35 Jahre. Und wer würde zu behaupten wagen, daß unsere Hochschulabsolventen besser ausgebildet, in Beruf und Wissenschaft leistungsfähiger seien als junge Franzosen, Amerikaner und Engländer?

Die Studenten entwickeln seit geraumer Zeit eine zunehmende Angst vor dem Berufsleben. Häufig fürchten sie, gar keine Stelle mehr zu finden. Daher bevölkern sie den Freiraum der Hochschule solange wie nur irgend möglich und daher ist die Studienzeit ständig länger geworden – nicht aber wegen gestiegener Leistungsanforderungen oder wegen des ständig anwachsenden, zu erlernenden Sachwissens. Der erstaunliche quantitative Ausbau des Hochschulwesens in der Bundesrepublik ist zum guten Teil durch diese anhaltende Vermehrung der Semesterzahl wieder wettgemacht worden. Man könnte gewissermaßen ganze Neugründungen nur mit denjenigen Studenten füllen, die zwischen ihrem 10. und 20. Semester studieren – von den wahrhaft bemoosten Häuptern ganz zu schweigen. Zugegeben, der Arbeitsmarkt kann Akademiker öfters nicht mehr zu den günstigen Bedingungen der fünfziger und sechziger Jahre aufnehmen. Ist jedoch die extrem kostspielige lange Verweildauer an den Hochschulen die einzige Lösung, um diesen speziellen Arbeitsmarkt zu entlasten?

Viele Politiker betreiben trotz der Vorschriften des Hochschulrahmengesetzes eine äußerst kurzsichtige Politik, die alle Folgelasten wieder einmal ihren Nachfolgern aufbürdet. Sie schwächen die Vorschriften über ein Regelstudium, neuerdings auch wieder global über die Zwangsexmatrikulation ab, um die Hochschulen ruhig zu halten und eine Wiederholung der turbulenten Jahre von 1967/1970 zu vermeiden. Außerdem sollen sich nach ihrer Ansicht eher die Hochschulen mit dem Massenbetrieb von zeitlich unbegrenzt Studierenden herumschlagen, als daß die Probleme arbeitsloser Akademiker beträchtlichen öffentlichen Druck erzeugen. Tatsächlich ist das eine Vogel-Strauß-Politik, die gewaltige Beträge des Steueraufkommens aus Furcht vor einem Studium vergeudet, das alle anderen Länder längst eingeführt haben: einem geregelten Studium für alle Studierenden mit einem den Eintritt in Berufe ermöglichenden Abschluß nach drei oder vier Jahren und einem daran sich anschließenden Aufbaustudium zur höheren Qualifizierung einer Minderheit.

Unabdingbare Voraussetzungen dafür sind:
1. Studienordnungen für differenzierte Studiengänge, welche einen berufsqualifizierenden Abschluß nach vier Jahren gewährleisten;
2. ein großzügiges Stipendienwesen, das materielle Entlastung für diese Zeit verschafft, hauptsächlich in Gestalt von Darlehen;
3. die klare Trennung von Breitenausbildung in einem vierjährigen Studium und Elitenförderung in einem intensivierten Aufbaustudium danach.

Zahlreiche Politiker pflegen mit Hingabe den Vorwurf, daß die Hochschulen zur Studienreform, d.h. zur Ausarbeitung und Praktizierung von Studienordnungen, die ein Examen nach vier Jahren ermöglichen, außerstande seien. Wohin ich auch blicke, trifft dieser Vorwurf nicht zu. In welchem Bundesland auch immer: alle Fakultäten oder Fachbereiche, deren Studienbetrieb ich kenne, besitzen längst Curricula, die eben diesen Ansprüchen genügen. Es ist zudem selbstredend politisch völlig legitim, allen jenen Fakultäten und Fachbereichen, die noch keine Studienordnungen dieser Art besitzen, sofort vorzuschreiben, spätestens innerhalb Jahresfrist solche Curricula zu entwickeln, denn dafür haben sie seit mehr als zehn Jahren ohnehin längst Zeit gehabt. Ein Einheitsbrei ist auch auf diesem Gebiet von Übel. Die Studienreformkommission der Länder sollen ihn neuerdings verordnen, obwohl doch die Vielfalt des Angebots angesichts der unterschiedlichen Forschungs- und Lehrschwerpunkte der Hochschulen weit wichtiger ist als die stromlinienförmige Gleichheit. Erst der Wettbewerb zwischen den qualitativ unterschiedlichen Angeboten der Hochschulen, der Wettbewerb um Forschungsschwerpunkte, Forscher und gute Studenten, kann die akademische Landschaft der Bundesrepublik wieder beleben. Zentrale Studienplatzverteilung und etatistisches Reglement können die Reste der Konkurrenz nur noch weiter zerstören.

Damit die Studierenden in vier Jahren ihr Pflichtpensum und ihre freien Wahlveranstaltungen verarbeiten können, müssen viele mit Stipendien unterstützt werden, da sie sonst zuviel Zeit brauchen, um ihren Unterhalt selber zu verdienen. Die Stipendien sollten strikt leistungsgebunden als Darlehen vergeben werden. Auch diese Forderungen werden mit Vorliebe tabuisiert. Im Vergleich mit Millionen von manuell Berufstätigen ist es jedoch fraglos gerechtfertigt, diese Stipendien, deren Umfang ja anwachsen würde, auf Darlehensbasis zu vergeben, da die öffentlich geförderte akademische Ausbildung in aller Regel weiterhin ein überdurchschnittlich hohes Einkommen verschafft, aus dem der berufstätige Akademiker einen Bruchteil seiner Ausbildungskosten allmählich zurückzahlen kann.

Wer Ja sagt zur Breitenausbildung, muß auch die Elitenförderung unterstützen, denn Massenstudium ohne Spezialtraining für die überdurchschnittlich Begabten und Leistungsfähigen wäre ein Rohrkrepierer. Man kann jedoch ein Breitenstudium für Millionen, das zur Verbesserung der Chancengleichheit mit guten Gründen weiter verteidigt werden kann und muß, nur in strikt geregelter Zeit abwickeln. Die Studienordnungen der Fakultäten und das Stipendienwesen müssen daher dafür geradestehen, daß ein solches vierjähriges Studium für viele möglich wird. Das ist eine überschaubare Zeit, auf die man sich auch psychisch einstellen kann und an deren Ende ein berufsqualifizierendes Examen mit dem in Deutschland so begehrten Universitätsdiplom steht. Während einer solchen Breitenausbildung muß die Elitenförderung notwendig zu kurz kommen. Kein Land – und am allerwenigsten die von der Wissenschaft und der auf Hochschulen vorbereiteten Leistung völlig abhängige Bundesrepublik – kann auf diese Elitenausbildung verzichten. Sie muß sich, wie überall anderswo auch, an die erste Studienzeit anschließen. Für das wünschenswerte Auslandsstudium und den unabdingbaren Hochschulwechsel braucht man selbstverständlich großzügige Sonderregelungen.

Das Fazit: Das verklärte Privileg vor allem des Bildungsbürgertums – und all jener, die es auf diesem Gebiet bereitwillig imitiert haben! –, seine Söhne und Töchter zeitlich unbegrenzt zu den Hochschulen zu entsenden, ist heutzutage passé. Jedermann, und ganz besonders der kritische Student links von der vielbeschworenen Mitte, sollte Verständnis für das Gerechtigkeitsprinzip haben, daß nicht mehr Millionen, ja sogar Milliarden für ein zwölf-, vierzehn-, sechzehnjähriges Studium aufgebracht werden können, während die Lehrlings- und Jungarbeiterausbildung mit einem winzigen Bruchteil jener Ausgaben auskommen muß, die den Bundesländern durch ein ungeregeltes, unbegrenztes Studium entstehen. Erst das Breitenstudium mit Regelzeit ermöglicht auch wieder die Elitenausbildung, steigert die wissenschaftliche Leistung und die Konkurrenzfähigkeit der Hochschulen, anstatt sie zu gefährden. Zahlreiche Studienplätze werden neu geschaffen bzw. endlich freigemacht und können nach individueller Wahl anstatt in zentralistischer Planwirtschaft vergeben werden. Wenn man weiß, daß man nach vier Jahren sein erstes Examen machen muß, wird die Verantwortlichkeit des einzelnen gesteigert, nicht geschwächt. Die psychische Entlastung ist, wie die Erfahrungen der amerikanischen und englischen Hochschulen demonstrieren, ganz enorm. Die geschmähte »Überwachung« der Studienzeit kostet gar nichts, da jede Hochschulverwaltung acht Studiensemester und die Examenszeit auch ohne Computer zusammenzählen kann.

Was heute not tut, ist der politische Mut, diesen Teil des Hochschulrahmengesetzes ernst zu nehmen, das Stipendienwesen angemessen umzuorganisieren, die hier und da noch immer fehlenden Studienordnungen zu erzwingen und damit sowohl ein überschaubares Breitenstudium als auch die Elitenausbildung zusammen mit einer intensiven wissenschaftlichen Forschung wieder zu ermöglichen. Im ungeregelten Massenstudium dagegen werden die Hochschulen ersticken. Die wissenschaftliche Leistung wird noch weiter zurückgedrängt. Und die Vergeudung von öffentlichen Geldern wird, zumal im Hinblick auf die Lehrlinge und

Jungarbeiter, das Gerechtigkeitspostulat der sozialstaatlichen Demokratie weiterhin verletzen. Alle rationalen Gründe, vor allem auch der internationale Vergleich, sprechen daher für, keineswegs aber gegen die Regelstudienzeit.

Grober Keil auf groben Klotz:
Gegen die Diffamierung wissenschaftlicher Leistungsstandards

Soviel greinende Gedankenlosigkeit, soviel Perfidie und – teils unterschwellige, teils ausgesprochene – Bösartigkeit wie in Greiners Kommentar zu Habermas' nüchterner Darstellung des Starnberger Konflikts ist *Zeit*-Lesern seit langem nicht mehr zugemutet worden – und ich habe mir seit 1949 nur wenige Ausgaben entgehen lassen.[1] Dumpferes Ressentiment, unausgegorenere Emotionen, peinlichere Trauerarbeit waren selten auf so knappem Raum vereint. In seiner Kolumne erweckt Greiner den Eindruck, als sei er 1968 bei der Studentenbewegung mit dabeigewesen und als habe sich sowohl sein Über-Ich als auch sein politisches Bewußtsein mit Bewunderung für das erfüllt, was Habermas damals sagte und schrieb (und das gehört in der Tat zu dem wenigen von damals, was noch manches Jahr überdauern wird). Diese offenbar einst idealisierende Bewunderung schlägt nun um in bittere Enttäuschung. Warum? Glücklicherweise kann der Leser auf derselben Seite Habermas' ausführliche Schilderung nachlesen und sich ein eigenes Urteil bilden; außerdem läßt sich aus den inzwischen vorliegenden Informationen die innere Verlaufsgeschichte dieses Konflikts, der jetzt endlich zutage getreten ist, ziemlich genau rekonstruieren. Was also hat Greiners Reaktionen ausgelöst? Offenbar fällt es ihm, der als Journalist zur »freischwebenden Intelligenz« gehört, ganz außerordentlich schwer, sich in die Lage eines Institutsdirektors (wie Habermas) zu versetzen, der erstens für die Ausgabe von öffentlichen Mitteln in Millionenhöhe geradezustehen hat und zweitens davon überzeugt sein muß, daß er die Verantwortung für die im Institut geleistete wissenschaftliche Arbeit übernehmen kann. Habermas wollte das für eine umstrittene kleine Gruppe aus Weizsäckers Abteilung nicht tun, als es um ihre Übernahme in das geplante neue Münchener »Institut für Sozialwissenschaften« ging. Dafür gibt es gute Gründe. Selbstverständlich müssen sich die Mitarbeiter in hochprivilegierten »Denkfabriken« dem fügen, was Habermas als die »etablierten Spielregeln« wissenschaftlicher Forschung vorsichtig umschreibt. Ich meine, sie müßten sich mit besonders hochgespannten Leistungsmaßstäben messen lassen, sonst gehören sie nicht an diese Stelle. Und wo, bitte sehr, sind nach zehn Jahren die überdurchschnittlich guten Bücher und Aufsätze jener umstrittenen Mitarbeiter, die von meinen Kollegen, erst recht von unseren Assistenten, die zwischen Habilitationsarbeit, Lehrbetrieb, Mitwirkung in den Selbstverwaltungsgremien und Familie hin und her eilen, um ihre Arbeitsbedingungen nur beneidet werden können? Was, ergo, ist so falsch daran, daß diese Mitarbeiter, wenn sie denn so hochqualifiziert sind, wie auch *Stern* und *Spiegel* meinen, ihre während dieser zehn langen Jahre aufgestauten Manuskripte endlich veröffentlichen und der internationalen Kritik ein Urteil darüber ermöglichen, ob sie für das vorgesehene Institut besonders hochqualifiziert waren? Was ist so verwerflich daran, daß sie ihre »Konkurrenzfähigkeit auf dem akademischen Markt« genauso beweisen sollen wie alle Wissenschaftler im Universitätsbetrieb? Ich kenne Habermas' behutsames Urteil über Menschen, insbesondere aber über jüngere Wissenschaftler, recht gut, und es liegen zwingende Argumente – keine Emotionen und Aversionen – vor, wenn er so entschieden urteilt. Warum die geradezu banalen Selbstverständlichkeiten über Leistungskontrolle und Konkurrenzfähigkeit – Urteile, die mancher von uns ungleich härter als Habermas formulieren würde – Greiner dazu bewegen, Habermas die Sprache eines »Industriebosses«, das Verhalten eines »wildgewordenen Rank-Xerox-Vertreters« zu unterstellen, bleibt schlechterdings schleierhaft. Soll auch das Mittelmaß mit einem hinreichenden Maß an Streicheleinheiten bei Laune und auf Lebenszeitstellen gehalten werden? Soll sich Gesinnungsfreundschaft über kontrollierbare Leistungen hinwegsetzen? All das ist für Greiner, scheint's, eher denkbar als die in der Tat unverzichtbaren und daher nichts als normalen Kontrollen wissenschaftlicher Leistungsfähigkeit, auf die Habermas anspielt. Daß Habermas nach dem Konflikt auf Kategorien des Arbeitsrechts nicht ganz verzichten mochte, mag Greiner irritieren, aber warum stimmt es ihn gleich »melancholisch«? Was hat eine inzwischen nur zu verständliche Vorsicht mit »Buchhalter«-Allüren zu tun? Soll die offene Formulierung, wie sie Habermas als Nichtjurist gewiß bevorzugt hätte, diesen Mitarbeitern Gelegenheit zu einem neuen Prozeß geben? Wäre es auch und gerade in der *Zeit* nicht angebracht gewesen, statt dessen danach zu fragen, warum all diese Probleme in Weizsäckers Abteilung aufgekommen sind? Wo ist unter ihm die Leistungskontrolle geblieben? Warum hat er den monierten »Personalstau« hinterlassen? Mit welchen Werken dieser langjährigen Mitarbeiter legitimiert er seine Institutstätigkeit? Welche Labsal, wenn Greiner uns anstelle der Enttäuschungen einer gequälten 68er Seele einige Argumente geboten hätte – zwei, drei gute hätten durchaus genügt.

Anmerkung

1 Ein offener Brief gegen Ulrich Greiners Kommentar (Rücktritt von Habermas. Sturmvogel gelähmt) zu Habermas' Erläuterung der Gründe für sein Ausscheiden aus dem Starnberger Max-Planck-Institut, in: *Die Zeit* vom 9. Mai 1981. Die *Zeit* hat meinen Brief, was ihr gutes Recht ist, stark gekürzt und ein Stück als »news that's fit to print« in der Ausgabe vom 29. Mai 1981 gedruckt. Hier folgt der vollständige Text. – Offen bleibt weiterhin vor allem die Frage, ob in einem Teil von Weizsäckers Institut bzw. Abteilung rund zehn Jahre lang etwas von jenem Schlendrian herrschte, der nach der sarkastischen Meinung des preußischen Historikers Otto Hintze (*Ges. Abh.* I, 358) von der österreichischen Verwaltung »als ein Menschenrecht betrachtet« wurde. Es ist mehr als merkwürdig, daß C. F. v. Weizsäcker in auffallender Zurückhaltung bisher m. W. nirgendwo offen Stellung genommen hat.

Das Ende der Sackgasse
Die Hochschulpolitik von GEW und DGB oder: Wie geriert sich das zeitgenössische Banausentum?

Fast zehn Jahre ist es her, daß der »Gewerkschaft Erziehung und Wissenschaft«, der GEW, ein – wie sie glaubte – entscheidender Durchbruch gelang. Sie konnte den DGB auf ihr hochschulpolitisches Programm festlegen. Damit übernahm der mitgliederstärkste Interessenverband der Bundesrepublik die GEW-Forderungen. Jedoch: Es war ein Pyrrhussieg, und ein besonders verhängnisvoller dazu. Seit Jahren ist das Ende der Sackgasse, in die sich die GEW und der DGB manövriert haben, zweifelsfrei zu erkennen, sofern man nur bereit ist, genau hinzuschauen, anstatt abgewandten Blicks die alten hohlen Formeln zu wiederholen. Inzwischen ist es allerhöchste Zeit, endlich aus den Fehlern des vergangenen Jahrzehnts zu lernen und die hochschulpolitische Position des DGB neu zu formulieren.

Wer solche Vorwürfe erhebt, muß die wichtigsten Schwachstellen der »Forderungen des DGB zur Hochschulreform« vom Juli 1973, in denen das Maximalprogramm der GEW seinen Ausdruck fand, angeben. Aufgrund des »gesellschaftspolitischen Auftrages« der Gewerkschaften beanspruchte damals der DGB eine »führende Rolle bei der Diskussion und Durchführung der Bildungsreform«. Auch im Bereich der Hochschulen müsse »die Reform von den Interessen der Arbeitnehmer bestimmt sein«. Was wurde darunter konkret verstanden?

Alle Universitäten, Technischen Hochschulen usw. sollten in »Integrierte Gesamthochschulen« verwandelt werden. In ihnen sollten neben der »Gruppe der Studierenden« »korporationsrechtlich nur noch zwei Gruppen« unterschieden werden: die »Arbeitnehmer mit Lehraufgaben« und die »Arbeitnehmer ohne Lehraufgaben«. Alle »Arbeitnehmer mit Lehraufgaben« hatten völlig »gleichberechtigt« den neuen »einheitlichen Lehrkörper« zu bilden; für alle Mitglieder seien »gleichrangige Hochschullehrerstellen einzurichten«, die an die Stelle der überlieferten Vielfalt von Professoren, Privatdozenten, Assistenten usw. träten. »Der DGB fordert nachdrücklich«, hieß es dann unmißverständlich in dem politisch zentralen Punkt 19, »daß den drei Gruppen gleiche Mitbestimmungsrechte in allen Fragen eingeräumt werden. Alle Selbstverwaltungsorgane müssen im Verhältnis 1:1:1 zusammengesetzt sein.« Anerkennend wurde hervorgehoben, daß diese Mitbestimmung »entsprechend gewerkschaftlichen Vorschlägen (. . .) im Lande Bremen« bereits verwirklicht worden sei. Um nicht den geringsten Zweifel aufkommen zu lassen, wurde die gesetzliche Verankerung dieser speziellen Drittelparität trotz der Redundanz der Formulierung noch zweimal wiederholt: Alle Kollegialorgane mit Entscheidungsfunktionen sollten derart zusammengesetzt sein, und die »Durchführung von Lehre und Studium« müsse »unter gleichberechtigter Mitwirkung aller Mitgliedergruppen im Rahmen der generellen Mitbestimmung geregelt werden«. Für die Lehre wurde eine Privilegierung sowohl der »Gruppenarbeit« als auch des »Projektstudiums« postuliert. Von der Forschung wurde erwartet, daß sie sowohl »in gleichberechtigter Mitwirkung aller Mitgliedergruppen« durchgeführt werde als auch »die grundlegenden gesellschaftlichen Bedürfnisse« berücksichtige. Schließlich sollten diese Gesamthochschulen praktisch jedermann offenstehen. »Die berufliche Ausbildung« habe daher »gleichberechtigt neben die schulische Ausbildung« mit der Abschlußprüfung des Abiturs zu treten.

Diese Programmatik ist seither von DGB und GEW in der Öffentlichkeit und bei der inhaltlichen Ausgestaltung neuer Hochschulgesetze mit allem Nachdruck vertreten worden. 1975 sorgte das alle Bundesländer auf einen Minimalkonsens verpflichtende Hochschulrahmengesetz unter Berücksichtigung von vorher gefällten Grundsatzentscheidungen des Karlsruher Bundesverfassungsgerichts dafür, daß derartige Planungsutopien nicht mehr Stück für Stück realisiert werden konnten. An den Prinzipien ihres ursprünglichen Programms haben DGB und GEW jedoch festgehalten. Sie wurden z.B. in den »Leitsätzen des DGB zur Studienreform« vom August 1978 oder in der »Stellungnahme der GEW« zum nordrhein-westfälischen Landeshochschulgesetz aus demselben Jahr so unbefangen-blauäugig wiederholt, als ob man inzwischen noch keine schlimmen Erfahrungen mit diesen Grundsätzen gemacht hätte. Daß sich die rechtlichen Rahmenbedingungen seit 1972/73 verändert hatten, wurde zähneknirschend, wenn auch eher beiläufig, zur Kenntnis genommen. Weder Erfahrungen noch

Rechtsnormen haben bisher daran etwas zu ändern vermocht, daß DGB und GEW an dem Katalog ihrer Postulate öffentlich, und erst recht intern, weiter festgehalten haben.

Diese starre Ablehnung eines jeden Appells, aus den verhängnisvollen Fehlern dieses hochschulpolitischen Programms zu lernen und eine neue, dem Gegenstand endlich gerecht werdende Position zu beziehen, kann man einmal auf das Trägheitsmoment von bürokratisierten Großorganisationen, die getroffene Entscheidungen nur schwerfällig revidieren, zurückführen, sodann aber auch dem Einfluß wirklichkeitsferner Dogmatiker zuschreiben. Im Gesamteffekt ergeben sich daraus böse Konsequenzen für die Hochschulpolitik, die Hochschulen selber, nicht zuletzt auch für den DGB und die GEW.

Gegen den uniformen Einheitsbrei der Gesamthochschulen sind inzwischen soviel gute Argumente vorgebracht worden, daß sich eine Wiederholung kaum lohnt. Wo man sie eingerichtet hat, sind anonyme Mammutorganisationen, die den studentischen Protest gegen diese bedrückende Umwelt vorprogrammieren, entstanden; die Zusammenführung von Hochschulen unterschiedlichen Typs, z.B. von Universitäten, Pädagogischen Hochschulen und Fachhochschulen, hat Fakultäten mit einem eklatanten Qualitätsgefälle und institutionell verewigten Dauerstreit geschaffen; für wichtige Ausbildungsgänge hat der Gesetzgeber in seiner Schludrigkeit eine zuverlässige Vorsorge vergessen, der Düsseldorfer Landtag z.B. für die Ausbildung der Grundschullehrer, für die jetzt keine eigene Institution mehr (wie bisher die PH), sondern gemischte interfakultative Kommissionen, das unzuverlässigste und reibungsreichste aller Gebilde, zuständig sind; die Studentenschaft besteht aus einer verwirrenden Mischung von unterschiedlich vorgebildeten, unterschiedlich interessierten und unterschiedliche Begabungsprofile aufweisenden Studierenden.

Daß auch für die Bundesrepublik der Weg zur Massenuniversität unumgänglich war, kann ernsthaft nicht bestritten werden. Aber den neuen Hochschulgesetzen und Gesamthochschulen ist die ebenso unvermeidbare Studienreform in Gestalt eines vierjährigen Regelstudiums mit berufsqualifizierendem Abschluß und einer scharf abgehobenen Elitenausbildung auf der Grundlage von universitätseigenen Auswahlkriterien und Leistungsanforderungen bisher nicht gefolgt. Im Grunde wäre es nur konsequent, aus dem sichtbaren Scheitern der Gesamthochschulen und aus dem Ausbleiben einer derartigen Studienreform die Konsequenz zu ziehen, den Gesamthochschulen und anderen Hochschulen das Studium innerhalb einer Regelzeit von vier Jahren zu übertragen, jedoch außerhalb oder innerhalb dieser Hochschulen Universitäten im Sinne der »Graduate Schools« für das Studium fortgeschrittener, hochqualifizierter Studierender neu zu gründen. Kurzum, wer »ja« sagt zum Massenstudium muß auch »ja« sagen zur Regelstudienzeit und Elitenausbildung, wenn die Hochschulen weiterhin ihren wesentlichen Aufgaben gerecht werden sollen.

Diese Institutionen- und Studienreform ist aus vielerlei Gründen auf absehbare Zeit vermutlich nur punktuell zu verwirklichen, mag die Notwendigkeit dazu auch noch so dringend sein. Auch abgesehen von dem Karlsruher Urteil und dem Hochschulrahmengesetz sollte dagegen im Hinblick auf die Drittelparität des DGB und der GEW eigentlich keine Debatte mehr nötig sein, da selten soviel Torheit in so wenigen Sätzen ausgesprochen worden ist. Unabhängig von der juristischen Streitfrage, ob diese Form der Drittelparität nicht das Betriebsverfassungsgesetz verletzt, läßt sich allgemein konstatieren, daß sie unaufhebbare funktionale Differenzierungen und ebenso unvermeidbare qualitativ verschiedenartige Kompetenzen gröblich mißachtet und zu einem heillosen politischen Dauerstreit führt, der leistungsorientierte Forschung und Lehre zerstört. Drei Beispiele mögen zur Illustration der Auswirkungen dieser Drittelparität genügen.

Wird in der zentralen Forschungskommission einer Universität über die Forschungsmittel eines Jahres entschieden, steht im Prinzip die Gruppe, die wissenschaftlichen Sachverstand besitzt (der Block der Professoren und Assistenten – Pardon: der »Arbeitnehmer mit Lehrauftrag«!) einer Zweidrittelmehrheit von Angestellten, Technikern, Portiers, Sekretärinnen und Studierenden gegenüber, die Prioritäten sachgemäß zu setzen völlig außerstande sind, dies aber gleichwohl kraft ihrer numerischen Überlegenheit tun dürfen.

Wird in einer Kommission die Habilitationsschrift eines Nachwuchswissenschaftlers beurteilt – ein diffiziler Prozeß, der durchweg ein über Jahrzehnte hinweg angesammeltes Sachwissen der Gutachter voraussetzt –, kann im Prinzip wiederum jene aus »Arbeitnehmern ohne Lehrauftrag« und Studierenden bestehende Mehrheit, denen das in langwierigen Bildungsprozessen gewissermaßen hochgezüchtete Urteilsvermögen durch und durch abgeht, darüber entscheiden, ob eine Arbeit über die Soldatenräte im Winter 1918/1919 dem Niveau einer Habilitationsschrift entspricht oder nicht. Noch grotesker wirkt das Verfahren, wenn man an dasselbe Qualifikationsverfahren in der Medizin denkt, wo eventuell ein Experimentalbericht die Möglichkeit einer bestimmten Therapie nahelegt, über deren Plausibilität drittelparitätisch geurteilt werden soll. Dasselbe Verfahren griffe Platz bei der Bewertung von Promotionsleistungen, Magisterprüfungen usw. In jedem Fall träfe zu, daß drittelparitätische Gremien den vereinigten Sachverstand kritischer Wissenschaftler nie und nimmer zu ersetzen vermöchten. Überdies sprechen derart bunt zusammengewürfelte Kommissionen jedem Respekt vor wissenschaftlicher Leistung Hohn, sie wird zum Spielball sachfremder politischer Interessen gemacht. Die Drittelparität muß, folgerichtig angewendet, die wissenschaftlichen Standards, das A und O jeder Wissenschaft und jeder Universität, auf Anhieb zerstören. Das ist ein nahezu irreparabler Schaden, wie jedem mit der Materie vertrauten bewußt ist.

In der Lehre schließlich, wo alle drei Gruppen die »Durchführung« gleichberechtigt bestimmen sollen, kann die erste Konsequenz nur ein scharfes Absinken der Leistungsanforderungen sein, denn nichts betreibt die Koalition der Dogmatiker mit den Dummen und Faulen geschwinder, als das Niveau der intellektuellen Ansprüche zu senken. Dafür gibt es an einigen Hochschulen – auch ohne Drittelparität – genügend Beispiele, wenn Studenten, Assistenten und einige kurzsichtige Hochschullehrer sich zusammengetan haben. Kämen Verwaltungsangestellte, Sekretärinnen, Fotokopierfachleute u.a., die auf ihrem Platz alle sehr tüchtige Leute sein mögen, noch hinzu, vermehrte sich um ein weiteres Drittel die Zahl der Sachfremden, die von wissenschaftlicher Forschung und Lehre genausowenig verstehen wie – in aller Regel – Studentenfunktionäre von Habilitationskriterien oder Lehrinhalten.

Insbesondere sollten DGB und GEW auch Abschied nehmen von einigen Reformfloskeln der späten sechziger Jahre. In den »Leitsätzen des DGB zur Studienreform« von 1978 findet man sie alle noch einmal aufgezählt. Da werden Gruppenarbeit und Projektstudium erneut favorisiert. Kleine Gruppen sollen sogar zu »Selbstlerngruppen« entwickelt werden. Natürlich müssen dann zu den Prüfungen auch »kooperative Leistungsnachweise« gehören, soll doch vor allem »solidarisches Handeln« gefördert werden. Dem gesamten Lehrbetrieb wird eine Ergänzung »durch sozialwissenschaftliche Fragestellungen, Inhalte und Methoden« verordnet: »die Sozialwissenschaften« sollen auch die Studierenden darüber aufklären, wie »Arbeitnehmerinteressen besser durchzusetzen« sind. Und schließlich hat sich der DGB auch noch eine Polemik gegen »Regelstudienzeiten« aufschwatzen lassen.

Im Rückblick auf das vergangene Dutzend Jahre ist jedoch nur zu deutlich zu erkennen, wohin der Gruppenfetischismus geführt hat: zur Lähmung individueller Initiative und individueller intellektueller Interessen, zur Verketzerung des individuellen Leistungswillens und seiner Kontrolle durch sachkundige Wissenschaftler, zum »Huckepackverfahren«, bei dem einer ein Referat schreibt und den passiven Rest der Gruppe zum ersehnten Schein, dem »kooperativen Leistungsnachweis«, hinschleppt. Im Vergleich damit fällt der Vorzug von Arbeit in Gruppen, in denen Anfangssemester ihre Rede- und Schreibhemmungen vielleicht eher zu überwinden lernen, nicht gleich schwer in die Waagschale, obschon es sich wegen dieses Vorzugs manchmal empfehlen mag, die Zusammenarbeit in Kleingruppen zu ermutigen. Die Fiktion der »Selbstlerngruppe« ignoriert jedoch die schlichte Tatsache, daß alles anspruchsvollere Lernen den Vorsprung eines Lehrenden und seine Beherrschung der sokratischen Fragemethode voraussetzt. Das Projektstudium kann die geistige Disziplinierung durch eine Fachwissenschaft mit ihrer Vermittlung weiter Problemzusammenhänge und Kenntnisse nicht ersetzen. Eben deshalb sind auch fast alle Experimente in dieser Hinsicht gescheitert.

Obwohl ich, wie nicht wenige Fachhistoriker, für eine lernbereite Kooperation mit den Sozialwissenschaften bis hin zur Fusion in einer »Historischen Sozialwissenschaft« seit langem eingetreten bin, muß der naive Glauben an die segensreichen Wirkungen schlechterdings jedweder Sozialwissenschaft mehr als irritieren. Im Zweifelsfall klärt eine kritische Geschichtswissenschaft über die Vergangenheit, auch die unmittelbare Vergangenheit, die man oft noch »Gegenwart« nennt, besser auf als die herkömmliche, häufig in einem extrem verkürzten Zeithorizont eingespannte und daher vorschnell oder kurzatmig interpretierende Sozialwissenschaft. Kurzum: Seine auf dem Höhepunkt des neuen Ansehens der Sozialwissenschaften ausgesprochene Forderung nach ihrer Monokratie sollte der DGB ebenfalls revidieren und neben der Soziologie zumindest auch die Geschichtswissenschaft, die Ökonomie, die Politische Theorie gut pluralistisch gelten lassen.

Von Gruppenarbeit, projektorientierten Veranstaltungen und kooperativen Arbeitsformen ist öfters die Rede. Nur über die individuelle Leistungsanforderung, den individuellen Leistungsnachweis und die individuelle Leistungskontrolle wird kein Wort verloren. Offenbar gilt das Leistungsprinzip, auf dem noch immer alle Wissenschaft beruht hat, als ein Unding, obwohl doch allein das Leistungsprinzip dazu verhilft, verallgemeinerungsfähige – und daher auch tendenziell demokratische – Urteilskriterien zu entwickeln. Sollen Gruppen, Projekte, kooperative Arbeit nicht mehr nach ihren Leistungsergebnissen beurteilt werden? Was soll an die Stelle des Leistungsprinzips, das seit jeher ein revolutionäres, gegen zufällige Vorrechte der Geburt gerichtetes Prinzip darstellt, treten? Die aufrechte Gesinnung, die Intensität von Gruppengefühlen, die Proklamation der Höherwertigkeit von solidarischer statt individueller Arbeit? Lauter Fragen ohne befriedigende Antwort. Im Grunde wird erwartet, einem Appell zu glauben, ohne sich weiter um die Praxis wissenschaftlicher Forschung und Lehre zu scheren.

In diesen Zusammenhang gehört noch ein weiteres Postulat von DGB und GEW: »die Demokratisierung aller Arbeits- und Lebensbereiche«, wie es in den Leitsätzen von 1978 heißt, »voranzutreiben«. Tatsächlich aber ist der Ruf nach uneingeschränkter Demokratisierung von wissenschaftlichem Forschen und Lernen eine der Sache nicht angemessene Forderung. Wissenschaftliche Institutionen, wie etwa die Hochschulen, lassen das Prinzip »one man – one vote« nicht zu. Die erdrückende Mehrheit der Studierenden könnte sonst schalten und walten wie sie wollte, zugleich aber – da der erwünschte Wechsel des Studienorts jedem offensteht – es mühelos vermeiden, die Folgen von Entscheidungen selber tragen zu müssen. Daß die Universitäten keine prinzipientreue Demokratisierung vertragen, müssen freilich auch DGB und GEW gespürt haben. Deshalb haben sie in Gestalt der Drittelparität eine neue Ständeordnung, die ganz so willkürlich wie die alteuropäische ist, vorgeschlagen und mit dem »Anspruch auf umfassende Mitbestimmung in allen Fragen« pseudodemokratisch drapiert. Das ist ein fauler Kompromiß, der – würde er verwirklicht – an allen Hochschulen zu ruinösen Zuständen führen müßte. Wissenschaftliche Forschung und Lehre sind für jedes moderne Land zu wichtig, als daß der Sachverstand beliebig majorisiert und qualifizierten Wissenschaftlern die Entscheidungskompetenz in allen zentralen Bereichen von Forschung und Lehre entzogen werden dürfte. Das vom DGB gerühmte Paradebeispiel Bremen enthüllt ja den geradezu perversen Zustand, daß wichtige Entscheidungen, wie z.B. Berufungen, oft nur mit Hilfe des besonnenen, zuverlässig abstimmenden, aber völlig sachunkundigen Blocks der »Arbeitnehmer ohne Lehrauftrag« in hektisch wechselnder Koalition mit Professoren, Assistenten und Studenten vom Präsidenten durchzusetzen sind.

Das Abitur mit einer beliebigen beruflichen Ausbildung gleichzusetzen, werden DGB und GEW auch aufgeben müssen. Die Universität kann nicht schlechterdings jedermann aufnehmen, da ihr Lehrbetrieb angesichts der beispiellosen Heterogenität der Studentenschaft alsbald zusammenbrechen würde. Die reformierte Oberstufe der Gymnasien und die in kurzer Zeit verzehnfachte Zahl der Studierenden haben schon genug schwierige Probleme aufgeworfen. Was würde der DGB sagen, wenn jeder Abiturient nach einer normalen Ausbildung an seiner höheren Schule fortan auch den Chemiefacharbeiter- oder Industriemeisterbrief geschenkt erhielte? Genausowenig kann berufliche Ausbildung die Vorbereitung auf die Universität ersetzen. Das Abitur als entscheidende Zugangsqualifikation zur Hochschule ist allerdings m.E. schon lange überholt. Die Universitäten sollten endlich eigene Aufnahmeprüfungen im Stile der englischen und amerikanischen Hochschulen durchführen dürfen. Aber die Heilige Kuh des Abiturs wagt noch kein Kultusminister zu schlachten. Und der ironische Vorschlag des früheren Ministerpräsidenten von Nordrhein-Westfalen, Heinz Kühn, künftig alle Zugangs- und Examenssorgen in der Bundesrepublik dadurch zu lösen, daß jedem Embryo das pränatale Doktordiplom zuerkannt wird, hat als praktische Handlungsmaxime keine Beachtung gefunden.

Zweifellos aber ist die Forderung des DGB berechtigt, daß die Hochschulen endlich ungleich stärker als bisher auf die Fortbildung oder Wissensergänzung von Menschen im Berufsleben eingehen sollten. Das aber erfordert kompetente Lehrkräfte, so daß auch unter diesem Gesichtspunkt die Kürzungswut der Finanzminister die Universitäten an der Bewältigung einer wichtigen Aufgabe hindert.

Und schließlich: Wer kennt die »grundlegenden gesellschaftlichen Bedürfnisse«, welche alle Forschung berücksichtigen soll? Wer kann im Konfliktfall seine Präferenzen durchsetzen und damit entscheiden, welche Bedürfnisse Priorität besitzen sollen? In der Tat sollte jeder Wissenschaftler die soziale Relevanz seiner Forschungen mitbedenken und beachten, diese Aspekte auch explizit entwickeln und damit diskussionsfähig machen. Dabei werden sich scharfe Unterschiede im Hinblick auf das, was jeweils für relevant gehalten wird, herausstellen. Außerdem kann ein heute eher beiläufig wirkendes Forschungsergebnis schon morgen ungeahnte Relevanz gewinnen. Welcher Wissenschaftler wird sich also eine Prioritätenskala der »grundlegenden gesellschaftlichen Bedürfnisse« vorgeben lassen? Und wen soll er als Normgeber akzeptieren? Die Gewerkschaften etwa, die »eine führende Rolle bei (...) der Bildungsreform« beanspruchen? Nein, auch hier hat sich der DGB in eine unhaltbare Position, die zunehmenden Widerstand ausgelöst hat, hineindrängen lassen.

Inzwischen haben die Karlsruher Entscheidungen und das Hochschulrahmengesetz einen Riegel vor die Verwirklichung wichtiger DGB- und GEW-Postulate geschoben. Vor allem aber haben bittere Erfahrungen diskreditierend gewirkt. Dennoch haben DGB und GEW bis heute nicht den Mut zu einem neuen hochschulpolitischen Programm gefunden. Sie beharren weiterhin auf einem Konservativismus, der sich selber als fortschrittlich versteht, tatsächlich aber realistische Reformen hartnäckig ablehnt. Über Gruppeneuphorie, Projektillusionen usw. ist die Entwicklung hinweggegangen. Die entscheidende Crux bleibt daher die Intransigenz, mit der auf der fatalen Drittelparität bestanden wird. Die deutsche Universität des 19. Jahrhunderts, die der israelische Wissenschaftsforscher Ben-David als »Weltzentrum der Wissenschaft« charakterisiert hat, nannte den einen Banausen, der von einer Sache, über die er redete oder schrieb, nichts verstand. In diesem Sinn inthronisiert die Forderung von DGB und GEW, in schlechthin allen Gremien die Drittelparität einzuführen, die Herrschaft des Banausentums. Keine Universität, die eine solche bleiben will, kann sich dem unterwerfen. Keine Universität, an der diese Drittelparität zur Norm würde, könnte ihrer Zerstörung widerstehen. Es ist deshalb längst an der Zeit, daß der DGB sich von den Irrlehren dieses Banausentums und von seinen Dogmatikern befreit, ehe er neue Grundsätze für die Hochschulpolitik erarbeitet.

Diesen Schritt gebietet auch das wohlverstandene Eigeninteresse des DGB selber. Jahrzehntelang war es für deutsche Wissenschaftler, die politisch links von der Mitte standen, selbstverständlich, daß an den Universitäten die Gefahr von rechts kam: von konservativen Professoren, von konservativen Verwaltungsbehörden, von konservativen Gesetzgebern. Die Erfahrungen mit dem Nationalsozialismus haben diesen Eindruck mit äußerster Radikalität verschärft. Es ist eine neue Erfahrung seit dem Ende der sechziger Jahre, daß die deutsche Universität auch von links her bedroht wird, jedenfalls von Gruppen, die sich selber als links definieren. Ihr Einfluß hat nicht selten die Kooperation in den Selbstverwaltungsgremien zerstört, den Lehrbetrieb unterbrochen und die Forschung gefährdet. Die Bildungspolitik des DGB und der SPD hat es häufig versäumt, rechtzeitig die Barrieren dagegen neu zu befestigen. Eine politische Konsequenz ist die, daß eine wachsende Zahl von Angehörigen jener mittleren und jüngeren Generation, die in Forschung und Lehre an den Hochschulen tätig ist, nur mehr trotz dieser Bildungspolitik für SPD und DGB eintritt. Nicht erst auf längere Sicht kann das nur zu einer zunehmenden Schwächung des Engagements für SPD und DGB führen. Wenn DGB und GEW weiterhin auf ihren unheilvollen Forderungen beharren, nach deren Richtschnur der institutionelle Umbau der Hochschulen allen Erfahrungen der siebziger Jahre zum Trotz auch in Zukunft erfolgen soll, wird das diesen Prozeß der Entfremdung nur beschleunigen. Eben das kann jedoch nicht im wahren Interesse des DGB (und auch der SPD) liegen, da er damit die Unterstützung, gewissermaßen den Rückenwind, für den viele an den Universitäten bisher gesorgt haben, auf Dauer verlieren würde. Man mag die Universitätsleute als eine Minderheit betrachten, die ständig vor den Kopf zu stoßen ungefährlich sei. Für die Meinungsbeeinflussung sind jedoch Institutionen, an denen bald anderthalb Millionen Studenten ausgebildet werden, keineswegs zu vernachlässigende Größen. Auch deshalb sollte der DGB hic et nunc Konsequenzen ziehen: Er muß sich entschlossen von seiner verfehlten hochschulpolitischen Programmatik trennen, neue: der Eigenart wissenschaftlicher Forschung und Lehre angemessene Grundsätze entwickeln und sich dadurch auf längere Sicht auch wieder eine Unterstützung sichern, auf die er aus guten Gründen nicht leichtfertig verzichten sollte.

Neue Hochschulgesetze:
Droht die Zerstörung der Universitäten?

Wenn in den letzten Jahren von Hochschulpolitik in Nordrhein-Westfalen die Rede war, fand ein Eindruck meist allgemeine Zustimmung: Ungeachtet der politischen Couleur hielt man es, sei's bereitwillig anerkennend oder sei's eher verhalten, vor allem dem politischen Geschick von Wissenschaftsminister Rau zugute, daß die Entwicklung in diesem Lande, aufs Ganze gesehen, in den Bahnen einer relativ ruhigen, gewöhnlich mit Augenmaß kalkulierten Reformpolitik verlaufen sei. Notwendige Veränderungen wurden nicht mit hektischer Bilderstürmerei belastet. Deshalb trat dann auch der Zwang, Übertreibungen korrigieren zu müssen, kaum auf. Ein derartiges Urteil bedeutet kein rhetorisch gebotenes Werben um Wohlwollen, sondern bleibt in der Tat gut begründbar. Seit dem Oktober 1977 ist jedoch dieses politische Geschick zusammen mit dem besonnenen Kurs der Landeshochschulpolitik insgesamt in Frage gestellt. Wodurch? Durch zwei Entwürfe des Wissenschaftsministeriums zur Integration der Pädagogischen Hochschulen in die Universität und zu einem neuen Landeshochschulgesetz (die beide 1980 in Kraft getreten sind). Beide Entwürfe geben zu einer Fülle kritischer Einwände Anlaß, denn im Effekt laufen sie auf eine nur schwer zu revidierende Zerstörung der Universitäten hinaus.

Bevor einige besonders strittige Punkte insbesondere des Integrationsplans herausgegriffen werden, ist eine Klarstellung geboten: Wie nicht wenige meiner Bielefelder Kollegen habe ich mich in dem Reformklima unseres Landes bisher ziemlich wohl gefühlt. Wir sympathisieren auch weiterhin mit einem prinzipiellen politischen Ziel der gegenwärtigen Landesregierung und der sie tragenden Koalition: mit dem Ziel nämlich, die zählebige Struktur sozialer Ungleichheit auch durch die Bildungspolitik abzubauen. Wir haben in den letzten Jahren Zeit und Energie für Bürger- und Wählerinitiativen zugunsten der sozialliberalen Koalition aufgebracht; die meisten möchten das auch in Zukunft tun. Kurzum: Auf die folgende Kritik paßt nicht das Etikett, sie komme aus der »rechten Ecke« der Unbelehrbaren. Vielmehr haben die Gespräche über die geplanten Hochschulgesetze ergeben, daß gerade Befürworter sozialliberaler Politik nunmehr entschiedenen Widerstand für geboten halten; deshalb darf hier auch öfters von »wir« die Rede sein. Zugleich ist das Urteil sichtlich durch die positiven Erfahrungen an einer Neugründung wie Bielefeld bestimmt. Die politischen Konsequenzen, die aus den gemeinsam verfochtenen Leitideen einer Reform der Universitäten und einer Vermehrung der Gleichheitschancen gezogen werden, können aber offenbar sehr verschieden ausfallen. Da jede Kritik am Integrationsentwurf ohnehin dem Vorwurf, sie verrate die Arroganz der Universitätsleute, schwerlich entgehen wird, sollen die Bedenken – nach dem Motto: auf einen groben Klotz gehört ein grober Keil – auch unverschnörkelt geäußert werden.

Zunächst ein Wort zum politischen Stil. Der Referentenentwurf des Gesetzes »über die Zusammenführung der Pädagogischen Hochschulen mit den anderen wissenschaftlichen Hochschulen« datiert vom »Oktober 1977« (angeblich vom 12. 10.). Erst seit dem 4. November war er in Bielefeld greifbar. In einer vermeintlich »ausreichenden Vorlaufphase« dürfen bis zum 15. Dezember 1977 »Anregungen und Bedenken« vorgebracht werden. Dieser Terminplan ist eine Zumutung. Wie sollen die Universitäten zu Beginn eines beispiellos überfüllten Wintersemesters innerhalb von fünf, sechs Wochen die Zeit zu eingehender Beratung und stichhaltiger Kommentierung eines Entwurfs mit derart gravierenden Folgewirkungen finden? Dieser offenbar zielstrebig geschaffene Zeitdruck im Vorfeld eines säkularen Eingriffs erinnert in fataler Weise an die unrühmlich knappe Zeitspanne, die vor einiger Zeit der Diskussion über die »Kooperative Schule« hierzulande verbleiben sollte.

Warum diese Hast? Wo bleibt das Ideal des »mündigen Bürgers«, der mit Argumenten überzeugt, mit guten Gründen umworben werden will, ehe er seine Entscheidung trifft? Warum haben nicht alle Hochschulreferenten des Wissenschaftsministeriums, alle Landtagsabgeordneten, insbesondere die Mitglieder des Kulturausschusses, den Universitäten diesen Entwurf eingehend erläutert? Warum hat sich m. W. kein einziger von ihnen der öffentlichen Diskussion in den Fakultäten und Fachbereichen gestellt? Warum hat der Wissenschaftsminister selber vor einem so folgenschweren Schritt nicht jeder Universität mindestens einen Tag gewidmet, um sie sowohl von der Substanz als auch von der Dringlichkeit des Entwurfs zu überzeugen? Eine formelle Einladung des

Bielefelder Senats, die künftige Hochschulpolitik einmal »vor Ort« zu vertreten, ist mit dem Hinweis auf angebliche Zeitknappheit abgelehnt worden.

Wir möchten den »mündigen Bürger« ernstgenommen sehen, und die Universitäten, die dank einem speziellen Training geradezu darauf angelegt sind, Kontroversen durch die Überzeugungskraft von Argumenten zu entscheiden, hätten diese Bereitschaft zur argumentativen Auseinandersetzung wohl verdient. Schon hinsichtlich der »Kooperativen Schule« mußte man sich fragen, warum Landesregierung und Koalition freiwillig, keineswegs notgedrungen, nur wenige Jahre nach dem hessischen Schulstreit, den Zusammenstoß auf einem Felde suchten, auf dem – wie frische Erfahrungen zeigen – Hunderttausende unschwer mit einem Erfolg gegen sie mobilisiert werden können, der die triftigen Gründe für ein begrenztes Experiment mit »Kooperativen Schulen« nicht mehr zum Zuge kommen läßt. Angesichts der außerordentlich knappen Mehrheit in Düsseldorf, erst recht aber angesichts der Tatsache, daß ein Mann vom Kaliber Biedenkopfs sich die Startlöcher gräbt, mußte der Verzicht auf den geduldig zu wiederholenden Versuch, die Zustimmung der Bürger durch gute Gesichtspunkte zu gewinnen, mehr als Verwunderung erregen. Daß es offensichtlich an Vertrauen auf die Überzeugungskraft der eigenen Argumente fehlte, konnte bei zahlreichen Verfechtern sozialliberaler Politik nur Bestürzung auslösen. Dasselbe scheint sich aber im Bereich der Hochschulpolitik zu wiederholen. Im D-Zug-Tempo soll ein »Jahrhundertgesetz« zur Integration der Pädagogischen Hochschulen durchgesetzt werden, ohne daß auch nur der Versuch gemacht worden wäre, an den Universitäten für diese Absicht in Ruhe zu werben, in öffentlicher Debatte das Pro und Contra gegeneinander wirken zu lassen. Der Stil erinnert an das autokratische »System Althoff« in Berlin und an den preußischen Landtag vor 1914, 1977 hätte Düsseldorf dagegen eine andere Vorgehensweise gut angestanden.

Was die Sache selber, die Integration, angeht, kann überhaupt nur dann in eine ernsthafte Debatte eingetreten werden, wenn der Wissenschaftsminister einen Passus revidieren läßt, und zwar je eher, desto besser. Die Fusion von Universitäten und Pädagogischen Hochschulen soll jeweils durch eine »Organisationskommission« vorbereitet werden, in der die PH-Vertreter eine Mehrheit von einem Hochschullehrer garantiert bekommen haben! (§ 8/2). Diese

Kommission ist selbstverständlich einer der Angelpunkte des gesamten Integrationsvorgangs, aber glauben die Verfasser des Entwurfs denn allen Ernstes, daß nur ein einziger Universitätsvertreter mit einem Rest von Selbstrespekt diesen Minderheitsstatus akzeptieren und in der Kommission mitwirken wird? Das neueste Gerücht besagt, es habe sich um einen Druckfehler gehandelt, die Universitäten dürften mithin genausoviel (drei) Professoren in die »Organisationskommission« entsenden wie die Pädagogischen Hochschulen. Es wäre ein blamables Versehen, wenn ein solcher Fehler an dieser zentralen Stelle den vielen prüfenden Augen vor der Veröffentlichung entgangen wäre. Aber so etwas mag vorkommen. Unverständlich bliebe dann jedoch immer noch, warum nicht am Tage der Entdeckung des Irrtums alle Hochschulen über den Fernschreiber des Wissenschaftsministeriums informiert worden sind, noch ehe am nächsten Morgen ein Eilbrief diesen kapitalen Schnitzer, der überall Erbitterung ausgelöst hat, formell richtigstellte. Fünf Wochen nach der Bekanntgabe des Entwurfs liegt eine solche formelle Korrektur den Universitätsmitgliedern noch immer nicht vor, obwohl in diesen Tagen an Postsendungen mit Informationsmaterial der Landesregierung kein Mangel herrscht. Eine »Freudsche Fehlleistung« wird mancher gewiß weiterhin vermuten.

Immerhin: Es ist kaum vorstellbar, daß der Wissenschaftsminister diese Stelle nicht revidiert. (Der angebliche Druckfehler wurde dann im Sinne einer 50:50-Besetzung dieser Kommission korrigiert!) Alsdann taucht aber die nächste prinzipielle Frage auf, die der Entwurf bereits massiv beantwortet, indem er mehrfach von der »Gleichberechtigung« der Pädagogischen Hochschulen mit den Universitäten spricht. Warum sollten jedoch Pädagogische Hochschulen gleichberechtigt sein? Vom wissenschaftlichen Potential her läßt sich nicht der Hauch einer Begründung finden. Jede Pädagogische Hochschule unseres Landes steht in dieser Hinsicht im Schatten seiner Universitäten. Vergleicht man z.B. die Kölner Pädagogische Hochschule allein mit der Kölner Philosophischen Fakultät, die rd. 80 angesehene, z.T. weltbekannte Gelehrte umfaßt, tritt das Mißverhältnis grell zutage. Die funktionale Bedeutung spricht erst recht für die Universitäten. Von der quantitativen Größe her läßt sich auch kein Grund ableiten, denn die Universitäten übertreffen die Pädagogischen Hochschulen manchmal im Verhältnis von zehn zu eins, immer aber um Tausende von Studenten. Wie will man also die Gleichberechtigung begründen? Was die Pädagogischen Hochschulen im Falle einer Eingliederung in die Universitäten brauchten, wären großzügige Schutzklauseln, die ihre Vorzüge erhalten hülfen, aber nicht mehr. Die Universitäten, das wird die kommende Debatte aller Wahrscheinlichkeit nach zeigen, werden sich nicht für die Integration aussprechen.

Die Pädagogischen Hochschulen dagegen wollen trotz einiger Skrupel wegen der Modalitäten fraglos den Universitätsstatus gewinnen. Das liegt, wenn einmal von allen internen koalitionspolitischen Überlegungen abgesehen wird, ganz auf der Linie eines Drangs zur Akademisierung der Ausbildung, zu einer auf der Qualität und daher dem Prestige des Universitätsstudiums beruhenden Professionalisierung des Lehrerberufs, wie sie seit langem beobachtet werden kann. Anstatt aber eine wissenschaftliche Qualifikation gemäß den international (in West und Ost) üblichen Maßstäben durch herausragende Promotion, Habilitation oder mehrere Bücher zugrunde zu legen, anstatt die Qualitätsstandards des Studiums durch unzweideutig leistungsorientierte Curricula anzuheben und auf diese Weise von sich aus – Zeit genug hat es ja dafür gegeben – den Universitäten sich anzugleichen, bauen nicht wenige an den Pädagogischen Hochschulen darauf, durch den Federstrich des Gesetzes alles geschenkt zu bekommen. Denn es ist doch schlechthin nicht zu bestreiten, daß das Qualifikations- und Studiumsniveau in der Regel – einzelne Ausnahmen sind uns allen bekannt – mit dem der Universitäten überhaupt nicht verglichen werden darf. Das kann weder überraschen, noch soll es unbedingt ein Vorwurf sein, da die Pädagogischen Hochschulen bisher einen anderen Ausbildungsauftrag gehabt haben und ihre praxisnahe Ausbildung ein anders qualifiziertes Lehrpersonal verlangte, dessen speziellen Fähigkeiten keiner den Respekt versagen wird. Aber »Gleichberechtigung«? Warum, wozu, um welchen Preis?

Der Nachdruck, mit dem die Gleichberechtigung der Pädagogischen Hochschulen dezidiert gefordert und immer wieder unterstrichen wird (z.B. 4, 30, 31, 33, 35, 41, 43 des Entwurfs), kontrastiert um so auffälliger mit der Tatsache, daß die Interessen der Universitäten keineswegs ebenso entschieden betont werden. Hier kann man, werden zum Vergleich frühere Formulierungen herangezogen, den Einfluß der PH-Lobby wohl deutlich erkennen. Zwar beschwört der Entwurf im Vorwort die Absicht, daß die Integration sich »an den Prinzipien der Sachgerechtigkeit und der Wahrung der Interessen der Betroffenen« zu orientieren habe, aber von jener Sachgerechtigkeit, die für selbständige Universitäten spricht, vernimmt man nichts, und von den Interessen der an ihnen Betroffenen allemal nichts. So ist z.B. von den Forschungsschwerpunkten, welche die Universitäten und ihre Fakultäten – in Bielefeld infolge eines förmlich ausgesprochenen Gründungsauftrags – ausgebildet haben, nur in dem Sinne die Rede, daß »die volle Forschungsfähigkeit einer wissenschaftlichen Hochschule gewährleistet« bleiben solle (29). Weder ist hier explizit von den Universitäten und der Technischen Hochschule Aachen die Rede – denn wo sind die Monographien, die wissenschaftlichen Reihen, die Zeitschriften, die Forschungsgruppen, die herausragenden Wissenschaftler der Pädagogischen Hochschulen, die einem Vergleich standhielten? –, noch erklärt der Entwurf ebenso häufig und bündig den spezifischen Forschungs- und Ausbildungsauftrag der Universitäten für mindestens ebenso schutzwürdig wie die Aufgaben der Pädagogischen Hochschulen.

In der Praxis wird es mit der Forschungsfähigkeit einer Fakultät bald anders aussehen, wenn Dutzende von PH-Dozenten die Bielefelder Fakultät für Pädagogik, Philosophie, Psychologie überfluten und ganz andere Prioritäten setzen können. In der Praxis wird die Gleichberechtigung fragwürdig, wenn einige PH-Sozialwissenschaftler zu den achtzehn Bielefelder Universitätsprofessoren für Soziologie hinzustoßen und dank der in der Gleichberechtigung gespeicherten Vetogewalt Studiengänge und Prüfungsordnungen blockieren oder gar im Sinne ihrer kleinen Minderheit ganz umbilden können. In der Praxis bedeutet die Gleichberechtigung, daß solche PH-Dozenten, die sich mehrfach auf Universitätspositionen beworben haben, aber nie unter die letzten zwölf Bewerber, geschweige denn auf die Berufungsliste gelangt sind, einer Fakultät par ordre de Mufti aufoktroyiert werden. Daß gewachsene Ausbildungseinheiten der Pädagogischen Hochschulen erhalten bleiben sollen, wird explizit versichert. Es leuchtet auch ein. (Der Entwurf nennt, 31, das Beispiel der Heilpädagogik.) Warum gilt das aber nicht analog für die mühsam bewahrten oder (z.B. in Bochum, Düsseldorf und Bielefeld) ebenso mühsam neu aufgebauten Fakultäten der Universitäten? Wahrscheinlich besitzt das Land die Organisationsgewalt, seine Hochschulen zusammenzuführen. Aber reicht diese Vollmacht so weit – eine Preisfrage für Verfassungsrechtler –, die auf dem Boden ihrer bewährten Autonomierechte allein nach Qualitätskriterien sorgsam aufgebauten Korporationen der Universitätsfakultäten beliebig zu »panschen«?

Alle diese Folgen der Gleichberechtigungsklausel, die den Dauerstreit in den integrierten Fakultäten zur Gewißheit macht, gehen aus der mit keinem einzigen triftigen Argument begründeten politischen Entscheidung hervor, die Fachdidaktiker der Pädagogischen Hochschulen den entsprechenden Fakultäten und Fachbereichen der Universitäten direkt zuzuweisen (§ 3). Warum werden aber Formen einer lockeren Kooperation, die beiden Institutionen ihr Eigenrecht beließen, überhaupt nicht in Erwägung gezogen? Warum wird nicht zur Debatte gestellt, ob die Pädagogischen Hochschulen als Erziehungswissenschaftliche Abteilungen in die Universitäten eingegliedert werden können? Das würden viele von uns begrüßen und unterstützen. Lakonisch, apodiktisch, unbegründet heißt es dazu im Entwurf (32), dies scheide »als Alternative aus«. Eine solche Regelung jedoch, z.B. für die Ausbildung der Primarstufenlehrer, hätte unleugbare Vorteile. Jetzt sollen die bisher existierenden Ausbildungseinheiten zerschlagen, die bisher zuständigen PH-Dozenten auf verschiedene Fakultäten aufgeteilt werden, während die Primarstufenausbildung zum jeweiligen Fachbereich für Pädagogik wandert (§ 2 u. S. 33). Wirken dieselben Dozenten an dieser Ausbildung weiter mit – was mancher mit »höherem« Ehrgeiz vielleicht gar nicht mehr mögen wird –, beeinflussen sie im eigenen Fachbereich (etwa durch Veränderung des Curriculums) einen Lehrbetrieb, an dem sie nicht teilnehmen, während sie im Fachbereich Pädagogik zwar nur als Dauergäste tätig sind, aber tatkräftig den Lehrbetrieb mitbestimmen. Insofern tragen sie in keinem der Fälle Verantwortung für die Ergebnisse. Deshalb widerstreitet dieses vorgesehene institutionelle Arrangement für die Primarstufenausbildung zutiefst dem Prinzip, daß man die Verantwortung für Resultate mittragen sollte, an deren Entstehung man mitgewirkt hat. Von den Bedürfnissen der Kinder, für die schließlich der Primarstufenlehrer ausgebildet wird, ist ohnehin im ganzen Entwurf nirgendwo mehr die Rede. Keiner fragt mehr danach, ob den Sechs- bis Zwölfjährigen fortab Lehrer mit einer sogenannten wissenschaftlichen Ausbildung besser bekommen als solche, die an den Pädagogischen Hochschulen mit Geschick und Erfolg in einerpraktischen Kunstlehre geschult worden sind! Aus dieser Richtung kommt Kritik am Entwurf auch von erfahrenen PH-Vertretern, die endlich ernstgenommen werden sollten.

Zur Gleichberechtigung gehört auch, daß begonnene Promotionen und Habilitationen nach PH-Anforderungen zu Ende geführt werden dürfen (§ 9 u. S. 42). Aus gutem Grund werden hier insgeheim die Maßstäbe der Universitäten für anspruchsvoller gehalten. Man möchte das Universitätsprestige genießen, ohne sich jedoch ihren schärferen Urteilskriterien wirklich auszusetzen. Wenn aber schon eine einzige integrierte Hochschule entstehen soll, kann auch nur ein einziger Maßstab gelten – und zwar immer der anspruchsvollere, sonst verlängert sich das derzeitige Gefälle auf noch längere Zeit in den Lehrkörper hinein. Oder hält irgend jemand das Urteil »nach PH-Recht an einer Universität habilitiert« für eine auszeichnende Empfehlung?

Was immer wieder als Gleichberechtigung betont wird, vermag nach alledem über eine sehr reale, da an verschiedenen Gesamthochschulen zutage getretene Gefahr nicht hinwegzutäuschen: Das mit großen Anstrengungen verteidigte Qualitätsniveau der Universitäten kann in den geplanten Integrierten Gesamthochschulen nur zu leicht gesenkt, nach unten nivelliert werden. Der Entwurf leistet dem durch seine Vorschriften mehrfach Vorschub. Noch zwei Beispiele: Studienleistungen, Zwischenprüfungen, gleichwertige Prüfungsleistungen, die an den Pädagogischen Hochschulen erbracht worden seien, sollen, heißt es, voll angerechnet werden. Wer entscheidet, diese kritische Frage wird nicht beantwortet, über die Gleichwertigkeit? Sollen Scheine für Seminare, für die keine klaren Teilnahmevoraussetzungen (Zwischenprüfung, Kenntnis von Fremdsprachen) bestanden, wo keine Anwesenheitskontrolle erfolgte, Gruppenarbeiten im Huckepackverfahren ohne erkennbaren individuellen Anteil akzeptiert wurden, Noten verweigert oder alle Besucher mit »sehr gut« bedacht wurden – sollen solche Scheine, die jede intakte Universität bisher nicht anerkannt hat, nunmehr deshalb als »gleichwertig« anerkannt werden, weil sie aus einer PH stammen, wo diese Dinge gang und gäbe waren? Wer anders als Universitätsgremien könnte über Gleichwertigkeit entscheiden? Warum soll eigentlich an einer integrierten Hochschule nicht nach dem ungleich anspruchsvolleren Curriculum einer Universitäts-Fakultät für die Sekundarstufe I-Lehrer anstatt nach der PH-Ordnung studiert werden, zumal durch die bessere Ausbildung die grundlegend wichtige Chance, eine Planstelle als Lehrer zu erhalten, fraglos steigt? Das Vetorecht der PH-Vertreter könnte es in den gemeinsamen, 50:50 besetzten Studienkommissionen (§ 10) mühelos verhindern. Soll mit Hilfe dieses Schlüssels »erhöhten Ansprüchen« (28) genügt werden?

Ist erst die im Entwurf vorgesehene Rechtsverordnung (§ 7) erlassen, durch die nach dem Inkrafttreten des Gesetzes weitere wesentliche Entscheidungen gefällt werden, dürfen alle irgendwie mit Lehrerausbildung zusammenhängenden Professorenstellen (d.h. bei Germanisten, Anglisten, Philosophen, Historikern u.v.a., eigentlich alle!) nur mehr von Kommissionen besetzt werden, in denen PH und Universität »zu gleichen Teilen« (§ 11) vertreten sind. Wie soll da der »Sachverstand« der Universitätsvertreter zum Tragen kommen, wenn die PH-Fachdidaktiker mit ihrer völlig andersgearteten Expertise in praxisnaher Ausbildung plötzlich über den internationalen Forschungsstand der Lateinamerika-Forschung, der Linguistik, der Politischen Theorie, der modernen Wirtschaftsgeschichte urteilen sollen? Erneut läuft diese Regelung im Effekt auf ein Vetorecht der PH, damit aber auf eine eklatante Gefährdung des wissenschaftlichen Niveaus hinaus. »Gleichberechtigung«, das zeigen bereits diese wenigen Punkte, heißt also nicht nur unbegründete, unbegründbare Gleichstellung der Pädagogischen Hochschulen mit den Universitäten, sondern – der faktischen und offenbar doch bewußt riskierten Auswirkung nach – unverhohlene Privilegierung der in aller Regel geringer qualifizierten Minderheit.

Viele dieser gravierenden Vorentscheidungen ergeben sich vermutlich zu einem großen Teil aus dem prinzipiellen Beschluß, daß alle Universitäten des Landes hic et nunc in Integrierten Gesamthochschulen aufgehen sollen. Keiner von uns widerspricht dem zur Zeit laufenden, wenn auch nicht ermutigenden Experiment mit einigen Gesamthochschulen. Auch für eine Integrierte Gesamthochschule könnte ja einmal eine Prüfungszeit vorgesehen werden. Aber warum dieser typisch teutonische Totalitätsanspruch, gleich alle Hochschulen, und zwar buchstäblich ausnahmslos, in Integrierte Gesamthochschulen zu überführen, wie dies auch der Landeshochschulgesetzentwurf (§ 4) vorsieht? Warum darf nicht mehr die Vielfalt verschiedenartiger Hochschulen mit ihren ganz unterschiedlichen Aufgaben bestehen? Warum kann nicht einmal ein Schuß jenes Pluralismus erhalten bleiben, der in anderen Ländern ohnehin staatliche, private und kirchliche Hochschulen miteinander konkurrieren läßt? Warum müssen derart rigoros die Weichen nur auf die Integrierte Gesamthochschule hin gestellt werden, obwohl ein Versuch mit der »Kooperativen Gesamtschule« erst einmal nüchterne Erprobung verdient hätte? Warum sollen überall monolithische Großorganisationen entstehen, Exempel eines anonymen Betriebs, der – wie wir alle wissen – auch berechtigten studentischen Protest erneut provozieren muß? Zählen die Vorzüge einer studentennahen Dezentralisierung gar nichts mehr? Warum dieser bürokratische, zutiefst intolerante Homogenisierungszwang unter enormem Zeitdruck? Fragen über Fragen, die der Entwurf überhaupt nicht oder ganz unzulänglich beantwortet.

Was dagegen an Gründen angeboten wird, löst neue Einwände aus. Das Lehrerausbildungsgesetz von 1974, das an erster Stelle angeführt wird, läßt sich mit unterschiedlichen Formen der Kooperation vereinbaren. Aber diese Alternative »scheidet aus«. Dem gleichfalls ins Feld geführten Anspruch auf verbesserte Fachdidaktik können die Universitäten fraglos selber genügen. Es verrät nichts als dünkelhaft beschränkte Vorurteile, wenn pauschal behauptet wird (33), »im universitären Bereich« solle endlich eine »bislang weitgehend vermißte Reflexion über wissenschafts- und schuldidaktische Probleme« ermöglicht werden. Wie weit entfernt vom wirklichen Universitätsbetrieb leben die Verfasser des Entwurfs, daß sie so blindlings dem Ressentiment gefolgt sind? Selbstverständlich bleibt unbestritten, daß jede Universität in ihrer Fachdidaktik noch unablässig hinzulernen kann. Die Crux ist, daß sich in dieser Unterstützung der didaktischen Ausbildungselemente die seit den späten sechziger Jahren längst fragwürdig gewordene, im Lehrerausbildungsgesetz aber eingefrorene Euphorie einer didaktologischen Superwissenschaft widerspiegelt, der außer (!) der Fachdidaktik noch ein Drittel des gesamten Studiums für das Lehramt eingeräumt werden soll. Die Kenntnis der Sache selber, ohne die keiner ein guter Lehrer sein kann, wird damit notwendigerweise verhängnisvoll geschmälert, während für didaktische Vermittlungsprobleme fraglos zuviel Zeit angesetzt wird.

Ganz unverhüllt wird schließlich der Anspruch verfochten, durch das Integrationsgesetz Stellen einzusparen oder – wie es im Jargon der Beschönigung heißt – »umwidmen« zu können (Vorwort, §§ 6 u. 11). Wie läßt sich das bei wachsenden Studentenzahlen mit der versprochenen »Gewährleistung eines angemessenen Lehrangebots« (Vorwort) vereinbaren? In der Zeit einer ansteigenden Studentenlawine soll »Stellenklau« ausgeübt werden, obwohl doch neue Stellen bitter nötig sind; sie brauchen ja keineswegs immer Beamtenstellen zu sein. Seinen eigentlichen Tiefpunkt erreicht jedoch der Begründungskatalog, wenn er eine ominöse demographische Entwicklung, sprich: die nach der Mitte der achtziger Jahre vielleicht (!) sinkende Studentenzahl, zu einer unentrinnbaren Automatik stilisiert, der sich die Regierung, dem bitteren Sachzwang gehorchend, verantwortungsbewußt zu beugen hätte. Jeder von uns weiß doch, daß es eine ganz und gar politische Entscheidung bleibt, ob man Klassenstärken von 40 oder 25 Schülern durchsetzen will. Möchte man endlich 25 erreichen, braucht man am Tage nach einer entsprechenden gesetzlichen Regelung vermutlich 8000 neue Grundschullehrer. Mit Demographie hat das verzweifelt wenig zu tun, wohl aber mit der Bereitschaft zur Finanzierung einer humanen Erziehung, daher mit politischen Prioritäten. Und wenn man Einführungsveranstaltungen für Studenten, erst recht Seminare mit 25 statt 200 oder gar noch mehr Teilnehmern will, brauchen die Hochschulen neue Stellen, anstatt mit dem Entzug bereits bestehender bestraft zu werden. Das Irritierende an diesem Pseudoargument der demographischen Entwicklung, das zumindest alle Eltern schulpflichtiger Kinder im Nu durchschauen, bleibt daher in erster Linie, daß Gründe auf diesem Niveau den Landtagsabgeordneten und Hochschulen, der kritischen Öffentlichkeit überhaupt zugemutet werden. Sich mit besseren Argumenten anzustrengen, andere Prioritäten zu verteidigen, hat offenbar vorerst keiner der Verfasser mehr für nötig gehalten.

Vielleicht glauben sie ohnehin, daß die Ministerialbürokratie politische Klugheit und wissenschaftlichen Sachverstand in Erbpacht genommen hat. An vielen entscheidenden Stellen heißt es nämlich immer wieder (z.B. § 2/1, 3; 3/6,6; 8/5; 10/4,9; 11/1,3, 6; 14; S. 30, 35): Der Minister entscheidet, der Minister erläßt eine Rechtsverordnung, der Minister kann die Ergebnisse der Beratungen an Hochschulen akzeptieren, der Minister braucht das aber nicht ... Der Minister regelt sogar die neuen Berufungskriterien (§ 11), denn auch dabei wissen seine Beamten, auf deren Machtsteigerung all das hinausläuft, selbstredend besser Bescheid, wie z.B. ein Lehrstuhl für Zeitgeschichte oder Wissenschaftstheorie definiert werden soll. Müssen denn wirklich, wenn schon auf diese Weise eine fragwürdige Gleichheit durchgesetzt werden soll, bewährte liberale Freiheitsrechte aller Hochschulen so drastisch geschmälert werden? Wäre es da nicht erwägenswert, fragt sich der beflissene Untertan angesichts soviel etatistischen Mißtrauens gegenüber der Selbstverwaltungsfähigkeit aller Hochschulen, von vornherein den vereinheitlichten Professorenstand des Landes in einem spartanischen Annex des Wissenschaftsministeriums zu kasernieren, ihn morgens vor der Entsendung an die Lehrorte mit einer verbindlichen Losung auszurüsten – in dem üblichen menschenfreundlichen, unmißverständlichen Beamtendeutsch, versteht sich –, ihn tagsüber voll patriarchalischen Wohlwollens, aber streng an der kürzesten Leine zu führen und abends zu einer peniblen Berichterstattung auf Formularen anzuhalten, wie sie Vertreter von Waschmittelfirmen zur Kontrolle des Verkaufserfolgs ausfüllen müssen? Diese denkbar simple Lösung würde zahlreiche Probleme beseitigen, freilich auch ein paar kaum nennenswerte neue aufwerfen, ohne doch des Wohlgefallens jeder wahrhaft zentralistischen Verwaltung entraten zu müssen.

Sollte dieser Entwurf Gesetz werden, wird sich das politische Klima zusammen mit dem Arbeitsklima an den Universitäten ruckartig verschlechtern. Kann das der Minister, können das Regierung und Koalition zu einem Zeitpunkt wollen, wo von der Kooperationsbereitschaft der Universitäten, an der es in unserem Land gewiß nicht gefehlt hat, bei der Bewältigung des Massenstudiums so viel abhängt? Wollen sie wirklich auf den Rückenwind, für den mit vielen Vertretern der Intelligenz, der Publizistik, der Schriftsteller auch nicht wenige Universitätslehrer seit Jahren gesorgt haben, freiwillig verzichten? Werden Protest und schließlich Resignation in einen »Dienst nach Vorschrift« achselzuckend in Kauf genommen? Wo bleibt vor allem aber, noch einmal, der »mündige Bürger«, der durch Argumente gewonnen werden sollte? War dieses Ideal nur eine »Fata Morgana«, die uns irregeführt hat? Haben wir erst einmal den quasi-akademischen Landeseinheitsbrei der Integrierten Gesamthochschule als kraftlose Kost verordnet bekommen, dann freilich wird – diese Prognose läßt sich leicht stellen – in spätestens zehn Jahren die Notwendigkeit entstehen, für die wissenschaftliche Forschung und eine leistungsbezogene Ausbildung die Universitäten aufs neue zu gründen, denn ohne das dezidiert zu verfechtende Leistungsprinzip, ohne Forschungsintensität und ohne hochqualifizierte Universitätsausbildung werden Staat und Gesellschaft auch und erst recht im letzten

Drittel des 20. Jahrhunderts nicht auskommen. Noch kann sich unser Land diesen äußerst kostspieligen Umweg sparen.

Ob Argumente zur Zeit zählen, steht dahin. Die rasante Ausdehnung der staatlichen Intervention, die radikale Einseitigkeit der Lösung durch Integrierte Gesamthochschulen, die einfallslose Kargheit der Begründung – sie verraten nichts Gutes. Doch erst mit dem Landeshochschulgesetz wird ein wahres Denkmal des etatistisch-bürokratischen Allmachtstrebens aufgerichtet, das aller überlieferten Autonomie der Universitäten durch minutiöse Reglementierung den Garaus macht. Alle Satzungen, Ordnungen, Studiengänge werden aufgehoben, ganz gleich, ob sie sich über die turbulenten Jahre hinweg bewährt haben; auch eine vorzügliche Funktionsfähigkeit gewährleistende, mit dem Karlsruher Urteil konforme Verfassung wie die Bielefelder, die ein Höchstmaß an konfliktfreier Entwicklung bisher, schon zehn Jahre fast, ermöglicht hat. Der Erfolg der neugegründeten Universitäten des Landes gilt den LHG-Verfassern offenbar gar nichts, mag er auch noch so deutlich im Vergleich hervortreten. Bewährung zählt nichts, Uniformität ist alles, sie allein soll fortab das Nonplusultra darstellen. Gemessen an dieser Tendenz wirkt die zu Recht kritisierte preußische oder bayerische Bürokratie des 19. Jahrhunderts wie ein Musterbild an kluger Zurückhaltung und liberaler Toleranzbereitschaft.

Postscriptum 1982: Blickt man auf den Streit vor der Verabschiedung des Gesetzes über die Integration der Pädagogischen Hochschulen in die Universitäten und vor dem neuen Landeshochschulgesetz zurück, stellt sich heraus, daß viele damals geäußerte Befürchtungen bestätigt worden sind. Ob der fortab allseits mögliche staatliche Eingriff mit einer gewissen Behutsamkeit oder mit Machtbewußtsein ausgeübt wird, bleibt abzuwarten. Skepsis gegenüber den weit ausgedehnten Einfluß- und Durchsetzungschancen der Ministerialbürokratie und ihrer politischen Leiter erscheint weiterhin angebracht. Wo die Pädagogischen Hochschulen mit den Universitäten vereinigt wurden, entstanden die Mammutorganisationen von Gesamthochschulen, vor deren anonymem Gewimmel Studenten und Hochschullehrern gleichermaßen graust. Neue Reibungskonflikte sind damit einprogrammiert. Die Fach-zu-Fach-Integration hat den Dauerstreit in aufgeblähten Fakultäten verankert. Manchmal hat sie ganze Fakultäten gesprengt. So haben etwa die Bielefelder »Fakultät für Pädagogik, Philosophie und Psychologie« sowohl die Philosophen als auch die Psychologen verlassen, als die Überflutung durch drei Dutzend PH-Pädagogen einsetzte. In der kurzen Übergangsphase bis zu dem Zeitpunkt, als die Pädagogischen Hochschulen vollständig in der Universität aufgingen, konnte es z.B. auch vorkommen, daß ein PH-Assistent in höchster Eile aufgrund einer kumulativ erbrachten schmalen Leistung habilitiert wurde, die an der Universität nicht zum Magister gereicht hätte. Der einstimmige Widerspruch der dadurch direkt betroffenen Fakultät blieb wirkungslos, da der Gesetzgeber eben diesen Freiraum der PH bewußt eingeräumt hatte.

In den Veranstaltungen findet sich seither eine nach Kenntnis und Begabungsprofil bunt gemischte Studentenschaft ein, die allzu leicht das Niveau sinken läßt. Bei der Beratung der vom Gesetzgeber vorgeschriebenen neuen Studienordnungen durch paritätisch zusammengesetzte Kommissionen tritt unübersehbar der Widerstand gegen die Leistungsanforderungen der Universitätsvertreter zutage. Längst hat sich auch die Sorge als begründet erwiesen, daß Stelleneinsparung ein besonders wichtiges Ziel darstellte. Die gegen ihren Willen vergrößerten Fakultäten und Fachbereiche müssen mit ansehen, wie die Aussichten auch für ihren hochbegabten wissenschaftlichen Nachwuchs immer düsterer werden, da angesichts der numerischen Vergrößerung Auffangstellen nicht mehr zu gewinnen sind.

Ungeachtet der gut begründeten Forderung, die PH jeweils als Fakultät für Pädagogik innerhalb der Universität zu etablieren und ihr weiterhin die Grundschullehrer-Ausbildung zu übertragen, sind oft PH-Angehörige den verschiedenen Fächern oktroyiert worden, und eine eigene Institution für die Grundschullehrer hat der weise Gesetzgeber erst gar nicht mehr vorgesehen! Anstelle einer Einrichtung, die in jeder Hinsicht die Verantwortung für diese spezifische Ausbildung trägt, sind gemischte interfakultative Kommissionen ins Leben gerufen worden, die sich um die Ausbildung der sogenannten Primarstufen-Lehrer kümmern sollen. Nun gehören solche gemischten Kommissionen gewiß zu den labilsten und ineffektivsten Gebilden, welche die daran nicht gerade arme Gruppenuniversität hervorbringt. Außerdem muß sie ringsum bei den Fakultäten um Lehrkapazität betteln gehen, um überhaupt ein künftiges Grundschullehrer-Studium gewährleisten zu können. Nicht wenige ehemalige PH-Angehörige scheinen aber die stärkste

Abneigung dagegen zu besitzen, in diesem alten Tätigkeitsbereich weiterhin zu wirken. Selten ist ein Gesetzgeber mit den Lehrern für die ersten wichtigen Schuljahre unserer Kinder sorg- und bedenkenloser umgegangen als der Landtag von Nordrhein-Westfalen.

Besonders nachteilig wirkt sich auch die Vorschrift aus, wichtige Kommissionen paritätisch mit Universitäts- und PH-Vertretern zu besetzen. Das trifft z.B. für die sogenannte Lehrerausbildungskommission (LAK) zu, welche die neu entstehenden Studienordnungen für Lehrerberufe zu prüfen und in gewissen Grenzen zu koordinieren hat. Um zur Veranschaulichung ein Schlaglicht auf die Vorstellungen einer solchen Kommission zu werfen, wo die PH-Hälfte der Mitglieder gewöhnlich einige Sympathisanten auf der anderen Seite zu finden vermag, sei ein Beispiel geschildert. In Form von Rahmenrichtlinien schlug die LAK einer Universität unter anderem drei obskure Richtwerte für die neuen Studienordnungen vor. Als Abschluß des Grundstudiums dient bekanntlich in gut gebauten Curricula die Zwischenprüfung, für die alle Leistungen des Grundstudiums, einschließlich der entsprechenden Scheine und Fremdsprachenkenntnisse, eine längere schriftliche Hausarbeit und ein erfolgreich bestandenes Prüfungscolloquium nachzuweisen sind; zugleich verbindet sich damit eine Beratung über den künftigen Studienweg. Diese Zwischenprüfung zu beseitigen forderte die LAK mit der hinreißenden Begründung, daß sie zu didaktischen und berufsprognostischen Zwecken nicht tauge. Tatsächlich aber ist eine Zwischenprüfung als Filter unverzichtbar, da zu diesem Zeitpunkt des Studiums auf eine gewisse Selektion und nachgewiesene Leistungsfähigkeit für das Hauptstudium nicht verzichtet werden kann. Erst der sachte Druck der bevorstehenden Zwischenprüfung bringt auch alle jene, die nicht zu den hochmotivierten Studierenden gehören, endlich dazu, sich intensiver auf die akademische Arbeit einzulassen.

Der zweite Vorschlag der LAK ging erheblich weiter. Sie empfahl die Bildung »selbstorganisierter Studiengruppen«, die sich in der Form eines Selbstbedienungsladens auch selber die Scheine ausstellen durften, die natürlich alle vorzügliche Noten enthalten hätten. Kein Universitätswissenschaftler kann jedoch auf die fachwissenschaftliche Vorbereitung, Durchführung und Kontrolle von Veranstaltungen verzichten, am allerwenigsten bei Seminaren. Diese Aufgabe kann nur von ausgewiesenen Wissenschaftlern selber ausgeführt werden. Die Kriterien ihres Urteils werden z.T. in den Studienordnungen aufgeführt, zum größeren Teil werden sie während eines mühsamen langjährigen Bildungs- und Sozialisationsprozesses erworben. Infolgedessen ist auch der Kompromißvorschlag, daß sich der verantwortliche Wissenschaftler vor Beginn seiner Veranstaltung mit den Studenten jeweils auf die Kriterien der Leistungsscheinvergabe »konsensual« zu einigen habe, nicht weniger abenteuerlich. Jeder Wissenschaftler, der selbständig in der Lehre tätig ist, kennt die Qualitätskriterien seines Faches, und keiner wird daran denken, sie von zufälligen Mehrheiten in einer Studentengruppe abhängig zu machen, zumal eine deprimierende Erfahrung überall gezeigt hat, daß solche Studentenmehrheiten stets auf verminderte Leistungsanforderungen hin drängen.

Wo Excellenz v. Humboldt mit nicht gerade unbedeutenden Helfern, wie Fichte und Schleiermacher, später Hegel und Schelling, gescheitert ist, nämlich durch die Philosophie die Einheit der Wissenschaften an der Universität zu stiften, sollte nach Meinung der LAK die Didaktik und die Berufspraxis eine neue Pseudoeinheit stiften. In der Konsequenz würde das bedeuten, die Universität als Ensemble der Fachwissenschaften zu zerstören und auf diesen Trümmern eine fragwürdige »Einheit« aus Didaktik und Berufspraxis aufzurichten. Im internationalen Vergleich haben wir in der Bundesrepublik ohnehin, zusammen mit dem Erziehungswissenschaftlichen Begleitstudium (ein Drittel der obligatorischen Stunden!), zu viele didaktische Elemente in vielen Studiengängen eingebaut. Jetzt sollte auch noch eine ideologische Überhöhung der Didaktik zu einer Art Superwissenschaft, der in der Universität der Primat gebühre, mitgemacht werden. Noch unklarer blieb freilich die Rolle der Berufspraxis. In den Nachfolge-Fachbereichen der alten Philosophischen Fakultät wollen noch immer die meisten Studenten Lehrer werden. Viele aber werden sich in anderen Berufen bewegen müssen. Anstatt zur Schule gehen z.B. Historiker zur Presse, zum Fernsehen, zu Volkshochschulen, zu den Abteilungen für Öffentlichkeitsarbeit bei den Gewerkschaften oder im BDI. Die Universität kann ihnen primär eine solide fachwissenschaftliche Ausbildung mitgeben, nicht jedoch diese Ausbildung an die Chimäre einer noch unbekannten Berufspraxis binden.

Darüber hinaus arbeitete die Forderung der LAK nach einer Spitzenstellung der Didaktik wissenschaftsfeindlichen, aber didaktikfreundlichen Bürokraten in die Hand. Im Wissenschaftsministe-

rium gäbe es eine Art Aha-Effekt: Wenn die Universitäten schon
selber auf den Vorrang der Wissenschaften zu verzichten und die
Didaktik auf Platz Eins zu heben bereit sind, können wir ihnen
auch gleich zumuten, den Lehrstoff in jenen Häppchen zuzuberei-
ten, die angeblich an den Schulen gebraucht werden. Wissen-
schaftspolitisch entsprach daher die Forderung der LAK einem
Ruf nach der Kapitulation vor der Didaktik-Clique der GEW, der
beamteten Heilsbringer aus der Pädagogik, der selbsternannten
Verwalter des Erbes von 1968. Universitätspolitisch verlangte sie
die wissenschaftliche Selbstkastration. Dieser Vorgang ist den al-
lermeisten Wissenschaftlern aus höchst respektablen Gründen sehr
zuwider. Freiwillig werden sie sich erst recht nicht dazu entschlie-
ßen und die Verfechter dieser Forderung trotz der Bergpredigt
auch nicht mehr brüderlich lieben.

Das außerordentlich Irritierende an einem derartigen Kommis-
sions-»Papier« liegt darin, daß die Postulate nicht von einem jungen Verwaltungsjuristen aus dem Ministerium stammten, der die
Universität kurz besucht und beim Repetitor seine Rechtstechnik
zu beherrschen gelernt hat, sondern daß sie von einem Gremium
der Universität selber, gewissermaßen von einem ihrer eigenen Ge-
setzgebungsorgane erarbeitet wurden. Die Arroganz der didaktologischen Excellenzen, die sich als neue Einheitsstifter aufführen,
ist schwer zu übertreffen; ihr korrespondiert die verächtliche Ab-
wertung der Fachwissenschaften.

Politisch ist es schon schlimm genug, daß eine Universitätskom-
mission diese Ziele den Fakultäten ansinnt. Die Forderungen
bewegen sich aber darüber hinaus in der Grauzone vor einer
rechtlichen Pflichtverletzung. Wie Bismarck es ausgedrückt haben
würde: Die Kommission periklitiert haarscharf an dieser Grenze.
Die grundgesetzlich und landesgesetzlich verankerte Freiheit der
Forschung und Lehre beruht auf einer Garantie des Primats der
fachwissenschaftlichen Forschung und der fachwissenschaftlich
fundierten Lehre. Wo die Didaktik eine Wissenschaft und nicht die
Lehre von der Leere ist, wäre sie mit einbezogen. Dieser Primat der
Fachwissenschaften wird jedoch im Zeichen einer didaktologischen Superwissenschaft und der Fata Morgana einer unbekannten
Berufspraxis prinzipiell negiert. Dagegen ist mit Nachdruck auf
dem klaren Vorrang der Fachwissenschaft in Forschung und Lehre
zu bestehen. Wird dieser Vorrang beseitigt, können sich die Hochschullehrer gleich auf eine Heimschule für die linksrheinisch-men-

nonitischen Radfahrergesellen zurückziehen. Sollten derartige
Vorlagen einmal mehrheitsfähig und damit universitätsinternes
Recht werden, müßte jeder strittige Punkt weiter bekämpft und
der offene Konflikt, notfalls durch alle Instanzen hindurch, ausgetragen werden.

Nötig ist in Zukunft vor allem eins: Wenn wieder einmal Woche
für Woche, Monat für Monat mit der Formulierung neuer Studien-
und Prüfungsordnungen verbracht, der ärgste Schaden der neuen
Gesetze ausgebessert worden ist, haben die Universitäten ein
wohlverdientes Recht auf eine Ruhepause. Die Politiker können
den Hochschullehrern, den Wissenschaftlichen Mitarbeitern, aber
auch den Studenten nicht eine ununterbrochene Dauermobilisierung ihrer Energien zu politischen und administrativen Zwecken
zumuten. Dieses zeitökonomische Argument wiegt nach all den
Jahren um so schwerer, in denen mit großer Intensität die Gruppenuniversität politisch in Gang gehalten, die Studienreform vorangetrieben, die Selbstverwaltungsarbeit erledigt werden mußte.
Jetzt sollten die Wissenschaftler zu ihren eigentlichen Aufgaben:
zu Forschung und Lehre oder – je nach Neigung – zu Lehre und
Forschung zurückkehren dürfen. Nicht zuletzt die stetig weiter-
wachsende Zahl der Studierenden würde daraus den größten Ge-
winn ziehen.

Antiquierte Aversionen gegen Geschichte?

Durch das herbe schulpolitische Urteil des Hessischen Staatsgerichtshofs ist die Aufmerksamkeit einer breiten Öffentlichkeit wieder einmal auf die seit mehr als zehn Jahren schwelenden bildungspolitischen Konflikte in Hessen hingelenkt worden. Diese nicht revisionsfähige Entscheidung verpflichtet die Landesregierung u.a. dazu, sich gemäß der Interpretation des Gerichts insofern verfassungskonform zu verhalten, als sie fortab auf allen Jahrgangsstufen den Unterricht in einem selbständigen Fach Geschichte, das im Grundgesetz dieses Landes ausdrücklich privilegiert worden ist, kontinuierlich zu gewährleisten hat. Wie wenige andere Streitfragen hat die Bildungspolitik der sozialliberalen Koalition in Wiesbaden, die vor allem im Bereich des Geschichts- und Sozialkundeunterrichts nicht nur einer ziemlich langen Reihe von verfehlten Zielvorstellungen gefolgt ist, sondern auch eine an Mißgriffen reiche Durchsetzungspraxis verfolgt hat, den schließlich erbitterten Widerstand zahlreicher Eltern provoziert. Obwohl die Wirkung dieser Bildungspolitik schlechterdings unübersehbar zutage trat und der polarisierende Effekt, von Landtagswahl zu Landtagswahl fortschreitend, auch an Stimmenverlusten exakt abgelesen werden konnte, hat sich die Koalition bis zu dem neuen Urteil zu keiner grundlegenden Kurskorrektur verstanden.

Wenn es im Lichte des politischen Imperativs der Machtgewinnung und -erhaltung schon schwer zu verstehen ist, warum die hessische Koalition sehenden Auges eine derartige Dauermobilisierung gegen ihre Bildungspolitik nicht nur Jahr für Jahr hingenommen, sondern auch noch unablässig neu gefördert hat, ist die Konfliktbereitschaft, mit der die nordrhein-westfälische SPD-Regierung, die vor einigen Jahren bereits eine schmerzhafte Schlappe in ihrer unklug überhasteten Gesamtschulpolitik hinnehmen mußte, auf breiter Front in einen neuen Streit mit Schulen, Eltern, Lehrern und Universitäten hineinsteuert, noch schwerer zu begreifen. Können auch in diesem Bundesland Bildungspolitiker aus Erfahrungen nicht mehr lernen? Oder wird in den entscheidenden Gremien der – einer begründeten Anti-Strauß-Haltung entsprungene – SPD-Sieg bei den letzten Landtagswahlen, bis 1980 hat die FDP die Düsseldorfer Politik mitgetragen, flugs als Blankomandat für die weithin kontroverse Bildungspolitik der derzeitigen Mehrheitspartei mißverstanden?

Zugegeben, die verfassungsrechtliche Situation in Nordrhein-Westfalen ist grundverschieden, weil ein obligatorischer Geschichtsunterricht in der Verfassung nicht verankert ist. Auch ist die Düsseldorfer Schulpolitik, nachdem Anfang der siebziger Jahre ihr törichter Versuch, die Geschichte in eine sogenannte »Gesellschaftslehre voll zu integrieren«, gescheitert war, in der Regel zurückhaltender und geschickter vorgegangen, als das in Hessen der Fall war. Dennoch gibt es auch in Nordrhein-Westfalen in letzter Zeit einschneidende Beschränkungen des Geschichtsunterrichts. Ungeachtet des lebhaften Widerspruchs dauern zur Zeit auch inhaltliche Eingriffe durch neue Lehrplanveränderungen und eine Verdrängungskonkurrenz mit Hilfe des Politik- und Sozialwissenschaften-Unterrichts an, die beide zu entschiedener Kritik herausfordern. Für die nahe Zukunft zeichnet sich eine noch härtere Konfrontation ab, welche Landesregierung und Regierungspartei im wohlverstandenen Eigeninteresse noch rechtzeitig vermeiden könnten.

Worum geht es? Sechs Konfliktfelder sind gegenwärtig deutlich zu erkennen.

1. Der künftige Primarstufen- bzw. Grundschullehrer soll nicht mehr im Fach Geschichte ausgebildet werden. Damit entfällt nach Schulbeginn mindestens vier Jahre lang ein der Aufnahmefähigkeit der Altersstufen angepaßter Geschichtsunterricht. Im Studium sollen den künftigen Grundschullehrern im Lernbereich Sachunterricht/Gesellschaftslehre ein Leit- und ein Nebenfach angeboten werden: Dafür sind »Sozialwissenschaften« (vor allem Soziologie und Politologie) und Geographie vorgesehen; hinzu kommen interdisziplinäre Projekte mit historischen Komponenten. Diese Expansion der »Sozialwissenschaften« auf Kosten der Geschichte ist ein krasser Fehlgriff. Die Geschichte sollte vielmehr als eigenständiger Teil der Ausbildung für das Leit- oder Nebenfach erhalten bleiben, da historisches Wissen und Denken durch »Geschichte als Aspekt« nicht vermittelt werden kann. Außerdem ist das anvisierte Projektstudium zum ersten außerordentlich anspruchsvoll; zum zweiten sind die Erfahrungen mit ihm seit mehr als zehn Jahren nahezu ausnahmslos enttäuschend, ja abschreckend gewesen. Allzu leicht verkommt es zu seichtem Geplätscher, wenn die geistige Disziplinierung durch eine strenge Fachwissen-

schaft wie die Geschichte nicht vorhergegangen ist. Bisher ist die Geschichte in allen Bundesländern, auch in Nordrhein-Westfalen, ein selbstverständlicher Bestandteil des Unterrichts an den Grundschulen, damit auch der Ausbildung ihrer Lehrer gewesen. Das sollte auch so bleiben, damit unverzichtbare Grundlagen für den späteren, anspruchsvolleren Geschichtsunterricht gelegt werden können.

In der Hauptschule wird seit 1978 das Fach »Geschichte/Politik« unterrichtet. Auf längere Sicht soll jedoch auch die Hauptschule den Verhältnissen in den übrigen Schulformen der Sekundarstufe I angeglichen werden. So wenig gegen eine wirkliche Kooperation von Geschichte und »Politik« einzuwenden ist, so aufmerksam muß aber in Zukunft beobachtet werden, ob die Geschichte aus dieser Kombination verdrängt werden soll.

2. In den traditionellen Schulformen der Sekundarstufe I ist die »Gesellschaftslehre« umstritten, seitdem 1973 mit diesem Lernbereich als zuständige Fächer außer Geographie und Geschichte das eigenständige Fach »Politik« eingeführt worden ist. Nicht nur hat die Geschichte karge acht Stunden auf Gymnasien und Realgymnasien zugebilligt bekommen – in der 8. Klasse fällt der Geschichtsunterricht sogar völlig aus! –, sondern das Fach »Politik« darf sogar von Historikern nicht einmal mehr unterrichtet werden! Diese eklatante Diskriminierung der hier besonders kompetenten Historiker wird durch eine Verfügung aufrecht erhalten, wonach »Politik«-Lehrer Sozialwissenschaftler sein müssen. Darüber hinaus hat ein Erlaß geregelt, daß »Politik« dem Studienfach Sozialwissenschaft zugeordnet worden ist. Dieses Studienfach wiederum setzt sich aus Soziologie, Ökonomie und Politikwissenschaft zusammen, so daß – je nach der Personalausstattung der Universitäten, nach der Kräfteverteilung im Studiengang und nach der Präferenz des einzelnen – die Politologie gegenüber der Soziologie und Ökonomie leicht ins Hintertreffen geraten kann. Das Ergebnis wäre dann ein Dünnbrettbohrer ohne gediegene politikwissenschaftliche Ausbildung, und die historische Dimension bleibt ihm ohnedies verschlossen. Dermaßen für einen realistischen »Politik«-Unterricht ausgerüstet, darf er dann sogar noch eine auf Kosten von Geschichte und Geographie erhöhte Stundenzahl in »Politik« unterrichten. Diese Sachlage spricht zwar für das politische Durchsetzungsvermögen der Politologen- und Soziologen-Verbände, welche die Hochschulabsolventen ihrer Fächer endlich

174

auch im Lehrerberuf unterbringen wollen. Aber nur krasse Ignoranz kann par ordre de Mufti Historiker vom Politikunterricht völlig ausschließen und dann – trotz ungesicherter Fachausbildung – den »Politik«-Lehrer neuen Typs noch mit einem erhöhten Stundendeputat zuungunsten der Geschichte belohnen.

3. Der schärfste Eingriff ist an den neuen Gesamtschulen des Landes erfolgt. Zwar gibt es im Lernbereich »Gesellschaftslehre« die Geographie, Politik, Ökonomie und Geschichte als eigenständige Fächer, aber Geschichte wird nur drei Jahre lang mit maximal sechs Stunden gelehrt. Das reicht nicht einmal zu einer Kümmerexistenz und kann folgerichtig in den Köpfen keine nennenswerten Spuren hinterlassen. Die Gesamtschule scheint mir als ein lohnendes Experiment im Rahmen eines vielfältig differenzierten Schulsystems durchaus vertretbar zu sein, aber warum gerade in der Experimentierphase ein so umstrittener Schultyp mit dem Odium der Geschichtsfeindlichkeit belastet worden ist, bleibt unerfindlich. Rationale Gründe für die Reduzierung des Geschichtsunterrichts auf eine eher ephemere Angelegenheit vermag man jedenfalls nicht zu erkennen.

4. Im nicht-gymnasialen Bereich der Sekundarstufe II, mithin im berufsausbildenden Schulwesen, ist die Geschichte zugunsten des »Politik«-Unterrichts so gut wie eliminiert worden. Im gesellschaftswissenschaftlichen Aufgabenfeld besitzt die »Politik« inzwischen eine Monopolstellung. Dieser Kahlschlag gegen die Geschichte hat dazu geführt, daß schon jetzt die Mehrheit aller Sekundarstufe II-Schüler, die sich in diesem beruflichen Schulwesen, z.B. auch in den Vollzeitformen der Fachoberschulen, der Höheren Handelsschulen usw. befindet, keinen historischen Unterricht mehr genießt. Woher sollen diese Schüler fortab auch nur ein Quentchen Verständnis für die historische Dimension ihrer beruflichen Lebenswelt, ihres Selbstverständnisses, ihres Staates, ihrer politischen Option gewinnen?

5. Auf der Sekundarstufe II der Gymnasien war und ist die Geschichte ein selbständiges Fach für Grund- und Leistungskurse. (Daß »Sozialwissenschaften« als Fach zusätzlich eingeführt worden ist, läßt sich mit guten Gründen vertreten.) Die Abwahl von Geschichte war bisher nur innerhalb der von einer Kultusministerkonferenz-Vereinbarung festgelegten Grenzen möglich: Mindestens zwei aufeinanderfolgende Pflichtkurse mußten in Geschichte nachgewiesen werden. Das war für die Oberstufe zwar allemal zu

wenig, aber seit dem 1. August 1981, also vor Beginn des neuen Schuljahres 1981/1982, sind neue Richtlinien von Kultusminister Girgensohn in Kraft gesetzt worden, wonach diese beiden Mindestkurse für alle diejenigen Schüler, die Geschichte oder »Sozialwissenschaften« in der Oberstufe nicht gewählt haben, entgegen der KMK-Vereinbarung in »Geschichte und Sozialwissenschaften« umgetauft worden sind. Der für diese Kurse vorgesehene Lehrplan überläßt dem ohnehin unverantwortlich gekürzten Geschichtsunterricht nur mehr die Behandlung ziemlich enger Aspekte. Die Komplexität der Geschichte wird – anders kann man die Konsequenz kaum beschreiben – nicht nur ignoriert, sondern Geschichte gerät von vornherein nur mehr in deformierter Form in das Blickfeld. Hier kann man wohl von der Imitation hessischer Tendenzen sprechen. Außerdem fehlt dabei auch der berufspolitische Pferdefuß nicht. Sozialwissenschaftler können jetzt diese Kurse »Geschichte und Sozialwissenschaften« unterrichten, obwohl sie aller Wahrscheinlichkeit nach niemals mit der Geschichtswissenschaft in Berührung gekommen sind. Im Prinzip ist es, je nach der Machtkonstellation an einer Schule, durchaus denkbar, die Historiker, die auch im Bereich der Zeitgeschichte nach aller Erfahrung den reinen Sozialwissenschaftlern weit überlegen sind, aus diesem Lernbereich zu verdrängen, so daß Geschichte in der gesamten Oberstufe überhaupt nicht mehr von einem wissenschaftlich ausgebildeten Historiker unterrichtet würde. Da die Mehrheit der Schüler sich bisher ohnehin mit diesem grotesken Mindestmaß von zwei Pflichtkursen bis zum Abitur hindurchgeschlängelt hat, bedeuten diese neuen Richtlinien einen Frontalangriff auf den Rest kompetent erteilten Geschichtsunterrichts in der Oberstufe.

Unbekannt ist bisher noch der Charakter der angekündigten Richtlinien für das eigenständige Fach Geschichte in der Oberstufe. Während inzwischen für 28 Fächer von insgesamt 29 Fächern neue Richtlinien vorliegen, stehen diese für »Geschichte« noch aus. Zur Zeit zirkuliert aber ein vertretbarer Kompromißentwurf des Kultusministeriums, der möglichst bald in Kraft gesetzt werden sollte.[1]

Ein Großteil der hier skizzierten Verdrängung des Geschichtsunterrichts ist vom langjährigen Leiter dieses Ministeriums, einem Sozialdemokraten namens Girgensohn, politisch zu verantworten. Daß es sich dabei nicht um eine Serie von »Betriebsunfällen«, sondern offenbar um das Ergebnis fester Überzeugungen handelt, machte Kultusminister Girgensohn am 1. Juni 1982 in seiner Rede zur Eröffnung des »Ersten Nordrhein-westfälischen Historikertags« in Essen in aller Offenheit deutlich: Er selber sei außerordentlich skeptisch, erklärte er zur Verblüffung der rd. 250 Teilnehmer, daß man aus der Geschichte überhaupt lernen könne! Hinter diesem unverhohlenen Zweifel schien sich die unausgesprochene Frage zu verbergen, warum man sich dann überhaupt noch mit Geschichte in der Schule beschäftigen solle! Die Summe feindseliger Entscheidungen gegen den Geschichtsunterricht an den unterschiedlichsten Schultypen, aber auf allen Jahrgangsstufen, erscheint jetzt in hellerem Licht, zu leugnen war sie ohnehin nicht mehr. Diese »Bildungspolitik« ist sehr erklärungsbedürftig, Antworten auf die aufgeworfenen Fragen sind jedoch nicht leicht zu finden.

Daß Geschichte seit Rankes Tagen mit politischem Konservativismus gleichzusetzen sei, ist vermutlich für viele Sozialdemokraten und Liberale eine unreflektierte Selbstverständlichkeit geblieben. Dagegen wird der inzwischen glücklicherweise erreichte politische und methodische Pluralismus, der offene Wettbewerb konkurrierender Interpretationen und Theorien, die Schwerpunktverlagerung weg von einer antiquierten Diplomatiegeschichte hin zu einer modernen Sozial- und Wirtschaftsgeschichte übersehen. Gerade in den letzten zwanzig Jahren hat sich in der Geschichtswissenschaft mehr zum Positiven verändert, als Berufspolitiker einschließlich der Bildungsfachleute im Getriebe ihrer Geschäfte wahrscheinlich wahrgenommen haben. Das tief eingefleischte Vorurteil gegenüber einer angeblich noch immer konservativen Geschichtswissenschaft kann vielleicht einen Teil der sozialliberalen Aversionen erklären helfen. Dieses Vorurteil ist außerdem zunehmend aus beschäftigungspolitischen Gründen von Sozialwissenschaftlern und ihren Verbänden, auch von Pädagogen einer bestimmten Richtung, genährt worden. Sie umgab der Hauch des wahrhaft Modernen, sie versprachen aufgeklärtes Bewußtsein, sie verhießen erfolgreiche Politikberatung. Von daher erklärt sich wohl auch die Nachgiebigkeit gegenüber ihren Forderungen. Die schlimmen Folgen treten jetzt zutage. Wie die Euphorie über die sozialwissenschaftliche Politikberatung längst offener Enttäuschung gewichen ist, wird auf die Überschätzung der Kompetenz nur sozialwissenschaftlich ausgebildeter Lehrer und auf die unbegründete Privilegierung der »Politik«, der »Gesellschaftslehre«

oder wie die Fächer auch heißen mögen, eine Katerstimmung folgen. Wie soll dann jedoch der durch die zielstrebige Verweigerung des Geschichtsunterrichts angerichtete Schaden wieder gutgemacht werden?

Vergleicht man nämlich an einem besonders wichtigen Punkt, wo den durchweg auf die sogenannte Gegenwart fixierten Sozialwissenschaftlern meist ein eindeutiger Vorsprung zugestanden wird, die Fähigkeit von Geschichtswissenschaft und Sozialwissenschaft, wie sie wichtige soziale Funktionen wahrnehmen, tritt die Überlegenheit einer modernen, kritischen Geschichtswissenschaft und eines von ihr geprägten Unterrichts klar zutage.[2] Erst die Geschichte ermöglicht ein tieferes Verständnis der historisch gewordenen Gegenwart. Sie ist unabdingbar notwendig für die Erklärung der Ursachen und Bedingungszusammenhänge, welche die eigentümlichen Konstellationen auch der jeweiligen Gegenwart geschaffen haben. Sie schärft daher auch den Sinn für das praktisch-politische Verhalten (gegenüber dem Antisemitismus z.B. oder der Existenz von mehreren deutschen Staaten). Die Geschichte verhilft dazu, die Gesellschaft als veränderbares Ergebnis von historischen Prozessen und Entscheidungen, von genutzten und versäumten Chancen, von mächtigen Hindernissen und Barrieren zu begreifen. Damit leistet sie einen Beitrag zur Selbstaufklärung der Gegenwart, erleichtert vernünftiges Handeln von Individuen und Gruppen, bewahrt humane Formen des menschlichen Zusammenlebens im Gedächtnis und hilft dabei, sie zu verteidigen, vielleicht auch zu entwerfen. Gerade Geschichtsstudium und -unterricht tragen mithin dazu bei, das Bewußtsein für schwierige Probleme zu schärfen, keinen Illusionen über die engen Handlungsspielräume auch der Politik zu erliegen; insofern stellt die Geschichte praktisches Orientierungswissen bereit. Dem historischen Denken gelingt es, den Nebel von Mythen und Legenden ideologiekritisch zu durchstoßen, die verhüllte Affirmation von Ungleichheit und Ungerechtigkeit aufzulösen. Die historische Analyse, die durch das Säurebad der kritischen Argumentation, insbesondere der vergleichenden Betrachtung, hindurchgegangen ist, schärft den Realitätssinn, lenkt den Blick auf die Komplexität der Zusammenhänge, hält zu konkretem Denken an. Auf die Dauer immunisiert die Beschäftigung mit der Geschichte gegen die vorschnelle Sicherheit, gegen die flinke Welterklärung mit Hilfe simpler Faustregeln, gegen die Heilsgewißheit der Orthodoxen.

Unleugbar wirft auch die Beschäftigung mit der oft so ganz andersartigen Vergangenheit neues Licht auf die eigene Gegenwart, erzeugt eine Art von Verfremdungseffekt, setzt aber auch die Gegenwart unter Rechtfertigungszwang. Keine Machtverteilung, kein System der sozialen Ungleichheit, keine Wirtschaftsverfassung kann der Geschichtswissenschaft als »natürlich« gelten. Überall fragt sie nach den historischen Bedingungen, nach ihren Grundlagen, nach ihren Grenzen und ihrer Veränderbarkeit. Unstrittig besteht die gesellschaftliche Relevanz von Geschichte auch darin, möglichst viel von dem, was nicht zum aktiv beherrschten Wissen von uns, von unserer Umwelt, von unserer Herkunft gehört, ins klare Bewußtsein zu heben, um die Rationalität des Denkens und Handelns zu steigern. Die Unbestechlichkeit der Geschichtswissenschaft und die optimale Wirkung des Geschichtsunterrichts basieren freilich auf dem ungehinderten, freien Diskurs, wo nur das Argument, nicht die Rechtgläubigkeit zählt. Wegen dieser Existenzbedingung bedürfen beide zu ihrer ungehemmten Entfaltung des liberal-demokratischen Staates mit seiner freiheitsverbürgenden Verfassung. An seiner Erhaltung, seinem Ausbau, seiner entschiedenen Verteidigung mitzuwirken, entspricht ihrem ureigensten Interesse.

Nicht zuletzt kann aber auch eine richtig betriebene und verstandene Geschichte, blickt man auf die aktuelle Politik, das Identitätsgefühl der Bürger unseres Staates stärken. Die Bundesrepublik ist kein Provisorium mehr, etwa nur das Teilstück eines untergegangenen Staates, sondern längst ein eigener Staat. Ihre Bürger müssen die historischen Voraussetzungen und Grundlagen dieses Staates kennen – was von ihnen weiterwirkt oder abgebrochen ist. Im Vergleich mit deutschen Staaten der Vergangenheit oder mit dem ostdeutschen Staat bietet die Bundesrepublik, trotz aller Mängel im einzelnen, ihren Bürgern eine bisher beispiellose Verwirklichung von liberalen und demokratischen Rechten, von rechtlicher und sozialer Sicherheit. Erst die historische Dimension schärft den Blick dafür, daß es sich um keine unreflektiert hinzunehmende Selbstverständlichkeit, sondern um eine Ausnahmeleistung handelt, die stets aufs neue verteidigt werden muß. Die Kenntnis der Geschichte kann daher die stabilisierende Identifizierung mit diesem Staat fördern, zugleich jedoch die Aufmerksamkeit dafür wachhalten, wo die Verhältnisse in der Bundesrepublik, wenn man sie an den Werten ihres eigenen Grundgesetzes mißt, der

Weiterentwicklung bedürfen, wo Freiheits- und Gleichheitsrechte noch nicht realisiert sind, wo es an ihrem Schutz fehlt, wo sie schrittweise weiter ausgedehnt werden könnten. Wenn in den achtziger Jahren die innere Belastung durch ökonomische Krisen, soziale Labilität und politische Unruhe anhält, kann die Geschichte unleugbar eine wichtige Rolle als Stabilisierungsfaktor und Vergleichsfolie spielen. Das haben bereits die letzten Jahre in einem unübersehbaren Maße gezeigt.

Trotz vieler Niederlagen zwischen 1848 und 1968 brauchen gerade Sozialdemokraten und Liberale die Begegnung mit der wissenschaftlich analysierten Vergangenheit, mit der im Studium und Unterricht gelehrten Geschichte nicht zu scheuen. Im Gegenteil: Vieles von dem, wofür sie gestritten und Opfer gebracht haben, gehört heute zum unverzichtbaren Kernbestand der Werte und Institutionen der Bundesrepublik. Da sind Alt- und Neokonservative weit eher angreifbar! Auch zur Stabilisierung unverfälschter sozialdemokratischer und liberaler Traditionen gehört ein historisches Bewußtsein, das auf zuverlässigen geschichtswissenschaftlichen Fundamenten, nicht aber auf Legenden oder Ahnungslosigkeit beruht, wie sie beide durch die Eliminierung des Geschichtsunterrichts zwangsläufig geschaffen werden müssen.

6. Wie das Pünktchen auf das i der bisherigen Verdrängungsstrategie wirkt nun allerdings die radikale Kürzungs-Roßkur, die Wissenschaftsminister Schwier am 30. März 1982 den Hochschulen des Landes mitgeteilt hat. Durch eine »Konzentration von Studienangeboten und -gängen« sollen 1800 Stellen eingespart werden; weitere Kürzungen sind angekündigt. Am zweitstärksten muß die Lehrkapazität im Fach Geschichtswissenschaft abgebaut werden: um 25% soll sie an den alten Universitäten (Köln, Bonn, Münster) und den erfolgreichen Neugründungen (Bochum, Düsseldorf, Bielefeld) schrumpfen; z.T. sollen die Stellen für monströse Betonburg-Kliniken (wie in Aachen) verwendet werden, deren Kosten schon absurd hochgestiegen und mit geplanten Tagessätzen von DM 600,– angeblich noch immer unrentabel sind – besser wär's, sie erst gar nicht zu eröffnen und statt dessen zur Erinnerung an die Baupolitik der »Neuen Heimat« als mahnende Denkmäler aufrechter Selbstkritik der Nachwelt zu hinterlassen. Zwar bekennt sich der Kürzungsplan verbal zur Kontinuität der Forschung, faktisch aber bedeutet die Streichung eines Viertels der Stellen, daß der nicht durch Beamtenrechte geschützte wissen-

schaftliche Nachwuchs für hervorragende Habilitationen mit der Entlassung belohnt wird. Arbeitslosigkeit und katastrophal verschlechterte Forschungsbedingungen sind die logische Konsequenz. Unentwegt wird und soll natürlich die sogenannte Überlastquote als Ergebnis der geburtenstarken Jahrgänge weiter ansteigen, und aller Voraussicht nach werden – da alle Prognosen auf diesem Gebiete bisher an der Realität zuschanden gemacht worden sind – die hohen Studentenzahlen bleiben oder weiter ansteigen, solange nur die Universitätsexamina (im Glücksfall) ein Maximum an Einkommen, Prestige, sozialer Sicherheit usw. zu verschaffen versprechen.

Selbstredend muß ein Bundesland, das sich innerhalb von zehn Jahren mit rd. 50 Milliarden DM zu verschulden verstanden hat, endlich sparen lernen, aber die drastische Roßkur, die jetzt den Universitäten zugedacht wird, ignoriert nicht nur die Bedürfnisse der Forschung, d.h. aber: die Investitionen für die Zukunft, sondern sie stützt sich auch auf angeblich eindeutige Analysen des Arbeitsmarkts, obwohl jeder Bildungsökonom bestätigen wird, daß die Bedürfnisse von Arbeitsmärkten in 6, 7 Jahren nach der Kürzung gar nicht zu prognostizieren sind. Vor allem aber kaschiert die Berufung auf »Sachzwänge« des Arbeitsmarkts, derzufolge vor allem die Lehramtsstudiengänge gekappt werden sollen, die politische Präferenzentscheidung, Klassenfrequenzen mit 30 bis 34 Kinder zu erhalten, anstatt sie auf 20 bis 24 Schüler zu senken – dann müßte das Land Nordrhein-Westfalen z.B. sofort 7000 bis 8000 neue Lehrer einstellen. Die politische Passivität der Eltern und Lehrer ist ein Dilemma für sich, die Kaltschnäuzigkeit jedoch, mit der politische Entschlüsse und ihre realistischen Folgen im Landeshaushalt – woran sich nach Schumpeters Urteil stets die wahren Machtkonstellationen in einer Gesellschaft ablesen lassen – als eherne Notwendigkeit des Arbeitsmarkts ausgegeben werden, verdient es, daß sie unverschnörkelt beim Namen genannt wird. Immerhin, eine innere Logik ist dem Kürzungsplan nicht abzusprechen: Nachdem man die Verdrängung des Geschichtsunterrichts weit genug getrieben hat, erübrigt sich nach Meinung der ministeriellen Planer offenbar auch ein Geschichtsstudium im bisherigen Umfang! Diese zynische Entscheidung muß die Geschichtswissenschaft auf den Plan rufen, denn ihren Fachdisziplinen, ihren Nachwuchswissenschaftlern, ihren Studenten werden durch diese Politik die Entwicklungs- und Berufschancen noch weiter beschnitten. Zum Teil geht es auch schon um die Existenzberechtigung des Faches selber, das neben der Forschung zur anderen Hälfte stets von der Lehrerausbildung abhing. Da sich die Kürzungsplaner nicht ernsthaft um die Forschung scheren, gilt ihnen die Universität als Fließbandproduktion, die fortab zu viele Lehrer »auf Halde« produziert. Das soll abgestellt werden. Man muß sich aber endlich von den überlieferten Berufsbildern vieler Studenten lösen. In der Hochschulexpansion war schon seit jeher die Tendenz angelegt, daß eine Planstelle nicht mehr auf jedermann warten konnte, wenn die Zahl der Bewerber so rasant anstieg. Ausgesprochen haben das freilich die großen Bildungsstrategen der späten sechziger, frühen siebziger Jahre nicht. Aber natürlich werden sich in Zukunft Historiker verstärkt um Stellen in den Verbänden, PR-Abteilungen der Unternehmen, in der Verwaltung usw. bewerben müssen. Die einseitige Begründung der Sparpläne ignoriert dies ganz so wie die kaum reversible Zerstörung der Forschungseinheiten als Folge der angedrohten Kürzungen.

Aus alledem drängt sich der Schluß auf, daß es sowohl im prinzipiellen Interesse der gegenwärtigen und zukünftigen Politik als auch im wohlverstandenen Eigeninteresse der Sozialdemokraten liegt, ihre Vorbehalte, Aversionen und Animositäten gegen die Geschichte, wie sie u.a. die Behandlung des Geschichtsunterrichts in Hessen und Nordrhein-Westfalen verrät, endlich aufzugeben. Gerade die Sozialdemokraten sollten nicht noch mehr in den Geruch der Geschichtsfeindlichkeit geraten, sondern der Geschichte als kritischer Wissenschaft und Unterrichtsfach eine herausragende Bedeutung bereitwillig zubilligen. Statt die Geschichte zu diskriminieren, gebieten es ihre vorrangigen Interessen, sie zu privilegieren. Im Juli 1981 fragte der nordrhein-westfälische Ministerpräsident Johannes Rau, »ob nicht ein wenig Salbung mit historischem Öl auch jedem Reformer guttäte. Es könnte ihm Augenmaß, es könnte ihm Sinn für Proportionen vermitteln, es könnte ihn vor Rücksichtslosigkeit oder vor Wirkungslosigkeit bewahren.« Und Bundeskanzler Schmidt konstatierte wenig später: »Der geschichtliche Vergleich tut not. Geschichte ist noch wichtiger als Soziologie.«[3] Goldene Worte, in der Tat, obwohl nicht alle Düsseldorfer Kabinettsmitglieder dieses positive Urteil über die Geschichte teilen. Müßten ihm nicht dennoch politische Entscheidungen und administrative Maßnahmen folgen?

*Diese mit Absicht polemisch formulierte Stellungnahme in der
Frankfurter Allgemeinen Zeitung löste eine lebhafte Diskussion
aus. Kultusminister Girgensohn versuchte, in einem Brief den Ein-
druck zu erwecken, er könne alle meine Behauptungen widerlegen.
Prinzipielle Opposition meldete der GEW-Vorsitzende Wunder an.
Auf diese beiden Äußerungen bin ich daher noch einmal in einer
Verteidigung meine Position eingegangen.*

Da Kultusminister Girgensohn einen Monat nach meiner Kritik
(6. 10.) am Abbau des Geschichtsunterrichts und an den die Uni-
versitätshistoriker treffenden Kürzungsmaßnahmen in Nordrhein-Westfalen ausführlich geantwortet hat (3. 11.), konnte man
eine fundierte Gegenposition erwarten. Indes: Weit gefehlt, wie
sich Punkt für Punkt zeigen läßt.

1. Die Landesverfassung von NRW sieht anstelle der in Hessen
gültigen Verpflichtung auf »Geschichte« die »staatsbürgerliche
Bildung« vor. Ihre Vermittlung wurde bis in die siebziger Jahre
hinein dem Geschichtsunterricht aufgetragen und von ihm auch
wahrgenommen. Es war und bleibt eine geschichtsfeindliche Entscheidung, sie primär dem Fach »Politik«, das in den siebziger Jahren eingeführt wurde, zu übertragen und den Geschichtslehrern,
die dieses Fach in den vergangenen Jahren aufgebaut haben, durch
einen Erlaß die weitere Mitwirkung formell zu untersagen. Es war
und bleibt eine geschichtsfeindliche Entscheidung, aus dem neuen
Fach »Sozialwissenschaften«, das in der Oberstufe an die Stelle von
»Politik« tritt, die Geschichtswissenschaft dezidiert herauszuhal-
ten, obwohl Historiker mit guten Gründen darauf gedrängt haben
und weiterhin drängen, die Geschichte in den Kanon der Disziplinen, welche die Fächer »Politik«/»Sozialwissenschaften« konsti-
tuieren (Soziologie, Politologie und Ökonomie) hineinzunehmen,
da diese Disziplinen mit ihrem übermächtigen Hang zum »Präsen-
tismus« die historischen Dimensionen ihrer Probleme allzu häufig
vernachlässigen. Die Disziplinenkombination für die beiden Fächer ist mir nur zu gut bekannt, ich habe sie auch ausdrücklich genannt, von einem »Mißverständnis« kann daher keine Rede sein.
Die einseitige Auswahl der drei Elemente dieses »Integrations-
fachs« ist es, die unverändert Kritik auslöst. Wann wird diese Fehl-
entscheidung endlich korrigiert und die Geschichte mitberück-
sichtigt?
In den Empfehlungen der Landes-Studienkommission für die So-

zialwissenschaften vom 26. März 1982 ist ein Aufteilungsschema
für die Anteile der drei Fächer, die zusammen Lehrer für »Sozialwissenschaften« ausbilden, vorgeschlagen worden. Danach sollen
je 25 Semesterwochenstunden für Soziologie und Ökonomie, jedoch nur 16 auf Politologie entfallen. Entweder kann dadurch die
im Rahmen der Politikwissenschaft immerhin mögliche historische Tiefendimension noch weiter eingeengt werden; man könnte
aber auch die zeitgeschichtlichen Elemente wieder stärker dem Geschichtsunterricht überlassen. Der zweite Fall, immer noch eine
Minimallösung, wäre der wünschenswerte. Klarheit ist darüber
aber noch nicht zu gewinnen!

Gegen die »Professionalisierung der Sozialwissenschaftler« ist
dagegen überhaupt nicht argumentiert worden, denn gegen verbesserte Berufschancen für Sozialwissenschaftler gibt es keine
Einwände. Wohl aber läßt sich die Reservierung neuer Schulfächer
für Sozialwissenschaftler auf Kosten der Geschichte entschieden
kritisieren. Gegenüber dem weithin unhistorischen Charakter der
Sozialwissenschaften ist Skepsis auch keineswegs »unbegründet«!
Persönliche Animosität gegenüber den Sozialwissenschaften, wie
sie unterstellt wird, spielt gar keine Rolle: Ich habe selber Soziologie studiert, trete seit Jahren für eine enge wissenschaftliche Kooperation von Geschichte und Sozialwissenschaften ein und tue
das auch weiterhin. (Warum soll aber übrigens die Soziologie nur
an einigen Hochschulen um 15% gekürzt werden, obwohl be-
kümmerte Studienfreunde und Kollegen von der wachsenden Zahl
arbeitsloser Absolventen berichten?)

2. Von der Landesregierung sei, behauptet Herr Girgensohn
kühn, »nie der Versuch der Integration von Geschichte in das Fach
Gesellschaftslehre unternommen worden«. Diese apodiktische
Feststellung trifft nicht zu. Richtig bleibt, daß eine geschichtsfeindliche Politik mindestens vier solcher Versuche unternommen
hat. (a) In den erst aufgrund heftiger Proteste 1973 zurückgezoge-
nen »Rahmen-Lehrplänen« für die Gesamtschulen in NRW wurde
dekretiert: »Unterricht im Lernbereich Gesellschaftslehre/Politik
ist grundsätzlich auf Vollintegration ausgerichtet und auszurich-
ten.« (b) An den Kollegschulen, die auf der Sekundarstufe II für die
Klassen 11 bis 13 den gymnasialen und berufsbildenden Schultyp
verbinden sollen, ist das Fach »Politik« als ein solches Integra-
tionsfach ausgerichtet. (c) In den Richtlinien und Lehrplänen für
die Orientierungsstufe (schulformunabhängig die Klassen 5 und 6)

184

ist die »Gesellschaftslehre« in der Zielrichtung und teils auch der praktischen Verwirklichung prinzipiell auf Integration angelegt. (d) Auch bei der Einführung des Fachs »Politik« in der Sekundarstufe I waren Tendenzen im Kultusministerium erkennbar, über eine enge Kooperation der bis dahin eigenständigen Fächer Geschichte, Erdkunde und Politik im Lernbereich »Gesellschaftslehre« später eine Integration zu erzielen. Nach alledem ist die Vermutung nicht abwegig, daß ein solcher Modellanspruch auch auf das herkömmliche dreigliedrige Schulsystem übertragen werden sollte, obwohl Herr Girgensohn jetzt erklärt, daß dies »nie ins Auge gefaßt« worden sei. Angesichts der schnellen Folge bildungspolitischer Entscheidungen spekuliert er (oder sein Ghostwriter) offenbar zu früh auf die Vergeßlichkeit.

3. Die Behauptung, daß der Geschichtsunterricht im Bereich der Sekundarstufe I in NRW eingeschränkt worden sei, erklärt Herr Girgensohn für »falsch«. Richtig bleibt aber ganz im Gegenteil, daß eine geschichtsfeindliche Politik das Schulfach Geschichte sogar erheblich reduziert hat. (a) Nach den Stundentafeln im Erlaß vom 25. 4. 1978 wurde das Fach Geschichte in der Sekundarstufe I des Gymnasiums von bis dahin 10 bzw. 11 Jahreswochenstunden in den Klassen 5 bis 10 auf 8 Stunden in den Klassen 6, 7, 9 und 10 hinabgedrückt. (b) In den Gesamtschulen wurde Geschichte in der Sekundarstufe I auf ganze 6 Jahreswochenstunden reduziert. (c) An den Fachoberschulen wurde dieses Fach inzwischen lehrplanmäßig ebenso eliminiert wie (d) an den Kollegschulen. – Hinzu kommt eine weitere Verschlechterung der Rahmenbedingungen für den Geschichtsunterricht. (a) Früher war dem Deutschunterricht in den Klassen 5 und 6 auch die Mitbehandlung historischen Stoffes als eine Art geschichtsunterrichtlicher Propädeutik aufgegeben. Außerdem war (b) eine Reihe von weiteren Fächern beim Aufbau historischer Kenntnisse und der Ausbildung eines historischen Bewußtseins ergänzend beteiligt: die Sprachen, ob alte oder neue, Kunst, Religion usw. Da diese Fächer inzwischen ihren Charakter (z.B. durch die Linguistik) weitgehend verändert haben, fällt dem Geschichtsunterricht eine singuläre Rolle zu. Auch aus diesem Grunde besitzt er heute einen besonderen Stellenwert im Fächerkanon der Schulen. Als eigenständiges Fach muß er einen Stundenanteil besitzen, der seiner Bedeutung entspricht.

4. Der Politikunterricht ist im Gegensatz zu Herrn Girgensohns Behauptung sehr wohl »zu Lasten« auch des Geschichtsunterrichts

eingeführt worden, da dessen Stundenzahl in den siebziger Jahren zugunsten der neuen »Politik« um 25% (und mehr!) in der Sekundarstufe I des Gymnasiums gekürzt worden ist (s.o. 3). Die didaktisch unsinnige Pause in der Sekundarstufe I, in der der Geschichtsunterricht in der Klasse 8 völlig ausfällt, ist leider keineswegs die »einzige Änderung« geblieben, die eine geschichtsfeindliche Politik im Verlauf der letzten zwölf Jahre durchgesetzt hat.

5. Die Behauptung, daß der Geschichtsunterricht in der Sekundarstufe I »auch heute noch« dem Stand »in den meisten anderen Bundesländern« entspreche, ist irreführend – sie traf schon vor vier Jahren nicht zu, wie der damalige Vorsitzende des »Verbandes deutscher Historiker«, Prof. Gerhard A. Ritter (München), in einem Protestschreiben an das Kultusministerium vom 21. 2. 1979 mit »Verwunderung« festgestellt hat. Der Geschichtsunterricht an den Gymnasien und Realschulen z.B. von Hamburg, Niedersachsen, Schleswig-Holstein, z.T. auch Baden-Württemberg ist stundenmäßig besser, teilweise erheblich bessergestellt. Außer Hessen und Berlin beachteten auch bis 1978 alle Bundesländer die Kontinuität innerhalb der Jahrgangsstufen, also einen durchgängigen Geschichtsunterricht in den Klassen 7 bis 10. Tatsächlich hat NRW sowohl die Stundenzahl in der Sekundarstufe I gekürzt als auch den unvertretbaren Ausfall des Geschichtsunterrichts in Klasse 8 verordnet, während ›zufällig‹ der »Politik«-Unterricht expandierte.

Beschönigend sind auch die Bemerkungen Herrn Girgensohns zur Grund- und Hauptschule. Als seit 1968 im Zuge der Trennung von Grund- und Hauptschule in der neuen Primarstufe der sog. Sachunterricht an die Stelle der sog. Heimatkunde trat – und beides bedeutete auch: altersgemäß vermittelte Geschichte –, setzte er wie bisher eine fachwissenschaftlich-didaktische Ausbildung in Geschichte voraus. Der Student konnte auch seinen fachlichen Studienschwerpunkt hier wählen. Diese Regelung für die bisher gültigen Studien- und Prüfungsordnungen hat sich durchaus bewährt. Eine geschichtsfeindliche Bevorzugung des Faches »Sozialwissenschaften« wollte, wie ich kritisiert habe, die Geschichte sowohl als Leit- wie auch als Nebenfach dieser Lehrerstudenten ausschalten. Eine kürzlich erst erschienene Empfehlung der NRW-Studienreformkommission I vom 23. April 1982 hat – freilich gegen erheblichen Widerstand – dafür plädiert, »Geschichte« doch als Leitfach zuzulassen. Herr Girgensohn hatte in seinem Leserbrief erläutert: Für die Primarstufe habe sich bei ihrer Einführung nicht »die Notwendigkeit« ergeben, das Fach »Geschichte« einzuführen. Das war eine politische Entscheidung, die auch anders hätte ausfallen können. Jetzt bietet sich ihm die Chance, die genannte Empfehlung in einen verbindlichen Erlaß zu übersetzen und damit die Geschichte in der Ausbildung, aber auch im Klassenzimmer zu verankern. Das wäre eine geschichtsfreundliche Politik.

7. Die Kritik am geschichtsfernen »Experimentierraum« der Gesamtschulen, die vermutlich am ehesten den bildungspolitischen Vorstellungen auch des Kultusministers entsprechen dürften, wird von ihm gar nicht erst bestritten.

8. An den berufsbildenden Schulen des Landes soll nach der Erinnerung von Herrn Girgensohn »Geschichte« nie unterrichtet worden sein; deshalb könne auch nicht von einem Abbau gesprochen werden. Für die Mehrheit der Schüler im Sekundarstufe II-Bereich, die ja an diesen berufsbildenden Schulen und nicht an Gymnasien unterrichtet werden, sollte der Kultusminister eigentlich ein besonders fachkundiges Interesse aufbringen. Seine Behauptungen treffen so jedoch wieder nicht zu. Richtig ist, (a) daß in allen beruflichen Schulformen, die eine gehobene Allgemeinbildung vermitteln, das Fach Geschichte früher ein reguläres Unterrichtsfach bildete. Nach dem Erlaß vom 30. 7. 1956 traf das auf die zweijährigen Handelsschulen, die B-Züge der Frauenfachschulen und die siebensemestrigen Abendlehrgänge an Berufsschulen (Berufsaufbauschulen) zu. (b) An den Berufsfachschulen (mit hauswirtschaftlicher, gewerblicher und sozialpflegerischer Ausrichtung), die – wie die zweijährige Handelsschule – zur Fachoberschulreife führen, war ursprünglich ein Unterrichtsfach »Geschichte/Politik« ausgewiesen. Durch den Erlaß vom 9. 11. 1974 wurde die »Geschichte« an den Berufsfachschulen (einschließlich der Handelsschulen) eliminiert. »Politik« dagegen blieb als Unterrichtsfach bestehen. (c) Mit der Umwandlung der Höheren Fachschulen in Fachhochschulen löste die Fachoberschule die Berufsaufbauschule ab. An der Fachoberschule war »Geschichte« für die Klasse 10, »Geschichte/Politik« für die Klassen 11 und 12 ausgewiesen. Nach der Neuregelung von 1972 wurde das Fach für alle genannten Klassen nur mehr »Politik« genannt. (d) 1979 wurde durch eine Rechtsverordnung anstelle der Klasse 10 der Fachoberschule wieder die Berufsaufbauschule eingeführt, an der »Geschichte/Politik« ein Un-

terrichtsfach bildete. Durch einen Erlaß vom 28. 11. 1980 legte Herr Girgensohn selber fest, daß in diesem Fach der Unterricht »nach Maßgabe« des Erlasses vom 16. 6. 1971 zu unterrichten sei – eben dieser Erlaß führte jedoch für Berufsschulen den integrativen Rahmenlehrplan mit dem Fach »Politik« ein, aus dem »Geschichte« offenbar bewußt verdrängt worden ist. Ergo: Bis 1969 gab es an beruflichen Schulen noch das Unterrichtsfach »Geschichte«, seit 1969 »Geschichte/Politik«, seit 1972 bzw. 1974 »Politik«! Auch wo in den Stundentafeln noch ein eigenständiges Fach »Geschichte« oder »Geschichte/Politik« ausgewiesen wird (z.B. an den Fachoberschulen oder Höheren Handelsschulen), ist es, wie gesagt, nach den Richtlinien für »Politik« zu unterrichten. Inzwischen sind zudem die Geschichtsbücher aus den Listen der genehmigten Lernmittel für die Berufsbildenden Schulen gestrichen und durch Politik-Lehrbücher ersetzt worden! Die Kritik behält daher ihr Recht: Die Mehrheit der Sekundarstufe II-Schüler erhält keinen angemessenen Geschichtsunterricht mehr, und die Behauptung ist keineswegs »falsch«, daß auch hier der Geschichtsunterricht abgebaut worden ist. Zeugen Herrn Girgensohns Vorwürfe von jener »Sachkenntnis«, deren Mangel er mir vorwirft?

9. Die Lübecker Kultusministerkonferenz vom Juni 1977 sah sich einer Vielzahl von unterschiedlichen Lösungsversuchen im Hinblick auf den Geschichtsunterricht in den Bundesländern (z.B. auch der Integration in die »Gesellschaftslehre« in Hessen) gegenüber. Man konnte sich nur auf den kleinsten gemeinsamen Nenner einigen, daß Schüler in der gymnasialen Oberstufe wenigstens in einem bestimmten Umfang Geschichtsunterricht erhalten sollten. Deshalb hieß es dann in der KMK-Vereinbarung u.a.: »Sofern Geschichte nicht als eigenständiges Fach unterrichtet wird, muß es im Rahmen der Gemeinschaftskunde unterrichtet werden.« Die in NRW angeordneten neuen Pflichtgrundkurse »Geschichte und Sozialwissenschaften« werden der eigentlichen Intention der KMK, die ein Minimum an Geschichtsunterricht spätestens in Klasse 13 sicherstellen wollte, deshalb nicht gerecht, weil Herr Girgensohn jetzt »Geschichte« und »Sozialwissenschaften« gleichstellt, in einer Kombinationsveranstaltung beide miteinander verbindet, in den nachlesbaren Lehrplan-Richtlinien die »Sozialwissenschaften« begünstigt und es den Lehrern dieses Fachs erlaubt, beide Pflichtgrundkurse zu unterrichten. Die Stoßrichtung dieser politischen Präferenzentscheidung ist klar erkennbar. Im

Unterschied zu früher gibt es daher fortab, wie mein keineswegs »ins Blaue« hinein formulierter Einwand lautet, durchaus die Gefahr, daß »Geschichte« zugunsten der unhistorischen »Sozialwissenschaften« verdrängt wird. Selbst wenn der Lehrplan anderes wollte, kann die Ausbildung des »Sozialwissenschaften«-Lehrers in NRW kaum etwas anderes zulassen.

Fazit: Besteht diese Entwicklung im Bereich des Geschichtsunterrichts aus einer Summe von Zufällen? Muß sich nicht doch der Eindruck aufdrängen, daß er »planmäßig abgebaut« worden ist?

10. Die von Herrn Girgensohn ins Feld geführte Landtagsbroschüre des Ausschusses für Schule und Kultur (*Geschichtsunterricht im demokratischen Staat*) ist weder mir noch irgendeinem anderen befragten Kollegen bekannt. Wenn das Kultusministerium für seine Politik werben wollte, hätte sich die Versendung an die kleine Zahl dieser Interessenten vermutlich gelohnt. – Hinsichtlich der Essener Rede des Kultusministers konzediere ich bereitwillig die Kürzung des Zitats, das so massiv seine Skepsis gegenüber dem Lernen aus Geschichte ausdrückte; nur ging der zweite Teil des Satzes wegen der Ablenkung durch den Irritation und Staunen erregenden ersten Teil bei allen mir bekannten Zuhörern unter. Überdies ist der zweite Satzteil so verschwommen und vage formuliert, daß er die zuvor ausgedrückte Skepsis nur zum Teil relativiert.

11. Dem Kürzungsplan des Wissenschaftsministers Schwier fehlt es allenthalben an einleuchtenden Argumenten. Kritisiert habe ich den offenbar von Kapazitätsverordnungs-Technokraten betonten Zusammenhang, sechs Historische Fachbereiche bzw. Fakultäten des Landes vor allem deshalb um 25% zu reduzieren, weil die Nachfrage nach Geschichtslehrern stark absinke. Sie geht eben auch deshalb zurück, weil die Politik des Kultusministers den Geschichtsunterricht nicht verstärkt oder doch verteidigt, sondern über die Jahre hinweg abgebaut, verdrängt, anderen Fächern geopfert hat. Folgen der Kürzungsmaßnahmen sind u.a. die Arbeitslosigkeit auch des hochqualifizierten wissenschaftlichen Nachwuchses, dessen zeitlich befristete Stellen nicht mehr verlängert werden, und die Zerstörung mühsam geschaffener Forschungskomplexe. In dem Protest gegen diese forschungsfeindliche Roßkur glaubt Herr Girgensohn nun meine »eigentliche Intention« zu erkennen: Hier verträte ich »entlarvender als in den anderen Passagen (m)eine

Lehrstuhlinteressen«, die nicht offen dargelegt, sondern »ideologisch verbrämt« würden.

Erstens einmal ist Interessenverfechtung ein unentbehrlicher Bestandteil der pluralistischen Demokratie. Zweitens brauchen meine Interessen nicht entlarvt zu werden, da ich nirgendwo mit diplomatischen Formulierungen meine Position verhüllt, sondern sie unverklausuliert ausgedrückt habe. Drittens halte ich es in der Tat für eine legitime Aufgabe von Historikern – ob mit oder ohne Lehrstuhl – was sind denn heutzutage eigentlich »Lehrstuhlinteressen«, zumal es in NRW hochschulrechtlich keine »Lehrstühle« mehr gibt? –, besonders in der gegenwärtigen Situation, für den rechtlich wehrlosen wissenschaftlichen Nachwuchs, für eine kontinuierliche Forschung, für einen angemessenen Geschichtsunterricht einzutreten, nicht aber stumm und gehorsam vor Kapazitätsberechnungen, apokryphen Arbeitsmarktspekulationen und den bösen Folgen einer geschichtsfeindlichen Bildungspolitik zu kapitulieren. Wir sind doch sogar rechtlich verpflichtet, offen und nicht im stillen Kämmerlein für Lehre und Forschung einzutreten! Man könnte es daher geradezu für ein Pflichtversäumnis halten, wenn wir zu diesen bedrohlichen Erscheinungen aus Bequemlichkeit schwiegen. Den öffentlichen Disput, bei dem selbstverständlich unterschiedliche Interessen aufeinanderprallen, brauchte ein Mann wie Herr Girgensohn nicht mit hämischen Anspielungen auf vermeintlich egoistische »Lehrstuhlinteressen«, die offenbar den antiquierten Kampfbegriff der »Ordinarieninteressen« ersetzen sollen, zu erschweren. Man mag es ja als aufklärerische Illusion verspotten: Aber welche anderen Möglichkeiten des Protestes bleiben uns zur Zeit eigentlich gegenüber einer mächtigen Koalition von Landtagsmehrheit und Bürokratie, als vor allem auf dem Forum der Öffentlichkeit auf besseren als den bisher angebotenen Gründen für die Schul- und Hochschulpolitik gegenüber der Geschichte zu bestehen?

12. Die Kritik, welche der GEW-Vorsitzende Wunder an meinem Artikel geübt hat, enthüllt wieder einmal die spezifische Borniertheit von GEW-Postulaten. Nach dem politischen Aberwitz der drittelparitätischen Universitäts-Selbstverwaltung (Professoren und Assistenten – Studenten – Angestellte!), nach der blindwütigen Verteidigung der orthodoxen Fassung der hessischen Rahmenrichtlinien sind die Erwartungen gegenüber der GEW ohnehin nicht hochgespannt. Aber die Behauptung ist doch völlig aus der

Luft gegriffen, daß ausgerechnet Historiker den Bildungswert des eigenen Fachs als »nicht hinterfragbar« – wie das greuliche Modewort lautet – darstellten. Genau das Gegenteil ist richtig: Soeben haben wir eine jahrelange, intensive Debatte darüber geführt, von der die GEW mühelos Kenntnis erhalten haben könnte.

Es verrät eine typische Funktionärsarroganz, wenn Herr Wunder fordert, daß erst derjenige Historiker, der eine »überzeugende, nicht fachegoistischen Gesichtspunkten entsprungene Antwort« auf die Fragen der staatsbürgerlichen Bildung geben könne, »ein Recht« habe, »zum Stellenwert des Faches Geschichte in der Schule Stellung zu nehmen«. Es ist an sich schon ein abstruses und sehr gefährliches – da illiberales und tendenziell totalitäres – Diktum, auf diese Weise den freien Zugang zur Diskussion zu verengen. Jeder Bürger, jede Mutter, jeder Vater, jeder Fachwissenschaftler hat allgemein das uneingeschränkte Recht (dazu das verfassungsmäßig verbriefte Elternrecht!), sich zu diesen Fragen zu äußern. Für die Güte der Argumente gibt es Qualitäts- und Richtigkeitskriterien. Wer, bitte, soll denn nach Herrn Wunders Meinung darüber entscheiden, was »überzeugende« Antworten sind? Die GEW? Didaktiker und Erziehungswissenschaftler? Ihnen billigt Herr Wunder ganz unzweideutig den Vorrang zu, denn sie und »nicht Fachwissenschaftler haben zu entscheiden, welche Fächer in der Schule gelehrt werden«. Auch diese Behauptung ist grundfalsch, denn es bleibt primär eine politische Entscheidung, welche Fächer mehr oder weniger intensiv gelehrt werden sollen. Auf eine Kritik an politischen Entscheidungen lief daher auch meine Argumentation hinaus. Ein Primat des alleinigen Entscheidungsrechts von »Erziehungswissenschaftlern und Didaktikern« ist weder unmittelbar einsehbar, noch überhaupt rational begründbar. Ein gütiges Geschick bewahre uns vielmehr vor der Wunderschen Erziehungsdiktatur der neuen GEW-Philosophenkönige: der untereinander heillos zerstrittenen didaktologischen Heerscharen und der von Sendungsbewußtsein erfüllten Pädagogen! Eine überhebliche Verbandsblindheit hindert den GEW-Vorsitzenden offenbar daran, die zutiefst undemokratische Natur seines Monopolanspruchs zu erkennen. Politiker, Eltern und Wissenschaftler werden sich von der GEW diesen Maulkorb nicht umhängen lassen.

Anmerkungen

1 Die Diskussion dieser Probleme beruht auf den einschlägigen Verordnungen und Richtlinien, die in *Geschichte, Politik und ihre Didaktik. Zeitschrift des Landesverbandes Nordrhein-Westfälischer Geschichtslehrer* (vor allem 9. 1981, H. 1/2, 3/4) ganz oder auszugsweise abgedruckt und von P. Leidinger sachkundig kommentiert worden sind. Zur Oberstufe vgl. Landesverband Nordrhein-Westfälischer Geschichtslehrer (Hg.), *Geschichte in der Oberstufe des Gymnasiums in Nordrhein-Westfalen* (Stand Herbst 1981), Warendorf 1981.

2 Zum Folgenden vor allem die Erörterung in: J. Kocka, *Sozialgeschichte,* Göttingen 1977, 123–31; vgl. H.-U. Wehler, *Historische Sozialwissenschaft und Geschichtsschreibung,* ebd. 1980, 13–41, 50f.

3 Rede vom 11. 7. 1981; in der gedruckten Fassung (kostenlos beziehbar beim Presseamt des Landschaftsverbandes Westfalen-Lippe, Landeshaus, 4400 Münster) findet man das Zitat auf S. 22. – Bundeskanzler Schmidt zit. nach *FAZ* 15. 4. 1982.

Bibliographische Notiz

1. Der Monat 275. 1979, 92–96
2. Merkur 35. 1981, 478–87
3. Frankfurter Allg. Zeitung 18. 3. 1975
4. Der Monat 281. 1981, 30–35
5. Frankfurter Allg. Zeitung 15. 2. 1982
6. Geschichtsdidaktik 7. 1982, 93–97
7. Der Monat 284. 1982, 64–67
8. SFB-Werkstatt-Hefte 9. 1981, 10f.
9. Geschichtsdidaktik 7. 1982, 341–44
10. Bisher ungedruckt
11. Geschichtsdidaktik 6. 1981, 205–12
12. Die Zeit 18. 9. 1981
13. Frankfurter Allg. Zeitung 14. 4. 1978 u. 16. 2. 1982
14. Neue Politische Literatur 27. 1982, 229–31
15. Neue Politische Literatur 7. 1962, 312–26
16. Der Monat 276. 1980, 121–23
17. Die Zeit 29. 5. 1981
18. Bisher ungedruckt
19. Frankfurter Allg. Zeitung 20. 12. 1977
20. Frankfurter Allg. Zeitung 6. 10. 1982

edition suhrkamp. Neue Folge

66 Hans Magnus Enzensberger, Die Furie des Verschwindens
67 Peter Weiss, Notizbücher 1971–1980.
   Zwei Bände
68 Versuchungen. Aufsätze zur Philosophie Paul Feyerabends.
   2. Bd. Hg. v. Hans Peter Duerr
69 Thomas Bayrle, Rasterfahndung
70 Kevin Casey, Racheträume
71 Gerald Zschorsch, Glaubt bloß nicht, daß ich traurig bin
72 Boris Moshajew, Die Abenteuer des Fjodor Kuskin
73 André Leroi-Gourhan, Die Religionen der Vorgeschichte
74 Dieter Prokop, Medien-Wirkungen
75 Jürg Laederach, Fahles Ende kleiner Begierden
76 Tove Ditlevsen, Wilhelms Zimmer
77 Roland Barthes, Das Reich der Zeichen
78 Manfred Eisenbeis (Hg.), Ästhetik und Alltag
79 Reto Hänny, Zürich, Anfang September
80 Marguerite Duras/Michelle Porte, Die Orte der Marguerite
   Duras
81 Kindheit als Fiktion. Fünf Berichte
82 Anton Blok, Die Mafia in einem sizilianischen Dorf. 1860–
   1960
83 Eva-Maria Alves, Neigung zum Fluß
84 Chinua Achebe, Ein Mann des Volkes
85 Erving Goffman, Geschlecht und Werbung
86 Hans Platschek, Porträts mit Rahmen
87 Darcy Ribeiro, Die Brasilianer
88 Georg Lukács, Gelebtes Denken
89 Zur Dichotomisierung von hoher und niederer Literatur.
   Hg. v. Chr. Bürger, P. Bürger, J. Schulte-Sasse
90 Martin Walser, Selbstbewußtsein und Ironie. Frankfurter
   Vorlesungen
91 Claus Böhmler, Drehbuch mit Tonspur
92 Afrikanische Schriftsteller heute. Hg. v. Dagmar Heusler
93 Im Atem des Drachen. Moderne persische Erzählungen. Hg.
   v. Touradj Rahnema
94 Franz Xaver Kroetz, Nicht Fisch nicht Fleisch. Verfassungsfeinde. Jumbo-Track. Drei Stücke
95 Ursula Hochstätter, Kalt muß es sein schon lang
96 Wassili Afonin, Im Moor

97 Hilfe + Handel = Frieden? Die Bundesrepublik in der
   Dritten Welt. Red.: Reiner Steinweg
98 Samuel Beckett, Flötentöne
99 Peter Sloterdijk, Kritik der zynischen Vernunft
100 James Joyce, Ulysses
101 Errungenschaften. Eine Kasuistik.
   Hg. v. Michael Rutschky
102 Der große Rausch. Türkische Erzähler der Gegenwart. Hg.
   v. Yüksel Pazarkaya
103 Bernhard Luginbühl, Die kleine explosive Küche
104 Hugh Kenner, Ulysses
105 Hans Wollschläger liest »Ulysses«
106 James Joyce, Penelope. Das letzte Kapitel des ›Ulysses‹.
   Engl./Dt.
107 Fragment und Totalität. Hg. v.
   Christiaan L. Hart Nibbrig und Lucien Dällenbach
108 Gabriel Jackson, Annäherung an Spanien 1898–1975
109 Thomas McKeown, Die Bedeutung der Medizin. Traum,
   Wahn oder Nemesis?
110 Uwe Kolbe, Hineingeboren. Gedichte 1975–1979
111 Ngugi wa Thiong'o, Verborgene Schicksale
112 José Lezama Lima, Die Ausdruckswelten Amerikas
113 Signatur G. L.: Gustav Landauer im »Sozialist«. Hg. v.
   Ruth Link-Salinger (Hyman)
114 Michael Brodsky, Der Tatbestand und seine Hülle
115 Ulla Pruss-Kaddatz, Wortergreifung. Zur Entstehung einer
   Arbeiterkultur in Frankreich
116 Jean-Paul Aron / Roger Kempf, Der sittliche Verfall
117 Gerald Zschorsch, Der Duft der anderen Haut
118 George Tabori, Unterammergau oder Die guten Deutschen
119 Samuel Beckett, Mal vu, mal dit / Schlecht gesehen, Schlecht
   gesagt. Frz./Dt.
120 Vivian Mercier, Beckett/Beckett
121 Thomas A. Sebeok, Jean Umiker-Sebeok, »Du kennst
   meine Methode«
122 Von der Verantwortung des Wissens. Hg. v. Paul Good
123 Karin Struck, Kindheits Ende. Journal einer Krise
124 Wladimir Tendrjakow, Sechzig Kerzen
125 Dieter Henrich, Fixpunkte der Kunst
126 Roland Barthes, Die Rauheit der Stimme. Interviews
   1962–1980
127 Einar Schleef, Die Bande
128 Takeo Doi, Amae – Freiheit in Geborgenheit

129 Blick übers Meer. Hg. v. Helmut Martin, Charlotte Dunsing, Wolf Baus
130 Wie die Wahrheit zur Fabel wurde. Nietzsches Umwertung von Kultur und Subjekt. Hg. v. Philipp Rippel
131 Josef Esser, Gewerkschaften in der Krise
132 Die Wiederkehr des Körpers. Hg. v. Dietmar Kamper u. Christoph Wulf
133 Richard Saage, Der starke Staat?
134 Dieter Senghaas, Von Europa lernen
135 Peter Weiss, Notizbücher 1960–1970. Zwei Bände
136 Marin Sorescu, Abendrot Nr. 15
137 Joachim Veil, Die Wiederkehr des Bumerangs
138 Chinua Achebe, Okonkwo oder das Alte stürzt
139 Robert Pinget, Apokryph
140 Julio Cortázar, Ultimo Round
141 Faszination durch Gewalt. Politische Strategie und Alltagserfahrung. Red.: Reiner Steinweg
142 Manfred Frank, Der kommende Gott
143 Die neue Friedensbewegung. Red.: Reiner Steinweg

edition suhrkamp. Neue Folge

Achebe, Ein Mann des
   Volkes 84
Achebe, Okonkwo oder das
   Alte stürzt 138
Afonin, Im Moor 96
Alves, Neigung zum Fluß 83
Antes, Poggibonsi 1979–1980
   35
Arlati, Auf der Reise nach
   Rom 53
Aron/Kempf, Der sittliche
   Verfall 116
Backhaus, Marx und die
   marxistische Orthodoxie 43
Badura (Hg.), Soziale Unter-
   stützung und chronische
   Krankheit 63
Barthes, Das Reich der
   Zeichen 77
Barthes, Die Rauheit der
   Stimme. Interviews
   1962–1980 126
Barthes, Leçon/Lektion 30
Bayrle, Rasterfahndung 69
Beckett, Flötentöne 98
Beckett, Mal vu, mal dit /
   Schlecht gesehen, Schlecht
   gesagt 119
Benjamin, Moskauer Tagebuch
   20
Bernhard, Die Billigesser 6
Blankenburg (Hg.), Politik
   der inneren Sicherheit 16
Bloch, Abschied von der
   Utopie? 46
Blok, Die Mafia in einem
   sizilianischen Dorf
   1860–1960 82
Böhmler, Drehbuch mit
   Tonspur 91

Böni, Hospiz 4
Bohrer, Plötzlichkeit. Zum
   Augenblick des ästhetischen
   Scheins 58
Bornhorn, America oder Der
   Frühling der Dinge 25
Brasch, Engel aus Eisen 49
Brodsky, Der Tatbestand und
   seine Hülle 114
Bürger/Bürger/Schulte-Sasse
   (Hg.), Aufklärung und
   literarische Öffentlichkeit 40
Bürger/Bürger/Schulte-Sasse
   (Hg.), Zur Dichotomisie-
   rung von hoher und
   niederer Literatur 89
Bulla, Weitergehen 2
Buselmeier, Der Untergang
   von Heidelberg 57
Calasso, Die geheime
   Geschichte des Senats-
   präsidenten Dr. Daniel
   Paul Schreber 24
Carpentier, Stegreif und
   Kunstgriffe 33
Casey, Racheträume 70
Chi Ha, Die gelbe Erde und
   andere Gedichte 59
Cortázar, Reise um die Tage
   in 80 Welten 45
Cortázar, Ultimo Round 140
Ditlevsen, Sucht 9
Ditlevsen, Wilhelms Zimmer
   76
Doi, Amae – Freiheit in
   Geborgenheit 128
Dorst, Mosch 60
Duerr (Hg.), Versuchungen.
   Aufsätze zur Philosophie
   Paul Feyerabends 44

Duerr (Hg.), Versuchungen.
  Aufsätze zur Philosophie
  Paul Feyerabends.
  2. Bd. 68
Duras/Porte, Die Orte der
  Marguerite Duras 80
Eisenbeis (Hg.), Ästhetik und
  Alltag 78
Elias, Der bürgerliche
  Künstler in der höfischen
  Gesellschaft 12
Enzensberger, Die Furie des
  Verschwindens 66
Esser, Gewerkschaften in der
  Krise 131
Feyerabend, Erkenntnis für
  freie Menschen 11
Frank, Der kommende Gott
  142
Glöckler, Seitensprünge 36
Glück, Falschwissers
  Totenreden(t) 61
Goffman, Geschlecht und
  Werbung 85
Good (Hg.), Von der
  Verantwortung des Wissens
  122
Hänny, Zürich, Anfang
  September 79
Hart Nibbrig/Dällenbach
  (Hg.), Fragment und
  Totalität 107
Heimann, Soziale Theorie des
  Kapitalismus. Theorie der
  Sozialpolitik 52
Henrich, Fixpunkte der Kunst
  125
Heusler (Hg.), Afrikanische
  Schriftsteller heute 92
Hochstätter, Kalt muß es sein
  schon lang 95
Jackson, Annäherung an
  Spanien 1898–1975 108

Jendryschik, Die Ebene 37
Jestel (Hg.), Das Afrika der
  Afrikaner. Gesellschaft und
  Kultur Afrikas 39
Jestel (Hg.), Der Neger vom
  Dienst. Afrikanische
  Erzählungen 28
Johnson, Begleitumstände.
  Frankfurter Vorlesungen 19
Joyce, Penelope. Das letzte
  Kapitel des ›Ulysses‹ 106
Joyce, Ulysses 100
Kahle (Hg.), Logik des Her-
  zens. Die soziale Dimension
  der Gefühle 42
Kaltenmark, Lao-tzu und der
  Taoismus 55
Kamper/Wulf (Hg.), Die
  Wiederkehr des Körpers
  132
Kenner, Ulysses 104
Kirchhoff, Body-Building 5
Klöpsch/Ptak (Hg.), Hoffnung
  auf Frühling. Moderne
  chinesische Erzählungen I 10
Köhler u. a., Kindheit als
  Fiktion. Fünf Berichte 81
Kolbe, Hineingeboren.
  Gedichte 1975–1979 110
Krall, Schneller als der liebe
  Gott 23
Kris/Kurz, Die Legende vom
  Künstler 34
Kroetz, Nicht Fisch nicht
  Fleisch. Verfassungsfeinde.
  Jumbo-Track. Drei
  Stücke 94
Kubin (Hg.), Hundert Blu-
  men. Moderne chinesische
  Erzählungen II 10
Laederach, Fahles Ende
  kleiner Begierden 75
Lao She, Das Teehaus 54

Leisegang, Lauter letzte
  Worte 21
Lem, Dialoge 13
Leroi-Gourhan, Die Religio-
  nen der Vorgeschichte 73
Leutenegger, Lebewohl,
  Gute Reise 1
Lévi-Strauss, Mythos und
  Bedeutung 27
Lezama Lima, Die Ausdrucks-
  welten Amerikas 112
Link-Salinger (Hyman) (Hg.),
  Signatur G. L.: Gustav
  Landauer im »Sozialist«
  113
Löwenthal, Mitmachen wollte
  ich nie. Ein autobiogra-
  phisches Gespräch 14
Luginbühl, Die kleine
  explosive Küche 103
Lukács, Gelebtes Denken 88
Malkowski, Das weiße Schloß
  29
Marechera, Das Haus des
  Hungers 62
Martin/Dunsing/Baus (Hg.),
  Blick übers Meer 129
Marx, Enthüllungen zur
  Geschichte der Diplomatie
  im 18. Jahrhundert 47
Mayer, Versuche über die
  Oper 50
McKeown, Die Bedeutung der
  Medizin. Traum, Wahn
  oder Nemesis? 109
Meier, Die Ohnmacht des
  allmächtigen Dictators
  Caesar 38
Menninghaus, Paul Celan.
  Magie der Form 26
Mercier, Beckett/Beckett 120
Moshajew, Die Abenteuer des
  Fjodor Kuskin 72

Müller-Schwefe (Hg.), Von
  nun an. Neue deutsche
  Erzähler 3
Muschg, Literatur als
  Therapie? 65
Ngugi wa Thiong'o,
  Verborgene Schicksale 111
Niederland, Folgen der Ver-
  folgung: Das Überlebenden-
  Syndrom. Seelenmord 15
Paz, Der menschenfreundliche
  Menschenfresser 64
Paz, Suche nach einer Mitte 8
Pazarkaya (Hg.), Der große
  Rausch. Türkische Erzähler
  der Gegenwart 102
Platschek, Porträts mit
  Rahmen. Aufsätze zur
  modernen Malerei 86
Prokop, Medien-Wirkungen
  74
Pruss-Kaddatz, Wortergrei-
  fung. Zur Entstehung einer
  Arbeiterkultur in
  Frankreich 115
Rahnema (Hg.), Im Atem des
  Drachen. Moderne persische
  Erzählungen 93
Ribeiro, Die Brasilianer 87
Ribeiro, Unterentwicklung,
  Kultur und Zivilisation 18
Rippel (Hg.), Wie die Wahr-
  heit zur Fabel wurde.
  Nietzsches Umwertung von
  Kultur und Subjekt 130
Rodinson, Die Araber 51
Rubinstein, Nichts zu verlie-
  ren und dennoch Angst 22
Rutschky (Hg.), Errungen-
  schaften. Eine Kasuistik 101
Saage, Der starke Staat?
  133
Schleef, Die Bande 127

Sebeok/Umiker-Sebeok, »Du
kennst meine Methode« 121
Senghaas, Von Europa lernen
134
Sinclair, Der Fremde 7
Sloterdijk, Kritik der
zynischen Vernunft 99
Sorescu, Abendrot Nr. 15
136
Steinweg (Red.), Das
kontrollierte Chaos. Die
Krise der Abrüstung 31
Steinweg (Red.), Der gerechte
Krieg. Christentum, Islam,
Marxismus 17
Steinweg (Red.), Die neue
Friedensbewegung 143
Steinweg (Red.), Faszination
durch Gewalt. Politische
Strategie und Alltags-
erfahrung 141
Steinweg (Red.), Hilfe +
Handel = Frieden? Die
Bundesrepublik in der
Dritten Welt 97
Steinweg (Red.), Unsere
Bundeswehr? Zum 25jähri-
gen Bestehen einer umstrit-
tenen Institution 56
Struck, Kindheits Ende.
Journal einer Krise 123
Tabori, Unterammergau oder
Die guten Deutschen 118
Tendrjakow, Sechzig Kerzen
124
Trevisan, Ehekrieg 41
Veil, Die Wiederkehr des
Bumerangs 137
Walser, Selbstbewußtsein und
Ironie. Frankfurter
Vorlesungen 90
Wambach (Hg.), Die Museen
des Wahnsinns und die
Zukunft der Psychiatrie 32
Weiss, Notizbücher 1960–
1970. Zwei Bände 135
Weiss, Notizbücher 1971–
1980. Zwei Bände 67
Wollschläger liest »Ulysses«
105
Zschorsch, Der Duft der
anderen Haut 117
Zschorsch, Glaubt bloß nicht,
daß ich traurig bin 71